百读不厌的
经典故事

名人故事

上

高洪雷 著

长江文艺出版传媒

图书在版编目（CIP）数据

名人故事：全二册 / 高洪雷著. -- 武汉 ：长江文
艺出版社， 2018.7
　　（百读不厌的经典故事）
　　ISBN 978-7-5702-0355-0

　Ⅰ. ①名… Ⅱ. ①高… Ⅲ. ①名人－生平事迹－中国
－青少年读物 Ⅳ. ①K82-49

中国版本图书馆 CIP 数据核字(2018)第 081040 号

责任编辑：田敦国　　　　　　　　　　责任校对：陈　琪
封面设计：笑笑生设计　　　　　　　　责任印制：邱　莉　　胡丽平

出版：　长江出版传媒　　长江文艺出版社
地址：武汉市雄楚大街 268 号　　　　邮编：430070
发行：长江文艺出版社
电话：027—87679360
http://www.cjlap.com
印刷：武汉邮科印务有限公司

开本：720 毫米×1020 毫米　　　1/16　　印张：33.5　　插页：2 页
版次：2018 年 7 月第 1 版　　　　2018 年 7 月第 1 次印刷
字数：275 千字

定价：58.00 元（全二册）

目　录

第三章 铁血变法——商鞅 / 057

公元前338年，秦孝公撒手西去。飞机在起飞和降落时最危险，政局在权力交接时最危险。历史老人也在疑惑：特立独行的商鞅，真能躲过命运的劫难吗？

第四章 爱国诗人——屈原 / 085

得到楚怀王首肯后，屈原开始了楚国继吴起之后的又一次变革，也就是所谓的"美政"。在他青春的季节里，浩荡着向上、向前、永不停步的人生，连黑夜都阳光明媚，连寒冬也百花争艳。似乎，路上春色正好，天上太阳正红……

第五章 霸王别姬——虞姬 / 105

当虞姬挥剑，将一朵生命之花绽放成残酷的鲜红；当绝世的绚丽，流淌过雪白而柔滑的颈，世界静音，天地定格。立时，历史上所有征战不休的帝王厮杀变得苍白空虚，人们争相传说的所有爱情故事变得黯然失色……

　　"七国之乱"彻底平定,七国被废除,周亚夫赢得了举朝赞誉。只有一个人暗中咬牙切齿,他就是梁王刘武。这正应了一位哲人的话:"敌人会很快被忘记,但会记住见死不救的朋友。"

　　这是何等的气概与决绝——踩着自己的影子奔跑,提着自己的头发飞翔!无怪乎两千年后另一位硬骨头文人大声疾呼:"真的猛士,敢于直面惨淡的人生,敢于正视淋漓的鲜血。"

　　岁月如水,水深如曾经的爱情。时间的巨浪淹没了爱情童话中的两个人:妻子已经上岸,苏武还在水底。从此,他不再相信什么真情,直到白头也再未续弦,他把真情永远融注进了玫瑰色的回忆,任荒草埋心……

昭君永远是一个怀抱琵琶、寂寞无言地走在斜阳荒草之中的女子。从此,华美霓裳代之以厚重皮裘,流水飞红翻译成漫漫黄沙,南国水梦蜕变为塞外笛鸣。"阳关万里遥,不见一人归,惟有河边雁,秋来南向飞。"

胡笳,这一诞生于马背穹庐的古老乐器,尽管有着身远阳春白雪、心仪下里巴人的平凡身世,却因为蔡文姬与《胡笳十八拍》升华成撼天动地的天籁,流韵为幽玄旷逸的绝响……

这不是传说,没有虚构,是比"孟姜女""白蛇传""牛郎织女""孔雀东南飞""梁山伯与祝英台"的传说还要惊天地、泣鬼神的生死情缘……

我似乎看见,手执酒壶的李白,两颊桃花,一襟烟雨,赤着两足,一边狂饮一边吟咏着美酒一样的诗句,自由洒脱地向我们走来。嘴上笑着唱着,眼眶里却闪着点点泪光……

地上沧桑巨变,苍天千古如斯。千年过去了,名重一时的"天中山"是否还在? 如果去河南,我真的该去看看那座不起眼的小山丘……

杨业抬眼望去,那轮形同宿命的夕阳放射着肃杀的白光,蓄谋已久地坠落在积雪覆盖的山谷之间。立时,一种不祥的预感袭上心头——谷口变成了硕大的墓穴,寒风催生出低沉的哀乐,冰雪幻化成送葬的白纱……

乌云遮住了湛蓝的天空,但遮不住满目的花红柳绿。坐在马车上的王安石,深情回望了一眼高大的开封城门。屈指算来,从指缝里流过的不是杨柳风,杏花雨,而是飞逝而过的岁月……

第一章　真的猛士——伍子胥

——题记

愿付出生命。

弃名声；如果正直要付出生命的代价，他甘

如果刚烈须承担舆论的诋毁，他甘愿放

一

公元前 522 年中秋的一个清晨，楚国边境小城棠地（今河南境内）笼罩在袅袅的炊烟里，像一个远古的梦。

这是一个普通的院落。哥哥伍尚与弟弟伍员早已养成"闻鸡起舞"的习惯，正各自守着一张石桌埋头苦读。

一群乌鸦在树梢徘徊不去，鼓噪声里落叶纷纷。伍尚与伍员不约而同地向树梢望去，眉头皱起了疙瘩，因为民间有一种说法："乌鸦叫，霉运到。"

兄弟二人心烦意乱之际，院子里闯进一群陌生人，为首的自称楚王的使者。只听他一板一眼地说："你们的父亲已经入狱，他让我捎话，要你俩前往国都。如果你们前往，证明你家对楚王忠心不贰，你们的父亲就将被释放；如果你们拒绝前往，说明你家有谋逆之心，大王就会杀了你们的父亲。"

兄弟二人不笨，都听出了使者的话外音。他们面临的，极有可能是一个死亡陷阱。

跳不跳呢?

兄弟二人居然意见相左，一个人想死，一个人想活。

二

让我们按下快倒键，看看到底发生了什么。

故事发轫于一个著名的桃色事件。

那还是遥远的春秋末年，楚国郢 (yǐng) 都（今湖北荆州城北五千米的古纪南城）弥漫着滚滚血雨，楚灵王与三个弟弟围绕王位展开了殊死争夺。公元前 528 年，楚灵王的幼弟弃疾在内讧中上台，是为楚平王。他一上台，就立他与蔡国公主所生的长子建为太子，并为太子聘任了两个师傅，一是太傅伍奢，负责向太子传授礼仪、教化品行；一是少师费无极（又写作"无忌"），负责向太子传授知识。

负责向太子传授礼仪的太傅伍奢，是一位德才俱佳的"圣人"，深受太子敬重；向太子传授知识的少师，是一个有才无德的"小人"，太子对其并不亲密。小人最大的特点是见风使舵，既然抱不住太子的

"小腿"，少师转而去抱楚平王的"大腿"。

楚平王二年（公元前527年）的一天，柳明春艳，喜鹊登枝，费无极喜滋滋地来到王宫，建议楚平王为十五岁的太子建娶妻。考虑到太子建已经成年，楚平王高兴地采纳了少师的建议。然后，对这个满脸堆笑的臣下说："此事由少师提出，就劳烦少师去一趟秦国，为太子遴选一位可心的公主吧！"

楚与秦乃世代盟友，王室联姻早有盟约。楚女有长江的滋润，美貌天下皆知，如芈（mǐ）八子、王昭君；秦女尽管身处西北，但那时的三秦大地青山葱茏，绿水环绕，此地女人的身段与秀色丝毫不落下风，如李夫人、杨贵妃。这次费无极前往迎聘的秦哀公的长妹——伯嬴（又称孟嬴），就是一位光风霁月型美女，面似海棠春月，目若星朗秋波，肤似羊脂白雪。一眼望去，如一朵含苞吐蕊的玉兰花在枝头楚楚地摇曳。

费无极如夜得灯，如贫得宝，立刻护送秦公主回国。回到郢都，他没有直接把伯嬴送入太子宫，而是将她秘密地安置在客舍，然后兴冲冲地跑去找楚平王。

"君上（对诸侯的称呼），臣活了这么多年，从未见过如此婀娜的女子啊！"

"是吗？"楚平王的脸涨得通红，眼里放射出憧憬的光芒。然后，他乔装打扮，跟着费无极，踏着撩人的月色，去客舍偷看新来的儿媳。回来之后，楚平王没有进宫，而是对着一轮上弦月发呆。

费无极见状，试探性地问："莫非，君上喜欢秦公主？"

楚平王长出了一口气，含混地"嗯"了一声。

"喜欢的话，留下就是了。"费无极说。

"传出去恐影响寡人（诸侯的自称）的声誉，再说太子也会不乐意的……"在朦胧的月光下，费无极看不到楚平王的表情，但能感觉到他的话音发颤，有些言不由衷。

"国人不知，伯嬴不知，唯君上和臣知。况且太子还年轻，另外再娶吧。"费无极似乎看穿了楚平王的内心，因而替楚平王拿了主意。

时值公元前 523 年正月，寒气袭人。当晚，费无极就将伯嬴送入宫中。楚平王命人点起炭火，与伯嬴在春天般的温暖中入了洞房。起初，伯嬴感觉太子不应该是个中年人，等两人有了鱼水之欢，方知道同枕之人乃当今楚王。太子妃升格成了王妃，她也就不再多说什么了。

随后，费无极使用"调包计"，安排一个秦国随嫁宫女冒充伯嬴嫁给了太子建。

为防丑闻暴露，就在这年夏天，费无极向楚平王建议："晋国之所以称霸多年，是因为地理位置靠近中原，而楚国远离中原，所以无法与之抗衡。如果扩建秦晋边境重镇城父（今河南平顶山），令太子镇守此地，加强与中原各国的联络，而您则专心经营南方，天下唾手可得。"

大臣们都感觉此事不正常，因为太子是未来的国君，按惯例应该常驻国都，怎能派去戍边呢？但楚平王采纳了费无极的建议，并让太傅陪同太子前往，而出馊主意的费无极则如愿留在了楚平王身边。

太子一走，父子之间的沟通彻底断绝，这就为小人的离间提供了机会。第二年，也就是公元前522年，伯嬴生下一个儿子，取名轸，那个隐藏了一年的丑闻再也兜不住了。

未婚妻变成了后妈，这对任何人来说都是难以接受的。但木已成舟，且碍于父亲的颜面，太子建并没有表露出什么反常，更没有写信责备父亲和从前的少师。

事实上，即便太子建没有什么反常，身为小人的费无极也会心神不安的。因为"以小人之心度君子之腹"，是小人的习惯。他推测将来太子建继位，一定会和自己算这笔旧账，这可是不折不扣的"夺妻之恨"。于是，费无极率先发难，向楚平王告状说："太子建要谋反了！"

楚平王有些不以为然："他已经做了太子，还谋求什么？"

费无极进一步诋毁太子建说："自从臣把伯嬴带入王宫，太子怨气大得很，已对大王彻底绝望，到处散布不利于您的话，而您却蒙在鼓里。更严重的是，太子以城父为基地，内领重兵，外交齐、晋，时刻准备打进郢都。"

话说到这个份上，令楚平王不得不有所戒备。楚平王立即将伍奢从城父召回，责问有没有这回事。

刚正的伍奢当然不会在利诱之下无中生有地陷害太子，也不会在威逼之下屈打成招，更知道这一切都是费无极的阴谋，于是翻来覆去只有一句话："大王抢了太子的女人，已经很过分了。如今居然听信这样的谗言，难道不是很可笑吗？"

眼看事情就要陷入僵局，费无极眨巴着眼睛对楚平王耳语说："虽然太子是君上的骨肉，但骨肉相残司空见惯，如果君上现在心软，将来必然被擒。"

对于费无极的提醒，楚平王是认可的。他是向来不惮以最坏的恶意揣度别人的，因为他就是通过逼杀三个哥哥上台的。而且，一旦除掉太子建，他就可以立伯嬴为后，另立伯嬴之子为太子。这样一来，就能进一步结好秦国。至于太子建之母所在的蔡国，尾巴国而已，可以忽略不计。

接下来，楚平王下令拘捕伍奢，并命令城父司马奋扬诛杀太子建。奋扬知悉太子建蒙冤，马上通知太子建带着子女逃向了宋国（中心位于今河南商丘）。然后，奋扬让部下绑了自己赶到郢都，当着满朝文武的面向楚平王复命："君上从前叮嘱臣，侍奉太子如同侍奉君上本人，所以臣放走了太子，今特来请求君上治罪。"

"那你为什么还敢回来？"楚平王问。

奋扬回答："未能完成任务本来就是失职，如果再逃亡那就是错上加错，臣这样的人逃出去又有谁会收留呢？"

楚平王沉吟半晌，最后还是放了他。西汉刘向在《说苑》中有"立节"一篇，对奋扬此举给予了褒奖。

楚平王此举，足以看出人性的复杂：他听信谗言要杀太子建，说明他是个典型的昏君；但他宽宥了放走太子的奋扬，又说明他有明君气度。如果事情到此为止，倒也不至于激起什么了不起的波澜。但是，楚平王接着又做了一件导致他入土难安的蠢事。

这件事的始作俑者还是费无极。

散朝后，费无极对楚平王说："太子已逃，太傅留着也没用了，砍头吧！"为斩草除根，他又对楚平王说，"伍奢有两个儿子，一个叫伍尚，一个叫伍员，都是读书人，不杀掉必成楚国之患。"于是，楚平王派使者前往兄弟二人所在的棠地，假借伍奢之名召两个儿子回都。

这才有了本文开篇的场面。

三

到底回不回都城呢？兄弟二人进入内屋，商讨对策。

哥哥伍尚打算前往。伍尚一向老实忠厚，为人处世循规蹈矩。

"不行！"弟弟伍员坚决不同意。伍员，字子胥，生于公元前 559 年，与哥哥性格迥异，一向刚正不阿，眼里揉不进一粒沙子。在表达了坚决反对的意见后，伍子胥对哥哥进一步解释说："楚王显然不打算放过父亲，为防后患，才用父亲作人质欺骗我们。我们一回，就将被一锅端，也一样帮不了父亲，到时候报仇都没人了。俱死无益，不如远奔他国，借力雪耻。你说呢？大哥。"

伍尚是个成熟男子，仁义而孝顺："我知道去了也难保全父亲性命，但父亲召我，若怕死不去，恐为天下人耻笑。"

最后，哥俩议定，大哥回去领死，以尽孝义；弟弟出逃他国，为父报仇。其实，伍尚的选择还有一个原因，他是楚国的大臣，必须为楚王尽忠；而弟弟没有官职，只需对家长尽忠。做完决定后，伍子胥握着哥哥的手，泪水盈满了眼眶。他知道，哥哥此去，必成永诀。

伍尚出屋接受逮捕，使臣又要拘捕伍子胥。伍子胥张弓搭箭，怒目圆睁，朝使者高喊："别过来，近前必死！"

一来楚王没有"就地正法"的命令，二来见身材高大的伍子胥十分凶猛，也考虑到伍氏兄弟在棠地经营多年，使者只能眼睁睁地看着伍子胥翻墙遁去。

几天后，伍尚被羁押到郢都，与父亲伍奢一起被斩于闹市。此前，伍奢见到长子并得知子胥逃跑的情况后，长叹道："楚君、大夫其旰食乎！"意思是，楚王和大臣们忙于迎敌，晚饭恐怕都要推迟了。

三十七岁的伍子胥真有如此能量吗？

四

知子莫如父。伍奢对这个儿子的了解甚至胜过了解自己。在他眼里，这个儿子是一个真正的男人。男人之所以称为男人，是因为具有男人的风骨，男人的风骨不是随风摇曳的芦苇、婀娜依岸的垂柳，而是陡峭笔直的山崖、宁折不弯的青松。风骨不会存在于清澈平静的小溪和温暖舒适的巢穴里，而是蕴藏在波涛汹涌的大海和任尔翱翔的苍穹里。

伍子胥就是这样的男人，他是狂风巨浪前面不改色的水手，他是四面临箭绝不退缩的勇士。为了责任，他百折不挠；为达目的，他虽九死犹未悔。

同样了解他的，还有他的楚人好友申包胥。伍子胥逃亡的方向，是太子建避难的宋国。一天，拼命向北奔逃的伍子胥迎面遇到了从宋国出使归来的申包胥。问明了缘由，申包胥同样感到愤怒，但也无话安慰好友，只是问他有何打算。

伍子胥只说了八个字："不灭楚国，誓不为人。"

听到这八个字，申包胥不禁打了个寒战。如果从别人嘴里听到这八个字，申包胥一定会笑掉大牙的。但他对自己这个朋友太了解了，这是个有恩必偿、有仇必报的人，也是个胸有大志、满腹经纶的人，还是个毅力超群、愈挫愈奋的人，只要他想做的事，还没有做不到的。于是他说："即使国家对不起你，你也不应该反过来毁灭这个国家啊。"

闻言，伍员须发倒竖，说出了一句让历史上的所有小人都为之颤抖的名言："以德报怨，则何以报德?!"

历史的戏剧性在于，申包胥也是一个较真的人，他不仅没有被伍子胥的话所折服，反而警告说："你身负杀父之仇，我不能阻止你，因为你是我的朋友。但你要灭掉楚国，我不会赞同你，因为我是楚人，不能背叛祖国。"停顿片刻，申包胥又说，"你走吧，我不会泄露你的行踪，但请你记住——你若灭楚，我必复之!"

五

半月后，伍子胥抵达宋国，与太子建成功会合。倒霉的是，宋元公懦弱无能，贵族华氏与向氏作乱，前来投奔的人连生命安全都没有保证，更别说受到照顾了。权衡再三，伍子胥只好与太子建一起投奔郑国（中心位于今河南新郑）。

在郑国，不甘寂寞的太子建与晋国大夫中行寅密谋推翻郑定公。不久，太子建的一个随从投靠了主持郑国朝政的"治世之能臣"——郑子产，密谋曝光，太子建被杀。无奈之下，伍子胥只好带上太子建的儿子王孙胜另寻出路。

去哪里呢？宋国内乱，不能去；秦国与楚国联姻，去了等于送死；晋国刚刚因为太子建的阴谋与郑国结仇，去了无异于火上浇油；齐国有能臣晏子辅佐，去了难以施展才华。鲁国国君一向懦弱，年近三十岁的孔丘已崭露头角。他所能去的，似乎只有楚国的东邻吴国。

当时的吴国，中心位于今江苏苏州，距离今河南新郑足有两千里的水路，仅仅是遥远也就罢了，要命的是必须穿过楚国东部（今安徽一带）楚国当时正四处通缉他，到处张贴着他的画像，其中艰险，可想而知。

但他们没有第二条路可走。于是，伍子胥与王孙胜硬着头皮一路
向东南，穿过今河南东部、安徽西部的陈国，白天躲藏，晚上赶路，
风尘仆仆地来到吴楚两国交界的昭关（今安徽含山县北）。关防盘查
得很紧，关上又张贴着伍子胥的画像，他们一时无法过关，只好住进
一个好心人——中医东皋公家里，慢慢思考过关的良策。在那段日子
里，伍子胥夜夜愁眉不展，辗转难眠。以下是京剧《文昭关》中的唱
段：

一轮明月照窗前，

愁人心中似箭穿。

实指望到吴国借兵回转，

谁知昭关有阻拦。

幸遇那东皋公行方便，

他将我隐藏在后花园。

一连几天我的眉不展，

夜夜何曾得安眠？

俺伍员好一似丧家犬，

满腹的含冤向谁言？

我好比哀哀长空雁；

我好比龙游在浅沙滩；

我好比鱼儿吞了钩线；

我好比波浪中失舵的舟船。

思来想去我的肝肠断，

今夜晚怎能够盼到明天？

清晨醒来，伍子胥须发全白。

东皋公大惊失色："将军为何须发全白了？"

在《文昭关》中，伍子胥对着镜子验证了东皋公的话之后，一脸悲戚地唱道：

一见白发心好惨，

点点珠泪洒胸前。

冤仇未报容颜变，

一事无成两鬓斑。

不过，容颜变了未尝不是好事。而且，东皋公想起自己有个朋友叫皇甫讷，面相酷似伍子胥。于是，他狡黠一笑，想出了一个"瞒天过海"之计。

第二天，东皋公把皇甫讷扮成伍子胥模样，而伍子胥和王孙胜装扮成仆人，四人一路前往昭关。守关吏远远看见皇甫讷，以为是伍子胥来了，传令官兵全力缉拿。其他人趁乱过了昭关，尤其是满头白发的伍子胥，自始至终没有引起关防士兵的怀疑。待官兵拿到皇甫讷时，才发现抓错了人。

体会了长兄伍尚之孝，感受了东皋公、皇甫讷之义，伍子胥已心硬似铁。他面向太阳升起的地方——太湖之滨大喊："吴国，我来了——"

六

伍子胥所投身的吴国，是个默默无闻的小国，与战国七雄不可同日而语，《战国策》的作者甚至不屑于提到它。此时，从父亲夷昧（吴王诸樊的弟弟）手中接过王位的吴王僚已上台五年，也想做点惊天动地之事。

伍子胥直接觐见了吴王僚，含泪陈述了自己和王孙胜的悲惨遭遇，鼓动吴王僚讨伐楚平王，并拿出了几套军事方案。吴王僚尽管才能平平，但并非良莠不分，因此准备赐给伍子胥一官半职。

伍子胥觐见时，吴王僚的堂兄公子光（吴王诸樊之子）也在场。

公子光一直在暗中招贤纳士，时刻准备夺回本属于自己的王位。听到伍子胥滔滔不绝的讲述，公子光立刻意识到，这是一个旷世奇才，如果此人为吴王僚所用，自己的篡位计划势必泡汤。他趁着吴王僚没表态，抢先对吴王说："此人因家仇而怂恿您伐楚，我们没有必要听他的。"吴王僚眨眨眼，感觉堂兄言之有理：是啊，我凭什么被这个流亡者牵着鼻子走？于是，他让伍子胥暂时退下。

退出王宫时，伍子胥看了暗中使绊子的公子光一眼。那一刻，公子光恰巧也在看他。就是这次眼光交流，使得两人有了默契。

"好吧，只要能为我报仇，我愿意支持您登上王位。"在日常交往中，伍子胥察觉到了公子光的雄心，便将民间游侠专诸推荐给了公子光。为了避免与公子光过多接触引起吴王警觉，伍子胥干脆辞掉公职，与王孙胜埋头躬耕。

公元前 519 年，吴王僚派公子光攻打楚国，大败楚军，将楚国前太子建的母亲从居巢（今安徽巢湖）接到吴国，王孙胜得以与奶奶团聚。

公元前 516 年秋，楚平王病逝。年仅 8 岁的伯嬴之子轸继位，是为楚昭王。楚平王已死，伍子胥的心头之恨按说应该有所缓解了。但据《吴越春秋》记载，楚平王死讯传来，伍子胥大笑三声，大哭三声，对王孙胜说："接下来，我该找谁报仇呢？没关系，只要楚国还在，我的目标就在。"

时隔两年，吴王僚派两个胞弟领兵攻楚，国内出现了军事真空。鉴于吴王僚嗜鱼成癖，公子光将学得一手炙鱼大法的专诸推荐给了他。专诸将鱼肠剑藏在烹好的鱼腹中，在上菜时，将吴王僚成功刺杀。专诸也死于王宫卫士之手。

公子光果断出手，清除了吴王僚的亲信与卫士，自立为王，是为吴王阖闾（hé lú）。继而，公开褒奖功臣，封伍子胥为行人（负责掌管贵族、上卿和使者之礼，兼管外交事务），封专诸之子专毅为卿。

记不清是一个秋雨淅沥的清晨，还是一个夕晖飞扬的春暮，阖闾将伍子胥请进王宫，"与谋国政"。伍子胥的反应是，下跪、流泪、叩首，说："臣员（这是谦称）乃楚国罪臣，抛弃了父兄，只身逃亡吴国，君上不加责备就万幸了，哪敢参与政事？"

阖闾扶起伍子胥，客气地说："如果不是爱卿推荐专诸，寡人如今还屈居人下，今天诚心求教于爱卿，爱卿何必打退堂鼓？"

伍子胥继续推辞说："臣听说为君上排忧之人，看似风光，其实危险。只要难关一过，就会被君上抛弃。"

阖闾闻言，有些急了："请爱卿放心，寡人不是反复无常之人。说实话，吴国偏安东南，交通不畅，沼泽众多，水患频仍，国家无险可守，仓库没有存粮，民众人心惶惶，这可如何是好？"

听到这里，伍子胥方才端出了先近后远、先内后外的施政纲领，其要旨是："凡欲安君治民、兴霸成王、从近制远者，必先立城郭、守设备、实仓廪、治兵库。斯则其术也。"

听罢，阖闾眼中放射出喜悦的光芒，说："爱卿提出的计划，就由爱卿主持吧！"

于是，伍子胥从今无锡的阖闾古城来到东南部百里之遥的今苏州，主持修建了新都——"大城"，也就是后来的姑苏城。"大城"之特别不在于大，而在于因地制宜，暗合风水，借天地之气威慑四方。据《吴越春秋》和《越绝书》介绍，姑苏城乃一大一小两座城池，大城周长四十七里，设城门八座，水门八座；内城周长十里，设城门三座，皆有门楼，分别位于西、南、北三个方向。内城西门为破楚门，预示着吴国终将踏平楚国；南门为蛇门，门上镶有头朝北尾朝南的木蛇，象征着东南的越国向吴臣服。姑苏城的建成，不仅为吴国打造了一座坚不可摧的城池，还让吴国有了安身立命之地。更深远的意义是，它使吴国有了一个核心区，并最终在这里凝固成了一个薪火相传的文化符号——吴文化。

随后，伍子胥组织民工开掘与疏通了"胥溪""胥浦"，既避免了水患，又便利了漕运和灌溉，使吴国成为鱼米之乡。

继而，伍子胥请来干将、莫邪等名匠，为吴国打造出天下一流的兵器。

更重要的是，阖闾意外得到了两员大将。一是孙武，字长卿，史称孙子，齐国乐安（今山东广饶县）人，为躲避齐国政治纷争来到吴国。经伍子胥举荐，阖闾见到了这个三十出头的年轻人，并有幸浏览了他的军事巨著《兵法》十三篇，然后重用为将。二是伯嚭（pǐ），出生于郢都，楚国太宰伯州犁的孙子、左尹郤宛的儿子。公元前 514 年，因受到费无极的诬陷，伯氏被灭族。伯嚭侥幸逃到吴国，被阖闾任命为大夫。

伍子胥、孙武、伯嚭如三个钢铁支架，撑起了阖闾雄霸东南的巍峨大厦。

七

从阖闾即位三年开始，吴军连续三次攻入楚国，并取得了一系列令人鼓舞的胜利。基于此，那个被公认为引来强敌的费无极，被楚国处以了灭门的酷刑。消息传来，伍子胥和伯嚭都感到十分解气。

当时，阖闾本想乘胜进兵郢都，但孙武认为时机不够成熟。阖闾又问伍子胥和伯嚭："你们二人大仇已报，是不是失去灭楚的动力了？"

伍子胥回应道："杀掉楚昭王的那天，才是臣沉冤得雪之日。灭楚，就要灭得彻底，目前的确时机不到。"

伯嚭也使劲点了点头。

公元前506年，吴王阖闾对伍子胥、孙武说："原先你们说郢都不可攻入，现在如何？"

二人回答："是时候了。但吴国要取胜须大举进攻，并须得到唐国、蔡国的帮助。"

阖闾宣布挂帅亲征，任命伍子胥、孙武为将，伯嚭为副将，然后调动全部兵力，与唐国、蔡国军队组成了一支三万人的联军，在汉水两岸与楚军形成对峙。联军五战五捷。公元前505年，吴兵踩着云梯攻入了郢都。

楚昭王被迫逃走。

《史记》记载，攻克郢都后，伍子胥抓不到楚昭王，竟然下令掘开楚平王之墓，愤而"出其尸"，亲手"鞭三百"。《吴越春秋》记载，伍子胥一脚踏在死尸腹部，一手抠下死者的眼睛，说："当初你听信费无极之言，枉杀我父兄，你也有今天！"

时隔几千年，我们仿佛仍能听到清脆的鞭响，也仿佛能看到伍子胥喷火的眼神。

一天，正在附近山中避难的楚国大夫申包胥，让人给伍子胥捎来口信，原话是："子之报雠，其以甚乎！吾闻之，人众者胜天，天定亦能破人。今子故平王之臣，亲北面而事之，今至於僇死人，此岂其无天道之极乎！"意思无非是，你作为楚平王的臣属，这样侮辱死人，这种报仇方式未免太过分了。我听说，人多了可以胜天，但天也是能毁灭人的。言外之意，你见好就收吧。

伍子胥回话："吾日莫途远，吾故倒行而逆施之。"意思是，太阳快要落山了，我却还有很多路要走，所以也就不走寻常路了。我估计，他肯定还缀上了一句话："为报父兄之仇，我甘愿接受任何诋毁！"

眼看劝诫无用，申包胥与伍子胥较上了劲，并以实际行动开始践行"兴楚"的誓言。他一个人踏上了向秦国求救之路，并在秦宫墙外哭了七天七夜，滴水不进。受到感动的秦哀公派遣五百乘战车紧急救楚。由于受到秦、楚夹击，加上吴国传来消息——阖闾之弟夫概在越国支持下自立为王，阖闾与伍子胥只有无奈地退兵。

八

回到吴国，阖闾发兵赶走了弟弟夫概。尽管内乱平息了，但阖闾内心深处已经恨透了南部的小邻居——越国。

公元前 496 年，越王允常病逝，儿子句（gōu）践继位。阖闾认为这是复仇的良机，不等准备工作就绪，也不听孙武、伍子胥的劝告，毅然率三万士卒攻打越国，历史上一场小有名气的战争——檇李（zuì lǐ，今浙江嘉兴西南）之战拉开大幕。

那时的战争司空见惯，青铜武器的鸣响已经成为春秋大地上最动听的打击乐。

战幕一拉开就充满了鬼魅的气氛。年轻的句践派死刑犯首先出阵，排成三行，把剑放在脖子上，一个个陈述表演后，自刎于阵前。吴国士兵不知那是一个个罪犯，居然看得忘了神，傻了眼，越军乘机发动冲锋，吴军仓皇败退，稳操胜券的阖闾不仅大败，而且脚趾中了毒箭溃烂而死。

死前，阖闾叮嘱太子夫差"勿忘杀父之仇"，并托伍子胥辅佐少君，封他最高爵位，称相国公。

身怀国仇家恨的夫差，常常安排一人立于内宫庭院，每当夫差出入，此人就面对夫差大喊："君上忘掉越王杀父之仇了吗?"夫差随口应答："深仇大恨，岂能忘怀!"

很快，夫差重建起一支令人恐怖的军队。消息传到越国，越王开始寝食难安。

足球圈里有句行话：进攻是最好的防守。越王句践决定先发制人。

公元前 494 年，句践与夫差在夫椒（太湖洞庭山）展开会战。结果，三万越军被十万吴军打得落花流水，句践被迫带五千残兵败卒退守会稽山。为免于亡国，句践派人向夫差请罪，表示愿做吴王的仆人。

依照常理，吴王是断然不会答应对方的。但在是否灭越的问题上，吴国大臣们的意见并不一致。

九

伍子胥是坚决的灭越派。

对此，孙武并没有表态。笔者细细查阅历史才发现，此时孙武或许已经离开。他临行前劝伍子胥："你知道天道吗？暑往则寒来，春暖则秋至。吴王恃其强盛，骄乐必生。若功成不退，将有后患！"然而，伍子胥不为所动。

既然孙武已走，那么其他大臣的话就有分量了。据说，夫差之所以放过句践，就是因为身边的小人——太宰伯嚭。

伯嚭鼻子上的白粉是后半生涂上去的。当初，他刚逃到吴国时，与伍子胥一起出生入死，冲锋陷阵，结下了深厚的情谊。但从吴国取得胜利开始，他就与伍子胥在灭不灭越的问题上发生了争执。史载，陷入重围的句践派文种（越国大夫）向伯嚭送上了珠宝美玉和八个美女。在拿了越国的"好处"后，伯嚭开始积极地为句践斡旋，在向夫差灌输了"成霸业应厚诸侯"的理念以后，让夫差私下接见了文种，帮助文种说服夫差接受了句践的请降，最终把句践从死亡的泥潭里拽了出来。

伍子胥闻讯大惊，赶忙跑去劝谏夫差："越王善于吃苦，富有韧性，今天不杀掉他，将来必然后悔。臣听说树立德行莫如不断培植，铲除病毒莫如干净彻底。"伍子胥还用"少康中兴"的典故阐释了斩草除根的必要性，但夫差不听，因为伯嚭的话已灌满了他的脑袋。出宫后，伍子胥对人感叹："越国用十年时间休养生息，再用十年时间训练军队，二十年之后就会把吴王宫变成沼泽（原话为：越十年生聚，而十年教训，二十年之外，吴其为沼乎）。"

因此，很多人认为伯嚭是促成夫差接受句践投降的元凶，直到如今江浙一带仍把伯嚭作为坏人的代名词。其实，夫差的智商并不低，不是一个没有主见的人。我们不能以今天的观念衡量古人，而应该穿过历史的隧道，深入探究令人匪夷所思的因由。春秋时期，舆论所赞扬的是允许投降的国家复国并恢复他国的祭祀。灭别国、毁宗庙绝非霸主所为，是为人不齿的。夫差之所以毅然决然地答应越国请降，显然是受了这一传统观念的影响。

句践在吴国当臣仆三年，住囚室，服劳役，替夫差驾车养马，任劳任怨地服务。越王后洗衣，劈柴，洒扫，脚不沾地地劳作。范蠡（fàn lǐ，越国大夫）则睡得比狗晚，起得比鸡早，担下了几乎所有的脏活、重活、累活。

一次，夫差准备上马，句践突然快步上前，匍匐在马的一侧，抬头说："大王，踩着罪臣的背上马吧，方便一些。"夫差有些诧异，犹豫了一下，还是踩着句践的后背潇洒地跨上了宝马，在卫士的簇拥下扬长而去。夫差回头，看见句践一动不动地趴在地上，像一尊被踢倒在地的泥塑。

一天，夫差登上高台，极目远眺，一腔英雄血涌上脑门，横生出睥睨天下、舍我其谁的无穷气概。偶然俯视，远远望见句践坐在马棚外小憩，而范蠡和越王后则毕恭毕敬地侍跪在两侧，虽蓬头垢面，仍严守着君臣与夫妇之礼。这在一般雄才大略的君王，肯定会生出几分警惕，而夫差却感慨地说："越王毕竟是一国之君啊，他与臣下虽在穷厄之地，却不失君臣之礼，太令人伤感了！"伯嚭不失时机地说："愿君上以圣人之心，哀穷孤之士，把他们放了吧。"

伍子胥听说要释放句践，连忙跑去劝阻："当年夏桀囚禁商汤，商纣囚禁周文王，都是拘而不杀，放虎归山，结果反被夺了天下。今日君上放走句践，是想步夏桀、商纣后尘吗？"尽管话很刺耳，但还是起了作用，释放句践的事被暂时搁置起来。

有一次夫差病了，句践亲自去尝夫差的粪便，然后用一种唯恐别人听不到的惊喜声调说："病人的粪便如果是香的，性命就有危险；如果是臭的，表示生理正常。大王的粪便很臭，一定会立即痊愈的。"

这种装出来的"忠诚"深深感动了夫差，他不止一次地公开赞叹："句践，仁人也。"这样一来，谁都挡不住夫差放句践回国了。三年期满后，夫差下诏允许低三下四的句践回国。

时值公元前 491 年冬，天色昏黄，冷风刺骨，吴王夫差亲自到"蛇门"外送行，他拉住句践的手久久不松开。句践夫妇在千恩万谢之后，方才上了范蠡驾驶的马车。

句践回国后，第一件事就是遍求破吴良策。大夫文种向句践献上了七种破吴秘方："一是用财币取悦夫差，以贿赂结交佞臣；二是高价买吴国粮草让其积聚空虚，满足其欲望使吴民疲惫；三是送上绝色美女迷惑夫差的心志；四是送去巧工良材让其大造宫室导致财富穷尽；五是遗之谀臣，使之易伐；六是强其谏臣，使之自杀；七是积累财富操练兵马，等待吴国出现问题。"

句践一一照办。他选越女西施和郑旦送给夫差。轻民赋，重生产，并亲自下田耕种，让夫人带头纺织，在十年内完成了富民强国的既定目标。与此同时，偷偷打造兵器，训练军队，建立起了一支同仇敌忾、训练有素的精兵。

更令人心惊肉跳的是，句践冬常抱冰，夏还握火，食不加肉，衣不重彩，睡觉时卧薪，出入时尝胆，并经常提醒自己："你忘记会稽之耻了吗?"

十

一方卧薪尝胆，另一方却歌舞升平。

在风景秀丽的灵岩山，夫差建造了金碧辉煌的馆娃宫，也就是今天所谓的"美女集中营"，作为自己与比花花解语，比玉玉生香的西施、郑旦们调情嬉戏的地方。

当美女的身体像刀锋一样划过英雄的大脑，历史不仅为我们提供了亦真亦幻的情节，而且也开始了对这个英雄的催眠。夫差沉醉在温柔乡里，就像愚蠢的孔雀一见参观者就骄傲地开屏一样，再也不把越国放在眼里，并且最烦别人说越国的坏话。投其所好，他的周围聚集了一伙唯命是从、阿谀逢迎之徒。我于是想起了安徒生那篇著名的童话：所有人都装着相信皇帝穿着天下最漂亮的新衣，只有一个孩子高喊："他什么也没有穿!"

结果，孩子被孤立了，因为众人皆醉他独醒。

这个独醒的"孩子"就是伍子胥。伍子胥不厌其烦地告诫夫差远离美色、警惕越国："越王为人能辛苦，今天君上不灭，将来必然后悔。"结果招致了被颂歌包围的夫差的厌恶。

伍子胥怎能看不出夫差的脸色，但他痴心不改，一再强谏。

如果命运存心将一个人玩弄于股掌之上，你抗争得越认真就跌得越惨。

句践被放走的第五年，一心称霸的夫差听说齐景公病死，新君优柔寡断，群臣争权夺利，便决定趁机讨伐齐国。越王句践率领文种、范蠡来到姑苏，预祝夫差马到成功。吴国上自夫差，下到士人，都得到了句践的贺礼，人人有份，举国欢喜，唯有伍子胥愁眉不展。有人问起来，他说："难道吴国是句践豢养的狗吗?"

"相国何出此言?"那人吓了一跳。

伍子胥说："他扔块骨头，我们就得流血牺牲，这不是养狗吗?"

那人赶紧把耳朵堵上，不敢再听。伍子胥余怒未消，跑到宫里对夫差说："越国乃吴国心腹之患，他们如此温顺，不过是为了隐藏祸心，君上千万不要上当啊。"

夫差眼中闪过一丝不快，仍耐着性子问："若依相国之见，寡人当如何?"

"停止讨伐齐国，优先灭掉越国。因为齐国远在北方，就算我们胜利了也得不到什么好处；越国就在我们身旁，吴不灭越，越必灭吴啊！"伍子胥一脸诚恳。

"看来，相国对句践成见很深啊。"夫差的脸沉了下来。

"君上难道忘记杀父之仇了？"

"寡人心意已决，休得再谏！"

伍子胥退出王宫后，伯嚭与大臣逄同向夫差建议："君上何不派伍子胥出使齐国？"

"为何？"

"他不是反对伐齐吗？那就由他去下战书。"

夫差先是一愣，继而拍案叫绝。

自古以来，两国交战，哪有派相国去下战书的？况且是坚决反对交战的相国。伍子胥长叹一声，只得遵命而行。他自知来日不多，便把儿子伍丰带到齐国，托付给了齐国大夫鲍牧。完成使命后，独自一个人回到了吴国。

他将儿子留在齐国，无疑给小人们提供了落井下石的口实，但他已经顾不了那么多了。

十一

吴国联合鲁国组成十万联军，由夫差亲自率领北上伐齐。联军从曲阜北上，与齐军主力在艾陵（一说在今山东莱芜市东北，一说在今莱芜市钢城区艾山）遭遇，全歼十万齐军，史称"艾陵之战"。

凯旋的夫差一回到吴国，就做了两件事，一是将姑苏城北门定名为"破齐门"，二是将曾经阻止自己伐齐的伍子胥找来，看看这位老臣有什么话说。

夫差对伍子胥说："忆往昔，先王阖闾发兵击败了楚国，你功不可没；但如今，你老了却不肯过安逸的日子，一再扰乱我的军心。现在寡人冒昧地告诉你，上天降福于吴，齐已经归顺于我！"

伍子胥回应说："上天要抛弃君上，必先给君上一点甜头。如果君上伐齐不顺，内心或许有所觉悟，吴国尚能延续下去。如今君上没有成功的条件，上天却赐福于您，说明吴国将要灭亡了。臣不忍心称病辞职，眼看着君上被越国生擒，只好请求先死。"于是解下佩剑，准备自裁。

夫差一把夺过伍子胥的佩剑扔到地上，什么也没说就离开了。想来，伍子胥乃吴国重臣，夫差不想背上逼死重臣的骂名。夫差不想杀他，但有人想杀他。紧接着，伯嚭觐见夫差说："子胥为人刚暴，少恩，猜贼。下臣听说，他借着去齐国的机会将儿子带到了齐国，投靠在了鲍氏名下，并得到了封地。"言外之意，伍子胥已安排好后事，分明是要叛国啊。

夫差大惊："竟有这等事？"

话音未落，伯嚭的同党逢同帮腔说："千真万确。"

夫差派人调查，果如伯嚭与逢同所言，伍丰不仅获得了齐国土地，还被封为"王孙氏"。

夫差送给伍子胥一把短剑，令他自尽。伍子胥刎颈前吩咐舍人："我死之后，在我的墓上种上楸树，楸树长大后正好做被越国杀死的夫差的棺材；把我的眼睛挖出来悬挂在东门上，让我看到越国军队是如何经过此门灭吴的。"

话传到宫中，深深刺激了刚愎自用的夫差，他下令把伍的头颅砍下挂到高高的城头上，令人用马革裹住伍的尸体投入奔腾咆哮的江河。据说，那一天是农历五月五日。

余怒未消的夫差又诅咒说："日月晒焦你的骨，鱼鳖吃光你的肉。"

读到这里，人们为夫差悲哀的同时，更为伍子胥愤愤不平。其实，我们大可不必大惊小怪，因为中国人有句话叫"性格决定命运"。

十二

于是，一个敏感的话题摆上纸面：那就是性格的中西差异。

　　西方人一直崇尚开放的性格，因此早在学生时代就喜欢标新立异，成年之后便纷纷参与竞争，并且乐于在公开场合宣扬自己的成就和优势，敢于向世界上任何一个强大的团体或个人叫板，不管是否会碰得头破血流。一旦真的败下阵来，他们会主动走上前去诚恳地祝贺对方，边握手边说："我会继续和你竞争的。"一切都那么自然。

　　中国人却恰恰相反，人们更加崇尚内敛。孩子们受到的最大表扬是"很听话"，受到的最大批评是"不听话"。在走上社会后就更加安分守己、中规中矩，因为几乎所有的亲朋和领导都告诫自己："烦恼皆因强出头，是非只因多开口。"内向沉稳成了最大的优点，毛遂自荐成了另类。当在不太普遍的竞争中败下阵来，大多数人会找一堆客观理由安慰自己，从此意志消磨，得过且过；还有不少人因为失败而输不起，以小人之心猜疑对方，个别的还实施了螃蟹战术，通过写"人民来信"、传播小道消息将对方搞臭。这种内敛式的性格造就的阴暗心理，使许多正直、有为之士防不胜防，苦不堪言。在伍子胥被伯嚭暗箭射杀后，悲剧一而再、再而三地上演：孙膑被师兄庞涓致残，韩非子死于同学李斯，岳飞死在秦桧手上，于谦被自己推举的门生陷害，戊戌六君子被袁世凯出卖……

　　水晶破开了，碎片依然纯美清澈。历史是人民写就的，夫差的厌恶、伯嚭的得志丝毫掩盖不了伍子胥的英名，人民永远忘不了这位正直无私、为国捐躯的仁人志士。

尸体被大潮冲走的伍子胥，被当地民众尊为"潮王"。吴人在太湖边的山上为其立祠，这座山因此被称为"胥山"。苏州老城因由伍子胥设计建造，至今仍被民间称为"胥城"。古城西南的城门，仍被呼为"胥门"。胥门外的河流，仍叫"胥江"。胥江至太湖入口处，则叫"胥口"。更鲜为人知的是，苏州人的端午节，据称是为了纪念吴相伍子胥，而非楚国大夫屈原。

两千五百多年过去了，苏州城仍随处可见伍子胥的印记。

十三

故事并未结束，因为杀死伍子胥的夫差和伯嚭还活着。

伍子胥自杀的第二年，即公元前 482 年，当吴国大举北伐齐鲁，到达七百公里外的黄池（河南封丘）与诸侯会盟时，句践率兵突入吴国，放火焚烧了西施和夫差的"安乐窝"——姑苏台。又在姑苏城外，将狼狈回援的夫差击溃。考虑到尚不具备吞并吴国的实力，句践答应了夫差求和的要求。算起来，此战距句践被放走不到十年。

越军撤退后，夫差并没有振作起来，反而像鸵鸟一样，把头埋在以西施为首的美人窝里，得过且过，苟延残喘。这不仅使我想起了

"水温效应"中的青蛙：瓶子里的青蛙由于感受不到渐渐升高的水温，失去了一跃而起的动力和激情，只能在水温接近沸点时死去。

九年后，攒足了力量的句践发动总攻，彻底击败了吴军，夫差从姑苏乘夜色逃到阳山（江苏吴县万安山），仍被越军团团围住。

无奈之下，夫差请求仿效二十年前的他，准许吴国降为越国的附庸国。句践派人对夫差说："寡人想将你安置在越国，赐给一百户人家，便于我们常叙旧情。"夫差拜谢说："多谢好意，只不过我老了，不能再侍奉大王了。"说罢引剑自裁。自裁前，他对侍卫说："我没有颜面在地下见伍子胥，请用布蒙上我的脸。"

吴国灭亡不久，对句践有姑息、保护之功的伯嚭带着得意的神情来到越廷，恬不知耻地向句践求赏。然而，他太不了解曾经向他行过贿、磕过头的句践了。因为按照正常的思维，任何明智的君主都不会喜欢吃里爬外、卖主求荣的小人。于是，句践借伯嚭的项上人头警示自己的臣民："这，就是不忠的代价！"

伯嚭的同党逢同一起被杀。那位在灭吴中不算无功的西施也未能幸免，据说王后担心她犹存的风韵让句践分心，因此将她装入皮袋沉入了钱塘江。望着水中冒出的气泡，句践夫人幸灾乐祸地说："此亡国之物，留之何用?!"

与此相反，历史对伍子胥一直褒奖有加，太史公司马迁评价他

"非烈丈夫孰能致此哉"，北宋政治家范仲淹赋诗曰：

胥也应无憾，至哉忠孝门。

生能酬楚怨，死可报吴恩。

直气海涛在，片心江月存。

悠悠当日者，千载祗惭魂。

第二章　百世兵家之师——孙武

他是伍子胥的战友，被古今中外军事家

尊为『兵家鼻祖』，就连海湾战争中趴在沙漠

里的多国部队士兵，每个人怀中都揣着一本

他在 2500 年前写的书。

037

一

公元前 515 年，正值中国春秋末年，这一年大事不多，值得一提的只有三件事：

一是吴国发生政变，吴王僚前往堂兄公子光家中赴宴，被伍子胥推荐给公子光的刺客专诸刺杀，公子光宣布继位，是为吴王阖闾。

二是楚国爆发血案，由于奸臣费无极进谗言，左尹（楚国之卿，地位仅次于令尹）郤宛被令尹（国相）子常所杀并惨遭灭门，只有郤宛的儿子伯嚭侥幸逃到吴国。

三是齐国卿大夫持续内讧，高昭子联合栾、鲍、田三家反对齐相晏婴，一个名叫孙武（齐国贵族田氏的后裔，孙武的祖父田叔因功被齐景王赐姓孙）的人担心受到株连，仓皇逃奔吴国。

不久，吴国大臣伍子胥向阖闾举荐了孙武。就这样，孙武以一个逃犯的身份向我们走来。

二

孙武，字长卿，史称孙子，齐国乐安（今山东广饶县，孙武的祖父田叔的采邑）人，生于公元前 545 年。他从小就受到齐国军事家田穰苴的熏陶，19 岁到蒙山求学，21 岁开始游历天下。他不仅研读了《黄帝兵书》《太公兵法》《风后渥奇经》《易经卜兵》《军志》《军政》《军礼》《令典》《周书》《老子兵录》《尚书兵纪》《管子兵法》等，而且足迹踏遍了著名的历史古战场，并于逃奔吴国后，在今苏州第一峰——穹窿山隐居下来，潜心研究兵法，成功撰写了《兵法》十三篇。

与楚王有着灭门之仇的伍子胥，在帮助阖闾夺得吴王宝座后，便把复兴吴国、复仇楚国作为终极目标。幸运的是，伍子胥所辅佐的阖闾也非泛泛之辈，一上台就宣布广招天下贤能，从而使偏远的吴国成为春秋末年的一大人才"洼地"。一主一辅两个天纵英才，共同编织起吴国的崛起之梦。

伍子胥先是请来了干将、莫邪等名匠，为吴国打造出天下一流的兵器。浙江莫干山，是铸剑大师干将、莫邪的居所。传说，为了给吴王铸造利剑，莫邪竟然舍身跳入炉内，吴人的血性可见一斑。然而寒光利刃，终究不过是匹夫之勇，阖闾更为需要的，是能够让天下诸侯正视与臣服的国威。

深知吴王心思的伍子胥认为时机已到，先后七次向阖闾推荐孙武，称赞孙武"有神鬼不测之机，天地包藏之妙"，并向阖闾呈上了孙武的《兵法》十三篇。

据说，伍子胥也是军事大师，写过军事著作《伍子胥》，可惜已经失传。您想啊，连伍子胥这样的经天纬地之才都一再力荐的人，阖闾能不心动吗？

三

几乎是一口气，阖闾读完了这堆书简——所谓的《兵法》十三篇，然后喜不自胜地说："我有此书，霸业必成！"

高兴归高兴，阖闾仍然心中存疑，因为春秋乱世，欺世盗名者大有人在，伍子胥力保的孙武确有真才实学吗？而在伍子胥眼中，孙武乃旷世将才，能否得到重用，关系到吴国的命运与自己的家仇。同样，在孙武心中，也对靠暗杀登上王位的阖闾将信将疑。在呈给吴王的《兵法》十三篇中，赫然写着这样一句话，"将听吾计，用之必胜，留之。将不听吾计，用之必败，去之"。

据说，这是孙武呈送《兵法》十三篇时特意加上去的。它既像是带兵之道，又像是孙武向阖闾发出的最后通牒。

就在孙武面见阖闾那天，彼此的试探和考验开始了。

阖闾对孙武说："你的十三篇兵法，寡人都看过了，的确前所未见，但不知是否实用，是不是拿寡人的军队试试？"

孙武答："可以。"

吴王再问："用妇女试验可以吗？"

孙武一愣，然后答："也可以。"

于是吴王召集一百八十名宫女，请孙武训练。在一般人看来，这简直就是一个儿戏，就连旁边的伍子胥都为孙武捏了一把汗。

既然面对的不是战士，而且是从未摸过兵器的宫女，孙武决定从最基本的队列训练开始。孙武将宫女分为两队，用吴王的两个爱姬为队长，发给她们每人一把戟。然后讲明了训练方法和军中法纪，并搬出杀人刑具——铁钺以示警诫。

训练开始，孙武击鼓发出了向右转的指令，怎知众宫女不但不听指挥，而且一个个笑得花枝乱颤。吴王在台上远远望见，也笑得直不起腰。

孙武见状，大声说："解释不明，交代不清，是将官的过错。"于是，又将刚才一番话详尽地向她们解释了一次。但当再次击鼓发出向左转的号令，众宫女仍然只是大笑。

孙武又说："解释不明，交代不清，是将官的过错。既然交代清楚而不听令，就是队长和士兵的过错了。"说完，命左右随从把两个队长推出斩首。

阖闾从台上望见孙武要斩他的爱姬，急忙派人向孙武下令说："寡人已经知道将军善于用兵了，如果寡人失去这两个爱妃，食不甘味，万望不要斩杀她们啊。"

孙武斩钉截铁地回复说："我既受命为将军，将在军中，君命有所不受！"阖闾只能眼睁睁看着两个爱姬掉了脑袋。

斩首完毕，孙武道："再敢违反军令，照此论罪。"然后命令两队的排头当队长，继续操练。

眼见吴王的爱姬都成了刀下之鬼，宫女们个个花容失色，一下子如同变了另一个人。鼓声令左，便一齐向左；鼓声令右，便一齐向右。不管鼓声如何指令，宫女或进或退，或跪或起，全都一丝不苟。刚才还是一群叽叽喳喳的女人，很快就成了一支训练有素的军队。

末了，孙武派人报告阖闾："女兵训练已告一段落，请吴王近前察看她们演习，如果吴王向她们发出指令，她们完全可以赴汤蹈火。"

阖闾尚未从爱姬被斩的郁闷中走出来，于是没好气地说："将军回去休息吧，寡人不想看了！"

孙武也有齐人的耿直，于是回应："原来君上只是喜欢我的兵法，却不喜欢我使用兵法啊！"

那一刻，阖闾脸上的肌肉剧烈地抽动了几下，然后硬生生地挤出一丝笑容。

在众目睽睽之下，国王与伍子胥一前一后走下高台，信步来到女兵阵前，仔细观赏起女兵们的军事表演，并且频频点头。此时，阖闾的心一定告诉他，尽管你失去了两个女人，却得到了一位理论水平和实战经验兼有的将军，一位能变柔弱宫女为死战之士的将军，一位极有可能使敌我军事天平发生倾斜的将军，你凭什么还拉着一张驴脸呢？

这场富有戏剧色彩的"考验"以孙武顺利过关而告终。

就在练兵台前，孙武被拜为上将军，号军师，负责统领吴军。今苏州虎丘的孙武子亭，据说就是当年孙武斩二姬的地方。

四

孙武被拜将后，面临的首要问题，是从哪里下口，如何下口。

环顾吴国周边，北部有吴王僚余部寄身的钟吾国（今江苏宿迁东北）、舒国（今安徽庐江县西），南部是虎视眈眈的越国，西北是吴国的世仇楚国。

作为吴国崛起的最大障碍，楚国地大物博，兵多将广，是江南唯一的大国，周边国家都攀附于它。吴国自寿梦时代开始，就与楚国攻伐不断，但吴国一直鲜有胜绩。按说，当下的吴国不能首先从楚国下口。

然而，孙武和伍子胥拿出来的争霸方略，却是"以破楚为首务，先是南服越国，尔后进图中原"。

其实，参与制定方略的孙武并不傻。他明知吴国短时期内根本不是楚国的对手，但既然对自己有举荐之恩的伍子胥以灭楚为第一目标，他不得不在表面上照顾伍子胥的感受。可在具体的军事行动上，孙武还是保持了清醒的头脑。

公元前512年，孙武助吴王发兵，灭掉了楚国的附属小国钟吾国和舒国。阖闾本想趁机攻楚，但孙武却说："民劳，未可。"也就是说，民众疲惫，楚强吴弱，吴国伐楚的条件还不具备，必须进行充分准备。

接下来，孙武组织实施了"扰楚疲楚"战略。他将三万吴军分为三支，轮番游弋于楚国边界，或骚扰或佯攻，不断在楚国边界制造事端，楚军若来，吴军即退。而楚国不明吴军底细，闻听边界事发，就赶忙调动大军前往，像救火队员一样，频繁奔波于吴军的兴事之地，并为此消耗了大量物资。

在孙武导演的这场长达七年的消耗战中，吴军虚虚实实，楚军东奔西走，孙武用极小的代价，换得了楚军的巨大消耗和思想麻痹。这一战法，被红军时代的毛泽东形象地总结为"敌进我退，敌驻我扰，敌疲我打，敌退我追"，并冠名为"游击战"。

兵者，诡道也，被孙武写于兵法之中的这句话，不仅成为吴军疲楚战术的理论之一，日后更成为军事爱好者们广为引用的名言。

但在当时，孙武的这一战法却受到了军事同行的广泛质疑。

五

因为春秋时期，各诸侯国从国王到文臣武将，都是清一色的宗室贵族。既然是贵族，就必须重视礼仪，讲究君子风度，就连打起仗来也需要循规蹈矩，比如战争要讲仁道，不能耍诡计；行军不必追求速度，要保持军容严整；作战双方需提前列队，然后正面交锋。这才有了宋襄公不在敌人半渡时发起攻击因而落败，也才有了子路因为系被砍断的冠缨而被敌人趁机杀死。

面对质疑，孙武不为所动。一方面，孙武继承原有的仁义思想，提出上兵伐谋，不战而屈人之兵的主张；一方面则摒弃战事军礼的制约，突出兵贵神速、出其不意、攻其不备的军事思想。他不仅超越了旧有的军事传统，更重要的是将兵不厌诈的战术思想应用于实践，为后世提供了经典战例。这一战例，就是吴楚决战。

公元前506年秋，楚国攻打已经归附吴国的蔡国，孙武找到了挑战楚国的借口，于是和伍子胥一起助阖闾发兵。吴、唐、蔡三国联军共三万人，乘坐战船，沿淮河而上，直取楚军。楚军不得不放弃对蔡国的围攻，重新部署军队实施阻击。

吴军进抵淮汭（今河南潢川，一说今安徽凤台）后，孙武突然决定弃舟登陆，由向西改为向南，放弃水路捷径，翻越险峻关隘千里奔袭楚国。吴军善于水战，却改为不擅长的陆战，而且路程也较水路漫长，孙武此举，就连熟悉他的伍子胥也难以理解。

孙武的解释是，用兵作战应当走敌人料想不到的路线，水路虽近，但逆水行舟，速度迟缓，况且楚国已经沿水路做了稳固防备，交战胜算不大；山路虽险，却一下子插到了敌军防备薄弱的区域，能起到出其不意、攻其不备的奇效。

在征得伍子胥同意后，孙武挑选三千五百名精锐士卒为前锋，迅速穿过楚国北部的大隧、直辕、冥阨三道关隘（均在今河南信阳以南），直趋楚国腹地，一直挺进到汉水东岸。吴军一旦渡过汉水，楚国都城指日可下。

面对吴军的奇袭，年轻的楚昭王惊恐莫名，只得调集全国兵力在汉水西岸迎战。主将囊瓦在未做好充分准备的情况下，贸然率领二十万大军向吴军发起冲锋。

面对楚军的大举进攻，孙武又改变了奇兵偷袭之意，指挥吴军假意决战，实则撤退，且战且退，少战快退，一口气退了三百里，把敌人一直诱到远离楚都三百里的柏举（今湖北麻城，一说湖北汉川）。

当楚军追到柏举时，由于高速急行军，二十万大军早已首尾不接，疲惫不堪。孙武突然命令发起反击，三千五百名精壮吴兵作为前队，身穿坚甲手持利器突入楚军。阵型本就混乱的楚军被冲击得支离破碎，只得下令退却。吴军主力乘胜追击，一追一战，再追再战，三战三胜，一举攻入楚国政治经济军事中心——郢都，导致楚昭王仓皇出逃。

巨人般的楚国，就这样被孙武玩弄于股掌之间，突然轰然倒下，从此一蹶不振。

按说，取得如此巨大的胜利，应该让吴国君臣们更加团结才是。但令人意想不到的是，这场胜利居然是三个誓言成就吴国霸业之人疏离的开始。

六

吴军攻入郢都之后，吴王阖闾不仅不听孙武"整肃军纪，及时退军"的谏言，反而亲手导演了吴国历史上最不光彩的一幕：阖闾占据了楚国后宫，强奸了楚昭王王后，当他试图强奸楚昭王的母亲伯嬴时，只是因为对方以死相逼而作罢；吴国将领按照官位高低顺序进驻楚国大臣家里，占有他们的财产和女人；吴国士兵们则随意进入居民家中，劫掠奸淫，无恶不作。伍子胥更是把楚平王的尸体拖出墓穴，鞭尸三百。

吴国君臣的疯狂报复行为，虽然发泄了积蓄已久的国恨家仇，但这哪里还是一支"正义之师"所为？因而招致了中原各诸侯国的一致声讨，最终被申包胥请来的秦军赶出了楚国。

大军回吴之后，阖闾论功行赏，孙武当记首功，但他拒绝了官爵，又把奖赏分给了平民。在孙武心中，吴王不再是那个顾全大局，从谏如流的明君。伍子胥也不再是深谋远虑，推心置腹的知己。而更大的失落，来自于君臣内心有关战事的认识分歧。

尽管孙武并不排斥战争，但他军事思想的核心是"不战而屈人之兵"，因此他一直强调慎战，倡导"上兵伐谋，其次伐交，其次伐兵，其下攻城"，主张"主不可以怒而兴师，将不可以愠而致战"，更不能无所顾忌地破坏，但郢都所见，令他失意，让他痛心。

更令他痛心的是，重创楚国的阖闾将战争视为吴国强盛的唯一途径，从而引领吴国走上了连年征战、穷兵黩武的歧途。因此，阖闾在获取威名的同时，也付出了生命的代价。

公元前 496 年，阖闾不听孙武的劝阻，亲领三万大军悍然发起了吴越檇李之战。这本是一场吴强越弱、没有悬念的战争，但年轻而富于智慧的越王句践，祭出让死刑犯进行自杀表演的诡异战术对付骄气十足的吴军。吴军意外失利不说，阖闾也因脚趾中了毒箭送了性命。

战争狂走了，但继承人夫差的血管里仍流淌着父辈的尚武基因，吴国金戈铁马的日子并没有结束的迹象。

好在，侥幸获得一场胜利的句践也头脑发热，居然试图一口吃掉并未伤筋动骨的吴国。

公元前 494 年春，越王句践率军从水上向吴国发起主动进攻，夫差与孙武、伍子胥率十万精兵迎战。孙武并未用尽平生绝学，只是在夜间布下诈兵，兵分两翼，高举火把，向睡梦中的越军发起山呼海啸般的总攻，越军就溃不成军，一败涂地。最后，句践只得带着五千名残兵败将逃到会稽山顶。

孙武一声令下，又将会稽山围了个水泄不通。接下来，越国灭亡进入读秒时间。

绝望之下，句践只得称臣求和。

令人不解的是，一直发誓为父王报仇的夫差居然同意了句践的求和要求。伍子胥极力劝阻，但夫差根本不听。可能在夫差看来，灭亡一个已经称臣的小国，没有君子风范，显不出大国气派。

渐渐地，重臣伍子胥与刚愎自用的夫差越来越不投机。看准时机，一直位居伍子胥之下的伯嚭开始在夫差面前污蔑与攻击伍子胥。此时的吴国官场，不免让孙武忆起当年他从齐国逃离前波诡云谲的形势，他已隐隐嗅到了血腥的味道。一天，孙武下决心再次归隐山林，他向夫差提出的理由是"回国探亲"。

请读者千万不要以为孙武怕死，因为在试图成就霸业的夫差眼里，孙武还有巨大的使用价值，在短时间内他还没有嫌弃或疏远孙武的迹象；也请读者千万不要小看了孙武的这一决定，纵观上下五千年，又有几位文臣武将甘心放弃高位，急流勇退，去重新做一名远离富贵荣华的山野农夫呢？

要知道，他研究战争与参与战争的目的，是为了消灭战争，绝不是为了破坏，绝不是为了杀人，绝不是为了做人类公敌。既然他所服务的对象已经突破了自己的底线，背离了自己研究兵法和领兵作战的初衷，那么，他的选择只有一个：放弃一切，包括让自己历尽千辛万苦得到的功名利禄重新归零。

据说，他临行前只见了一个人，并要求对方和自己一起归隐，那就是对自己有知遇之恩的伍子胥。他进入内屋，对伍子胥推心置腹地说："你知道天道吗？暑往则寒来，春暖则秋至。吴王恃其强盛，骄乐必生。若功成不退，将有后患！"然而，伍子胥不为所动。

他从伍府出来，夜色已经降临。抬眼望去，一轮明月正将清辉无限蔓延，铜钱般昏黄的湿晕，像洁白的衣襟上落了一滴滴米汤，陈旧而模糊。

七

孙武究竟何时隐居，隐居何处，至今仍然是一个谜。

有人说，他回到了齐国故里，一直未与官场发生任何交集。有人说，他根本就没有离开吴国，死后被埋在苏州市巫门外。还有人说，他活到了公元前 470 年，活成了一位银须飘飘的仙翁。

如果今后没有新的考古发掘作证，以上这些说法只能看作好意的杜撰罢了。

我们只知道，他长期为之服役的吴国无人探究孙武的下落，也没人遇到过他，但吴国异常珍惜他的兵书，此后几十年间一直秘不外传。吴国灭亡后，《孙子兵法》才流传到民间，继而传到中原各诸侯国，最终成为历代兵家卷不释手的传奇圣典。

千古兴亡事，早已沉淀在历史深处。当今天的人们游览苏州，往往还可以找到两千五百多年前被尘封的故事，让更多的人想起那些或激昂或沉郁或美丽或凄婉的传说，以及曾经与此相关的人物命运。

其实，在孙武成名的苏州，在孙武故里广饶，甚至还有更多的地方，对这位兵圣有着各色的追忆与祭奠。正是基于中华民族太多的动荡与波折，人们才会对孙武及其著作产生敬畏与依赖，才会让他在中华民族的精神世界里占据一席之地，并且世代诵读那些发人深省、令人沉思的箴言警句。

孙子曰：兵者，国之大事也。死生之地，存亡之道，不可不察也。

孙子曰：夫用兵之法，全国为上，破国次之；全军为上，破军次之；全旅为上，破旅次之；全卒为上，破卒次之；全伍为上，破伍次之。是故百战百胜，非善之善者也；不战而屈人之兵，善之善者也。

孙子曰：上兵伐谋，其次伐交，其次伐兵，其下攻城。攻城之法，为不得已。

孙子曰：用兵之法，十则围之，五则攻之，倍则分之，敌则能战之，少则能逃之，不若则能避之。

孙子曰：知彼知己，百战不殆；不知彼而知己，一胜一负；不知彼，不知己，每战必殆。

孙子曰：兵无常势，水无常形，能因敌变化而取胜者，谓之神。

孙子曰：善用兵者，避其锐气，击其惰归，此治气者也。

孙子曰：投之亡地然后存，陷之死地然后生。

他第一个告诉人们：战争是一门科学。

八

孙武离世两千五百年了，但他似乎从未走出人们的视线。

几乎是从《孙子兵法》诞生之日起，历代军事家、政治家都对它推崇备至，奉为宝典。唐太宗说"观诸兵书，无出孙武"。宋神宗把它钦定为"武经七书"之首，视为武学必读。四大名著之一的《三国演义》，几乎就是这部兵法的备注。

　　《孙子兵法》在公元七世纪传入日本，十八世纪之后译成法、英、德、俄等三十多种文字在世界各地传播。法国军事家拿破仑一直对《孙子兵法》爱不释手；德国皇帝威廉二世曾因在一战失败后才看到《孙子兵法》而感叹不已；德国法西斯头子希特勒在任命隆美尔为陆军元帅时，向他赠送了自己批注的《孙子兵法》；它至今还是美国西点军校和哈佛商学院高级管理人才培训的必读教材，其他世界军校也把《孙子兵法》作为研究教材。

　　西方军事统帅们甚至推崇孙武为"百世兵家之师"，将《孙子兵法》称为"世界第一奇书"、世界三大兵书之首（另两部是克劳塞维茨的《战争论》、宫本武藏的《五轮书》）。

　　《孙子兵法》虽然只有十三篇、六千余字，却蕴含了极其深刻的谋略与智慧。它不仅是历代军事家指导战争实践的必读书，而且是商业竞争、企业管理、体育竞赛、外交谈判的基本策略。人称旷世奇书，的确实至名归。

　　公元 1972 年 4 月 10 日山东临沂银雀山汉代古墓出土的《孙子兵法》古代竹简残片证实，《孙子兵法》是中国乃至世界现存最早、最完整、最系统的兵书，它的确是孙武所著，司马迁的记述是严谨的，孙武并非传说。

　　银雀山同时出土的，还有失传了 1700 多年的《孙膑兵法》十六篇，两部兵书同见天日，也令争论了千百年的"孙子是孙武还是孙膑"的疑问昭然若揭，至于个别人关于孙子也有可能是伍子胥的推论就更显得有些滑稽了。

因此我要说，孙子是中国的，也是世界的，他的兵书是人类文明的瑰宝。

——题记

宁也。如此而已。

应该畅游海底。至于结果，存，吾顺事；没，吾的勇士们。是鹏，就应该翱翔天际；是鲸，就而且需要记住为了人类进步流尽最后一滴血并非所有的身败者都会名裂，历史应该

第三章　铁血变法——商鞅

一

公元前 359 年的一个上午，嘈杂与喧嚣惊醒了秦都栎（yuè）阳（今西安市阎良区武屯镇）往日的沉寂。官府在城南门立了一根木头，旁边的告示上说："如有人将木头扛到北门，赏赐十金。"然而，面对天上掉下的"馅饼"，人们只是交头接耳，指指点点。

官府将赏赐提高到五十金。消息传出，观者如堵。在众人怂恿下，一个愣头愣脑的年轻人把木头轻而易举地扛到了北门。令众人震惊的是，他得到了告示中规定的赏金，随后就用这笔巨款娶了一房美娇娘。

"官府终于说话算数了！"一个声音从秦都传出，在山川村野不胫而走，激荡起民众前所未有的期待。随后，一系列亘古未闻的"变法令"如摧枯拉朽的春风，匆匆刮过贫瘠而封闭的三秦大地。低谷中的秦国，轰然翻开了新的一页。

这就是"徙木立信"的故事，故事的幕后策划是一个新面孔，他叫公孙鞅。

二

他于公元前390年前后出生在卫国（今河南北部）。作为卫国国君的后裔，他被尊称为卫鞅。他准确的身份是诸侯（被称为"公"）的孙子，所以多数人称他公孙鞅。

能诞生在春秋战国时代，对每一位历史弄潮儿来说，都无一例外地提供了乘风破浪的机遇。因为按照《上下五千年》的作者张远山的观点，春秋处于中国的头脑文化时代，也就是一个思维裂变的时代，一个大毁灭、大创造、大兴亡、大转型的时代，一个"礼崩乐坏，瓦釜雷鸣，高岸为谷，深谷为陵"的变革时代，一个"凡有血气，皆有争心"的大争之世，一个庸才被弃，昏君被戮，名将辈出，大才如云，英主迭起的非凡时代。思想天空日月争辉，群星璀璨；诸子百家千帆竞发，百舸争流。

显然，这是一个雄心勃勃的青年。他明白要钓到大鱼，必须准备好大的渔具。据说，家境优裕的公孙鞅师从"杂家"尸佼，广泛涉猎了儒家、道家、墨家、农家，纵横之学、阴阳之学，并重点研修了"刑名之学"。

"刑名之学"乃是法家的一个支系，内容涉及授官用人，循名责实，量刑施法，生杀予夺，主要教授国君怎样驾驭臣下。一句话，就是关于统治的艺术。

怀揣着这门非凡的"艺术"，公孙鞅从柔弱的卫国游宦到强大的魏国，在丞相公叔痤（cuó）家中做中庶子（丞相儿子的老师）。因为职业关系，他有幸研习了李悝的《法经》和兵书。

鉴于他对诸子百家特别是传统法家所进行的总结、扬弃、提炼与升华，因而我推断，他的政治、军事才能已经不在吴起与李悝之下。可惜，他满腹经纶却无用武之地。前路茫茫，不知何时才能如鱼得水。

当时，并非无人重视他。

公叔痤临死前，向前来探视的魏惠王郑重推荐公孙鞅："鞅年虽少，有奇才，期望君上将国政交付给他。"

面对如此隆重的推荐，见过无数大场面的魏惠王顿时一愣。在他看来，一个乳臭未干的落魄贵族，哪来的经天纬地之才？如果他真有如此能耐，岂能甘心做丞相的家臣？于是，魏惠王说："请丞相安心养病，寡人就不打扰了。"说着，起身要走。

"君上且慢。"公叔痤看到魏惠王无动于衷，心中一急。

魏惠王转过身来。

"如不重用，必须除掉他，以防被别国任用。"公叔痤认真地说。

魏惠王既没点头，也没摇头，只是皱了皱眉。

一出门，魏惠王便不阴不阳地对随从说："公叔痤真的病糊涂了，居然让寡人把国家交给公孙鞅。"

据说，公叔痤是叹着气死去的。

古老的夏历翻到公元前 361 年，秦献公的儿子嬴渠梁继位，是为秦孝公。此时，秦国连年兵败，朝中内讧不断，各地粮食歉收，军队士气低落，民众四处逃亡，这辆破车已经滑落到历史的悬崖边。

永远躺在摇篮里，四肢就会萎缩；永远待在黑暗中，双目就会失明。年仅二十三岁的秦孝公决心挽狂澜于既倒，扶大厦之将倾，以壮士断腕的气概向天下发出了求才诏令："秦的辉煌还要追溯到遥远的秦穆公时期。但厉、躁、简公、出子几代，内乱不止，外患不断，三晋夺我河西，世上没有比这更大的耻辱了！父亲献公继位后一直试图东进，我也有恢复穆公霸业之雄心。宾客群臣如有能出奇计使秦国强盛者，我不仅授予他高官，而且愿与之分土。"

诏令用词之沉痛，承诺之恳切，条件之优厚，远远超过了二十世纪末中国许多县级开发区的"零地价招商"和"盖厂房引商"。从此，秦国如一个巨大的磁场，吸引着四方豪杰会聚此地；又像一盏明亮的诱蛾灯，令无数英雄梦碎于斯，如商鞅、张仪、韩非、李斯。

上帝关上一扇门，总会打开一扇窗。惊雷般的诏令，炸开了公孙鞅蛰伏已久的心。无所事事且失去依靠的他决定到秦国碰碰运气，因为这株温室里的苗木急需找到参天的气候与土壤。

有人规劝他：别做美梦了，野蛮的秦国也许危机四伏。但他回应道：与只知做梦的人比，从来不做梦的人更像白痴。

三

这年春天来得特别晚，料峭的春寒扬起阵阵黄沙。一辆吱吱嘎嘎的牛车载着一位满目憧憬的青年，风尘仆仆地奔向太阳落山的地方。

经秦孝公的宠臣景监引荐，公孙鞅见到了比自己年轻的秦孝公。

客人说："听说君上求贤若渴，鞅愿展平生所学效力秦国。"

主人道："愿听先生教诲。"看来，主人今天心情不错，有听取客人长篇大论的心理预期。

公孙鞅开始了试探性发言。首先，他讲了"帝道"——舜尧等五帝治国之道，以仁义治天下；然后，讲了"王道"——周文王、周武王的治国之道，实行休养生息的政策。连续三天，尽管他唾沫横飞，但秦孝公却打起了瞌睡。

嗅觉非凡的客人转而讲起了"霸道"——春秋五霸的称霸史，也就是打着"尊王攘夷"的旗号，以武力蚕食他国并强制别国服从自己的指挥。这也就是近代欧美和日本所推行的霸道文化——以武力文明压服别国。

听着听着，主人移动了双膝，向客人倾斜了身子，眸子里透出惊喜与希冀的光芒，直听到窗外的日光变成月光，月光又变成日光。

眼看时机成熟，公孙鞅提出，要实现霸业，必须通过变法来富国强兵。

君臣一拍即合，携手导演起中国古代最有名也最激进的一幕"变法"大戏。

既然是大戏，一般都会有隆重的铺垫。作为序幕，秦孝公在栎阳宫亲自主持了一场辩论会："能否变法，请诸位公卿发表意见。"

公孙鞅抢先发言："行动迟疑不决，就不会成名；做事犹豫不决，就不会成功。超常的举动，必遭世俗非难；独到的见识，必遭世人讥讽。愚者暗于成事，智者见于未萌。不可与民众谋划创业的开始，但可以与他们共庆大业的成功。古往今来，大凡有非常才德者都不被旧俗所约束，能成大事者绝不可与百姓一起谋划伟业。所以，圣人若可以强国，一定不会沿袭旧法，必定不会因循旧礼。"

对于公孙鞅的"定调",保守派们皆不以为然。作为保守势力代表的甘龙首先站出来反驳说:"圣人不易俗而施教,智者不变法而治国。因民而教,不须劳累就可使民顺化;缘法而治,官吏守法而百姓安宁。官员、民众对于传统已经习惯,如果硬要改变,恐怕要招致天下反对。"

公孙鞅立刻还击:"夏商周三代的礼教代代不同,却都能成就王业。春秋五霸各有各的法度,却都能建立霸业。聪明的人制定规矩法令,愚蠢的人只知道遵循法纪;贤明者懂得更易礼俗,不肖者只会拘泥其中。强兵富国的创新为何不倡导?阻碍进步的旧制为何不废除?"

另一位保守派人士杜挚慢腾腾地说:"臣听说,没有百倍的利益不变法,没有十倍的功效不换器,臣看不出国家的制度有什么根本性问题,为何要大动干戈、自找动乱呢?遵守先王法统,才是明智之举,请君上三思呀!"

"先王法统?哪个先王的法统?商汤、周武兴起,正因为不拘守古法。殷纣、夏桀灭亡,正因为不改革旧制。违反古道的人无可厚非,因循守旧的人不值得赞誉。君上不要犹豫了!"公孙鞅义正词严。

虽然没有刀光剑影,但公孙鞅却似一把利剑剑剑锁喉。几个回合下来,公孙鞅明显占了上风。于是,主持人下了最后的决心:"寡人听说,穷僻的胡同里遇事多感觉奇怪,僵化的学者对变化常常看不惯，愚人喜欢的贤人反倒感觉悲哀。那些拘守古法的话，寡人听够了！"

随即，公孙鞅被封为左庶长（由非王族出任的首席军政大臣），受秦孝公直接领导，负责草拟变法方案。就这样，公孙鞅开始出人头地。有人说，他生逢明君，运气很好，但此前发生的一切告诉我们，并非每个人才都可以兴风作浪，只有当你与上司同步的时候，才会得到共振。

可以说，一个人没有极度的刺激，很难发挥超人的想象力；一个民族没有灭顶的威胁，绝对创造不出更好的制度。这不是先知先觉者的迟钝，而是历史发展的规律。正所谓，生于忧患，死于安乐也，秦孝公与公孙鞅联手发起的改革就是明证。

四

接下来，就是本文开篇"徙木立信"的故事，结果引发了人才学中的"晕轮效应"，尽管朝廷颁布的新法"五花八门"且"闻所未闻"，但国民深信不疑、令出即从。连一向自负的宋代改革家王安石也赞叹道："自古驱民在信诚，一言为重百金轻。今人未可非商鞅，商鞅能令政必行。"

变法持续了十九年。第一轮变法是公元前 356 年（秦孝公六年），主要条文有连坐法、分庭法、奖兵法、轻商法。第二轮是公元前 350 年，内容涉及迁都咸阳，重申分庭法，实行县制，废井田、开阡陌，土地私有，统一度量衡。看看具体的变法条款，哪一款不令人心惊肉跳：

砸掉贵族大锅饭，给平民出人头地的机会。废除旧世卿世禄制，根据军功大小授予爵位。爵分二十级，一至八级为民爵，九至二十级为官爵，均规定有占田宅、奴婢的数量标准和衣服等次。将卒在战争中斩敌首一颗授爵一级（首级之称即从此来），可为五十石之官；斩敌首两颗授爵二级，可为百石之官。宗室贵族无军功的，不得授爵位。无功劳的，虽家富，不得铺张。夏朝以来通行的"贵族政治"在秦国变成了"平民政治"。

"没有永远的贵族，也没有永远的平民。"这句西方政治格言在古老的战国变成实践。

废除分封制，由国王直接任免县官。分全国为四十一县，县设令以主县政，设丞辅助县令，设尉掌管军事，官员由国王直接任免。县之下辖若干都乡邑聚。这也就是传承千年的郡县制度的雏形。

实行连坐制，一人有罪全家受罚。居民分五家为一伍，两伍为什，什伍之内互相纠察，"不告奸者腰斩，告奸者与斩敌首同赏，匿奸者与降敌同罚"。

废井田，开阡陌。废除井田制，将"百步为亩"的田界"阡陌"和每一顷田的"封疆"统统破除，开拓为两百四十步一亩，重新设置田界。准许民间买卖田地，使土地私有制走向了合法化。

重农抑商。倡行"农本商末"，凡勤于耕织，产量多者，免除徭役。凡从事工商及因懒惰而贫穷的，全家没入官府，罚为官奴。为增加生产和服役的人口，规定凡到立户年龄的男子必须与父母分居，女子到一定年龄必须出嫁，否则加倍征收户口税。

以法治国，改法为律，上至贵族下至百姓一律遵守。也就是后来所谓的"王子犯法，与庶民同罪"。

改旧俗，强迫民众学习基本礼仪，父母兄弟姐妹不准同睡一炕。

禁止斗殴，私人殴斗的，不论有理无理，一律严厉处罚。

统一度量衡。统一斗、桶、权、衡、丈、尺，并颁行了标准度量衡器，要求在全国严格执行。

变法从政体、军事、经济、法律、户籍、风俗等诸多领域全盘出击，涉及范围之广、力度之大、影响之远在中国几乎空前绝后，除了没有革掉王权，几乎是一次彻头彻尾的大拆大建，目的就是变出一个谁也不认识的"强秦"，从这个意义上讲只有日本的明治维新可以媲美。难怪台湾现代作家柏杨称此次变法为"大变魔术"。

如此地覆天翻的变革，真的会一帆风顺吗？

五

"要大潮奔涌，就不怕沉渣泛起！"

公孙鞅称得上是历史上真正的铁血人物，其心肠之硬，脸色之冷，手段之狠，无人能出其右。在公孙鞅看来，变法一旦启动就不能停止，因为世袭利益集团全是凶猛的拦路虎，随时会把他一口吞下。结果只有两个，或者成为拦路虎的盘中餐，或者用变法的快车将他们辗得粉碎。因此，公孙鞅当时的状态犹如赴汤蹈火。

果然，既得利益受损最为严重的贵族们给公孙鞅出了一道说不清、理不明、解不开的难题：唆使十一岁的公子驷窝藏罪犯。这显然就是一个悖论，也是公孙鞅一生中面对的第一个也是最大的"人性"命题：如果惩处公子驷，将来公子驷登基必将报复公孙鞅；如果装聋作哑，新法的权威就会大打折扣。

他天真地认为，只要对公子驷网开一面，仅仅给出谋划策者一点颜色，这个难题就算解开了，于是胸有成竹地面见秦孝公："公子年幼，不便施法。可公子的师傅玩忽职守，负有不可推卸的责任。"

下了台阶的孝公同意让公孙鞅主持判决。太子傅公子虔（秦孝公之兄）被割了鼻子，太子师公孙贾（秦孝公前期的重臣）被在脸上刺字。

太子并未获刑，位子也保住了，但弥足珍贵的面子并未保住，他不仅受到了公孙鞅的当面训斥，而且所藏的儒学书籍被悉数烧掉。更惨的是，父亲逼他只身一人到秦国各地游学，直到父亲临终才被召回。

判决轰动了朝野，反对派的气焰受到致命打压。

公孙鞅更为理直气壮：反对不行！贵族祝欢和七百余名反对变法的贵族，被拉到渭水边逐个斩首。欢呼也不行！《史记·商君列传》记载，当变法深入人心时，一伙人赶到国都献词祝贺。结果，唱赞歌的人被全家发配边关。因为按照公孙鞅的理论："献礼也是捣乱！"说好说坏都不行，只能闭上嘴巴，默默执行。

他就像传说中的毒蜘蛛，盘踞在秦国的中心，放射出无数条又黏又长的蛛丝，把整个秦国缠得没有死角。然后，他向民众的脑髓里注射从变法中精炼出来的毒汁，把所有人的神经麻痹成植物。换句话说，就是从根本上扼杀每个人的思想、个性、主动性与创造性，把他们驯化成专门提供粮食的顺民和挥戈冲杀的木偶。

正如法国哲学家阿尔贝·加缪所断言："醉心于原则，就是为一种不可能实现的爱去死。"从此，变法被贴上了暴力的标签。难怪司马

迁说："商君，天资刻薄人也。"这使我想到了一首在网络上流传的

诗：

商鞅端坐河岸上

法度的剑高悬

生命轻如鸿毛

哀哭之声如低空的雷

血溅残阳渭水

浓稠了人体的浆液

泛起的鱼都是红色的

深宫中风花雪月的孝公

放养一头雄狮

用兽性

拓荒蛮夷与原始

发祥帝国之梦

仇恨战栗在心的角落

咬牙切齿

公孙鞅心无旁骛，一切以秦国的兴衰为准则，对于国家的专制、

安定与强盛费尽心机，这本无可厚非，可惜有三点遗毒在中华两千年文明史上显得分外醒目。

一是愚民政策。《商君书》言之凿凿："民愚则易治也。"

二是重农抑商。他设置了农村户口制，从此把农民永世固定在土地上，其余毒一直延续到城乡二元经济结构的今天。

三是刑律苛刻。他规定了严苛的刑律，从此冷冻成这个农业大国的专制文化，进而发展出后来的焚书坑儒、大兴土木、阬杀（意为将战俘杀死，堆在路边，形成金字塔式的景观，用以震慑敌人。同"坑杀"）士卒乃至让宫女殉葬。他自己就死于自己规定的刑律中的车裂，之后的另一位名相李斯则死于腰斩。

六

在历史上，实用主义的切近性与通俗性与理想主义的高瞻远瞩和华而不实比起来，很快就能显示出现实的力量。

尽管实用主义、理性主义至上的商鞅变法略显暴力与简捷，却给积贫积弱的秦国注入了强心剂和营养素。特别是"世卿世禄制"变为"奖励军功制"之后，秦国"平民政治"显现出比六国"贵族政治"优越百倍的生机与活力。为了得到此前连想也不敢想的爵位、田地和奴婢，秦国士兵宛若后世出土的兵马俑，人人面无表情且无比强悍，杀人不眨眼，砍头如切瓜。

秦国上下如同一架运转井然的机器，步伐整齐，服饰一致，军旗所向，一往无前。它像一个沉睡百年的巨人，在东方各国的麻木和蔑视中蓦然醒来。从此，秦与关东六国之间的斗争，成为价值观的斗争。正如齐人鲁仲连所说："六国尚礼义，秦国尚首功。"六国仍沿袭贵族政治，秦国以斩首的数目计功量爵；六国拘于礼教，秦国重视实务；六国一盘散沙，秦国高度集权；六国是花花世界，秦国是战争机器。当双方形成对决，优劣顿显，高下立判。

从某种意义上说，秦朝兼并六国的战争，是一场"财产私有化＋土地归个人"的战争。十几年间，秦国民众普遍拥有了田地和财产，成为千千万万个"小地主"。从此，秦国民众为了保护财产形成的向心力和凝聚力，锐不可当，坚不可摧，再也没有哪个国家能与之抗衡。

公元前354年，已被提拔为大良造（相国兼军事统帅）的公孙鞅率军一举拿下了魏国少梁（今陕西韩城），给了当年无视自己的魏惠王一记响亮的耳光。就在魏国大将庞涓被同门师兄——齐国军师孙膑取了脑袋的第二年，也就是公元前340年，公孙鞅率军大举攻入魏国边境。

庞涓已经战死，魏国只能派公子昂领兵迎击。恰巧，公子昂是公孙鞅在魏国时的故旧，于是，公孙鞅派人给老朋友送去一封信："面对过去的好友，我实在不忍心在战场上兵戎相见，不如这样吧，你来秦营一趟，我们当面订立盟约，痛痛快快地喝几杯，然后各自撤兵，不知意下如何？"

孙子曰：兵者，诡道也。这明摆着是一个骗局，但天真的公子昂却信了。

公子昂一进秦营，就被公孙鞅扣下。秦军猛攻群龙无首的魏军，魏军一败涂地。就这样，公孙鞅猛舞权谋的利刃，在秦魏国人心灵深处划出一道裂痕，任敌对的鲜血淌成了永远无法填平的鸿沟。

战后，魏国被迫将河西大片土地割让给秦国，失去了黄河屏障的魏国只得把国都从安邑迁移到远离秦边的大梁（今河南开封）。搬家前魏惠王悔恨交加："恨当初没有听从公叔痤之言啊！"从此，魏国甘拜下风，直至一百一十五年后被秦国灭亡。

闻听公孙鞅大胜班师，秦孝公心潮逐浪，激动万分。秦孝公不仅亲自出城迎接这位旷古的英雄，而且立刻兑现了当年求才诏令中的承诺，封其为二十级中最高的彻侯，把商於（yū）之地（陕西商州市到河南内乡之间）的十五个邑封给了他，赐名商君，公孙鞅从此更名商鞅。

商鞅变法，使秦由大乱走向大治，呈现出路不拾遗，山无盗贼，家给人足，士兵勇猛，版图东拓的格局，从一个连诸侯会盟都没有资格参加的"夷狄之邦"一跃成为战国七雄的领跑者，为百年后嬴政统一六国扎下了深根。

可以说，是变法拖住了快速坠落的秦国，是商鞅为嬴秦的复兴开辟了绚烂的前景。没有商鞅变法，就不会有"七雄争霸秦得胜"的必然结局；没有商鞅变法，历史定会重写。

七

如果您是个细心人，自会发现在商鞅来到秦国的二十多年间，他的主子秦孝公的戏份反而极少，除了和商鞅见面时有几句台词，几乎没怎么露面，秦国的这段奋起史似乎总是由商鞅挑大梁。事实是否真的如此呢？

在分析秦孝公的作用之前，我们不妨回顾一个发生在魏惠王的祖父——魏文侯时期的故事。说的是魏国大将乐羊攻克了中山国，立下了殊勋。乐羊回国向魏文侯汇报战况时，极尽自夸之能事。听完乐羊的话，魏文侯微微一笑，下令把群臣和宾客的上书拿来让乐羊过目。乐羊看了书简，顿时冷汗直流。因为这两大堆书简，都是责难他攻打中山国的。直到此时，乐羊才深感自己刚才的自夸是多么幼稚，于是诚惶诚恐地下拜说："攻下中山，非臣之力，而是魏侯您的功劳啊！"

大自然一再告诫我们，木秀于林，风必摧之；堆出于岸，流必湍之。乐羊只是带兵打仗，满朝文武就能把他骂得体无完肤。而商鞅呢，不仅触动了许多权贵的利益，手段还如此残忍，弹劾商鞅的书简一定天天当柴都烧不完。对他不满，说他坏话，甚至对他恨之入骨的人，除了太子，太傅与太师，还有一帮老臣和全国的贵族。于是人们不免疑惑：为什么伯嚭一个人的挑唆，就能使夫差杀掉伍子胥？为什么大臣郭开的几句谗言，就能使赵孝成王临阵换掉名将廉颇？为什么满洲人一个并不高明的反间计，就能使崇祯帝将大将袁崇焕公开凌迟？而面对铺天盖地的非议，秦孝公却能在二十多年的漫长岁月里，始终如一地信任与包容商鞅呢？

我只能说，这就是秦孝公的博大胸怀，这就是秦孝公的非凡定力，这就是秦孝公的天纵英明。我还想说，历史上出名臣、名将易，出明君、圣君难，伍子胥、屈原、颜真卿、岳飞、于谦、袁崇焕之死就是最好的注脚。遥想当年，公孙鞅从魏国跑来，是不是奸细都很难说。即便是说得天花乱坠，但他毕竟没有拿得出手的从政经历，他的话也没有经过任何验证。而作为背负国家复兴重任的秦孝公，却能通过几次谈话就毅然把国家交给他，这要有多么大的勇气，要冒多么大的风险，需面对多少人的质疑啊！

先入为主，乃人的天性。喜欢听小报告，是多数领导的爱好。但秦孝公不是一个能被舆论所轻易左右的人，他的耳朵根子太硬了，他有着一般君王所不具备的政治鉴别力。仅凭这一点，足以让他成为一个伟大的君主。

可以说，秦孝公是站在商鞅身后的比商鞅还要高大的巨人。没有秦孝公这湾碧波，就没有如鱼得水的商鞅。

按说，有年轻的秦孝公的庇护，商鞅这一生应该一马平川。

八

但有一天，比商鞅年轻的秦孝公生病了。

此时的商鞅最应该学会宽恕与低调。何谓宽恕——马克·吐温说，你踩扁了一朵紫罗兰，它却把香味留在你的脚上，便是宽恕。何谓低调——有人说，本可以引吭高歌，却选择浅吟低唱，就是低调。但一向刻薄而自负的他根本不懂也不屑此道。

女人通常乐于做媒，男人普遍好为人师。朋友赵良前来造访，规劝他向五羊大夫百里奚学习，不仅要善于做事，还要夹起尾巴做人。赵良语重心长地说："你多年来严刑峻法，杀人如麻，每次出门须有大批壮士护卫，为什么？不就是怕人报复吗？如今国王病重，我建议你主动辞职，把封地还给国家，然后找个人烟稀少的去处隐姓埋名，安度晚年。否则，一旦国君去世，你命运堪忧啊。"

商鞅迟疑片刻，然后不咸不淡地回答："谢谢你的好意。不过，当初秦国那么贫困落后，父子男女同室而居，是谁改变了这种局面和这些陋习？是我。是谁指挥军民迁都咸阳，修筑了宏伟的宫殿？是我。我为什么要离开秦国？！"

眼睛可以看得很远，却看不见自己的眼珠。正所谓，参天者多独木，称岳者无双峰。斯诺把毛泽东形容自己的"和尚打伞，无发（法）无天"从字面上理解成"在雨中一个孤独的行者"。不论是中国人正解的"无法无天"，还是美国人曲解的"雨中独行者"，都道出了大人物崛然独立、特立独行的命运。

公元前 338 年，秦孝公撒手西去。

飞机在起飞和降落时最危险，政局在权力交接时最危险。历史老人也在疑惑：特立独行的商鞅，真能躲过命运的劫难吗？

九

这个世界的可怜之处在于，大凡变法者都习惯计算和牢记别人的罪过，却往往忘了自己也经常犯错。他们政令如山，六亲不认，树敌过多，高高在上，一旦支持他们的国王失势或者死亡，他们就会立刻成为旷野上的一棵孤树，而极有可能将其连根拔起的暴风雨正在或已经生成。

被商鞅呵斥过的公子驷继位，是为秦惠文王。紧接着，蛰居已久的公子虔、公孙贾状告商鞅谋反。进一步，公子虔向秦惠文王抛出了一个"功高震主"的理论："今秦妇人婴儿皆言商君之法，莫言君上之法，是商君反为王也，君上更为臣也。"

一席话，使商鞅失去了任何申辩的机会。他的出路只剩下两条：自杀或者逃跑。

世界上或许有两种人最懂你，一个是你身边最近的人，一个是你平行世界的宿敌。公子虔和公孙贾对商鞅太了解了，他们知道商鞅性格中的缺陷，知道商鞅的死结在哪，也知道商鞅定会一步步走进他们设置的死亡陷阱。

其实，生命就是一次没有人能够活着逃出去的冒险，死有何惧？商鞅本应选择自杀，但他没有，他认为凭着自己对秦国的卓越贡献，凭着自己在国民中的崇高威望，秦惠文王没有理由也不敢杀他。只是，他需要"躲一阵子"，也许秦惠文王很快就能幡然醒悟。于是，他正如公子虔和公孙贾设想的那样，选择了"暂时"逃难。

斜阳带雁，夕霞如焚，碑残石裂，繁华消歇，只剩下默仰晴空的山峦。他来到函谷关前的一家客栈要求住宿，但现实与他开了一个绝妙的玩笑，因为他拿不出身份证明，客栈老板告诉他："按照商君颁布的法律，住店的人必须有身份证明，否则我要按商君发明的'连坐法'入狱。"

商鞅喟然慨叹道："嗟乎，为法之弊一至此哉！""作法自毙"的商鞅只得风餐荒野，露宿马车。其情形类似于雅典城邦最有权势的伯利克里主持制定了外籍居民不能拥有公民资格的法律，后来他与一名外籍女子结婚所生的儿子也不能成为雅典公民。更惨的还有刚刚领导人民赢得了反法西斯战争的丘吉尔，却在公元1945年7月被他的人民利用民主制度卸磨杀驴（保守党在大选中落败），正在参加波茨坦会议的他只能黯然下台，他也因此感慨万千地说："伟大的民族对自己的伟大人物总是忘恩负义！"

好不容易逃出边境，一路向东来到魏国河西之地。魏国对于商鞅通过欺骗公子昂破魏之事一直耿耿于怀，魏人心灵深处那道"鸿沟"尚未弥合，于是断然拒绝了商鞅的入境要求，并且不允许他过境魏国流亡他国。此时，政绩燃烧，变法哭泣，唯有报应与宿命开怀大笑。

剩下来的去处，只有向南折回自己的封地了。而回到封地，无疑有聚众谋反的嫌疑。束手就缚么？不，那不是商鞅的个性。商鞅决定征兵自固！而且发邑兵向北出击郑国。血雨横飞中，商鞅的目标很简单，就是打出一片属于自己的天地。

然而，秦国没有放过他。史载，秦国发兵讨之，已被他的新法训练得无比强大的秦军不费吹灰之力就击败了商鞅的乌合之众，杀商鞅于郑国黾池（今河南渑池县）。

商鞅的尸体被拉回咸阳车裂，商鞅的家人也全部被杀。同时，秦惠文王恨恨地诏告天下："莫如商君反者！"就这样，在一个秋风跌宕的正午，骨头格格作响的死神驾着五辆马车，绕过千千万万的小路，找到了咸阳人声鼎沸的那个集市，把这个离家太远的游子的尸首，带到了更遥远更无穷的地方。于是，人们耳边又飘过网上那首诗：

秦国富强了

秦孝公归天了

商鞅的法度之剑

悬在了自己头上

商鞅死了

五体分赴八方

无依附的魂魄找不到归途

变成幽灵

在人间游荡

十

我要说的是，九泉之下的商鞅大可不必过于悲伤。因为变法并未废除，商鞅也未名裂，秦国继续走强。

下令车裂商鞅的秦惠文王（他的爱妾就是电视连续剧《芈月传》主人公的原型芈八子）并非昏君，尽管商鞅得罪过他，但他十分清楚变法为秦国带来的巨变，他之所以除掉商鞅，一来他登基时只有十九岁，难以罩住这位前朝大佬；二来他立足未稳，需要通过除掉商鞅来平复满朝文武的不满。尤为可贵的是，他除掉商鞅以后，并未重用反对变法的老臣，而是大胆起用公孙衍、樗（chū）里疾、司马错、张仪等良才，使秦国保持了秦孝公时期的上升势头，他也于公元前325年改"公"称"王"，成为秦国第一王。

而挑动秦惠文王除掉商鞅的公子虔则是一个精神世界截然两分的政治家，他既冷酷沉静又洞察大局，既执意复仇又坚持护法，成为秦惠文王前期保卫变法成果的主导。他深知商鞅的肉身可以除掉，商鞅的影响无法抹去。因为是商鞅第一个埋葬了封建制而代之以郡县制的

082

雏形，是商鞅在列国中第一个废除了贵族政治而代之以平民政治，是商鞅第一次统一了度量衡从而为嬴政的书同文、车同轨定下了基调。

我以为，你可以贬低他的人格，也可以非议他的孤傲与暴力，但无法抹杀他所施行的变法以及变法地平线上冉冉升起的大秦艳阳。没有他所倡导的彻底改革，贫穷落后的秦国不可能仅仅十九年就勃然奋起，甚至在商鞅死后也没有逆转。作为中国历史上的第一位名相，商鞅当之无愧。

我把他列为第一位名相，并非有意贬低生在商鞅之前的我的山东老乡管仲。管仲只是在技术层面改造了齐国，管仲一死齐国便迅速走向了衰落；而商鞅则从制度层面改变了秦国的走向，并且这种走向是历史发展的趋势和人类文明的跃进。他的人生轨迹昭示我们：人类最勇敢的脚步，往往毫无路标可循；人类最悲壮的跋涉，则以白骨为路标。

从个人修养的角度分析，商鞅实在不够完美，"刻薄与自负"是他的致命弱点。司马迁就评价他"天资刻薄"，后世对他的残酷执法也颇有微词。问题是，他不"刻薄"行吗？他不用霹雳手段能推动如此剧烈的变革吗？当初他拿王道、帝道去试探秦孝公的时候，说明他完全了解道家、儒家的治国方略，只是秦孝公没有兴趣而已。显然，立志崛起的秦孝公需要他的"刻薄"，秦国这方硬土需要他的"深耕"。换句话说，没有商鞅式的果断与刚毅，就不会有快刀斩乱麻般的剧烈变革；没有个性商鞅，变法断不会成功，接下来胎死腹中的"屈原美政"就是例证。

所以，我宁可推崇"政治家"商鞅，也不会抬举"政治家"屈原，至于"爱国者"和"诗人"屈原，就另当别论了。

第四章　爱国诗人——屈原

我不想讲政治家屈原，也不想讲诗人屈原，只想告诉你一个爱国者屈原的故事。

——题记

一

　　在我杂草一般疯长的童年记忆里，牢牢镌刻着一长串古代爱国者的名字——关龙逄（páng）、比干、伍子胥、孙膑、田单、魏无忌、廉颇、蔺相如、李牧、燕太子丹、荆轲、鲁仲连、田横……其中印迹最深的当属屈原。

　　和他的名字一样抹不掉的，是端午节飘香的粽子，是劈波斩浪的龙舟，还有"路漫漫其修远兮，吾将上下而求索"的悠长喟叹。长大后，赴湘感受屈原那延宕千年的执着与沉重，成为我常悬心头的一个夙愿。

　　2007 年夏天，我在湖南地质同行毛奇云的陪同下，终于来到了魂牵梦萦的洞庭湖南岸。踏过一段崎岖蜿蜒的乡村道路，穿过丛丛野草交织的荒坡土丘，循着不够精确的地图和黄昏般模糊的路标，几经辗转，我们找到了屈子墓。

这里既没有想象中如织的游人，也看不到湍流不息的汨罗江，甚至硕大的陵园见不到一个管理人员，赫然在目的是修葺一新的大理石长廊，长廊环抱中的屈原墓，还有墓前昂首问天的屈原雕像。

已经足够了，因为墓地周边的大理石长廊上，密密麻麻地刻满了娟秀的小楷——我最为关注的屈原生平。迫不及待地，我进入了"小楷园林"中隽永、跌宕、悲壮的屈原故事。

二

屈原，又名屈平，诞生在楚国一个荣光四射的贵族之家。与《诗经》齐名的《楚辞》开篇就说："帝高阳之苗裔兮，朕皇考曰伯庸。"他生于香溪河畔的秭（zǐ）归，和后来的汉代美女王昭君是同乡。

成年之后，屈原挥别穷乡僻壤的秭归，步入繁华绝代的国都——郢都。美须、大口、隆准、日角的他，佩长剑，戴高冠，身挂鲜花香草，丰神秀逸地走来美人见了他，也是眼波流转，不拒反迎，迎也罢了，然而还笑，笑也罢了，而且笑得不怀好意。就这样，他衣袂飘飘、细眼含笑地走进了郢都女人的心窝里、香闺中。

楚国当政的是楚威王，太子则是日后的楚怀王熊槐。凭借着高贵出身和满腹经纶，屈原成为太子熊槐的侍读。

楚宫深深，但掩不住屈原飞扬的诗情。很快，他推出了成名作《橘颂》：

> 后皇嘉树，橘徕服兮。
>
> 受命不迁，生南国兮。
>
> 深固难徙，更壹志兮。
>
> ……

诗中那深深扎根于南国的橘树，似乎预示了屈原矢志爱国、百折不挠的一生。据说，风华绝代的美女、后来成为楚怀王宠妃的郑袖一度以能吟唱《橘颂》为荣。

在这个名叫兰台的地方，屈原侍读长达五年。之前，性格暴躁的未来国王不知赶走了多少侍读，唯独屈原能侍读到底。在灿烂的阳光与金黄的清风中，两个年轻人互相吸引，结伴郊游，从君臣、师生，到朋友、手足。从此，屈原的命运与未来帝王连在了一起。

公元前328年，即楚怀王亲政的第五年，商鞅被车裂的第十年，屈原就任左徒（相当于副宰相），成为国王和令尹（宰相）两人之下、万人之上的显赫高官。据《史记》记载，屈原"入则与王图议国事，以出号令；出则接遇宾客，应对诸侯，王甚任之。"

恰逢楚秦交恶，此前占据上风的楚国不仅败了，而且败得很惨。战后，楚怀王和屈原不得不坐下来探究失败的因由。在一片嘈杂中，屈原坚定地认为，秦国得胜，主因是商鞅变法"变世袭爵位为按军功授予爵位"，显著提升了军队战斗力；楚国失利，无非是因为贵族们紧抱着既得利益不放，国家未能"不拘一格用人才"。在战争状态下，王室必须强化集权。

得到楚怀王首肯后，屈原开始了楚国继吴起之后的又一次变革，也就是所谓的"美政"。在他青春的季节里，浩荡着向上、向前、永不停步的人生，连黑夜都阳光明媚，连寒冬也百花争艳。似乎，路上春色正好，天上太阳正红。

三

韩愈曾在《原毁》中断言："事修而谤兴，德高而毁来。"屈原的分外受宠，引燃了令尹子椒、大臣靳尚、上官大夫乃至怀王宠妃郑袖的妒火。

第一个跳出来的是上官大夫。就在屈原殚精竭虑地起草"宪令"之际，见到草稿的上官大夫试图篡改其中的内容，被屈原严词拒绝。

于是，上官大夫将矛头对准了屈原。此前对屈原心有芥蒂的子椒、靳尚、郑袖也群起而攻之。

按说，考验改革者的时候到了。但屈原是个诗人，是个讲究温良恭谨让的好人，是个不会也不屑于玩弄权术的人，他既不具备改革家商鞅的说一不二，也不具备政治家商鞅的残忍与暴力。尤为纠结的是，他背后的怀王不是励精图治、刚毅决断的秦孝公。

接下来，贵族不停地告状，屈原不停地解释，怀王不停地窝火。戏剧性的场面延续了一年，最终，怀王选择妥协，美政无奈搁浅，屈原被降为三闾大夫，贬到汉水以北的夷陵（今湖北宜昌）掌管宗社祭祀。

蒙蒙烟雨无声无息地编织着暮春的江南，细雨织成的朵朵小漩涡密密地开在墨青色的汉水上，写满悲戚。被外放的屈原，最为牵挂的是无限亲切的郢都，最为痛心的是优柔寡断的怀王，最为悲戚的是学生的背叛，最为担心的是日渐腐朽的祖国。

于是，忧愤、牢骚，犹如急风暴雨，倾入了长达三百七十多句的《离骚》，屈原第一次以忧国忧民的形象出现在世人面前。

在社会和人类心灵的发展历程中，真正具有价值的东西，往往不是某一个制度宣布成立的那个早晨，不是某一个人物拿出惊人创举的那一瞬间，而是一件事物和一个人在萌生的过程中，身处两难境地时所遭受的煎熬。

正如丘明失明而作《左传》，司马迁阉割而写《史记》，一部前无古人的长诗在见疏的屈原手上诞生。大江北岸的诗人，时而低首徘徊，时而仰天长啸，最终将刀剑般犀利的诗句抛向莺歌燕舞的郢都。尽管不满、冤屈、牢骚，但他没有退缩，没有迂回，没有妥协，因为他是理想高悬的屈原，因为他还有尚未抛洒的一腔热血，因为他深爱着自己的祖国。即便"路漫漫其修远兮"，仍然"吾将上下而求索"。

公元前314年，秦国不仅对楚国抛去的媚眼不予理睬，反而做好了大举进攻楚国的准备。山雨欲来，怀王又想到了昔日的老师、朋友和手足。

屈原被紧急召回，任务是出使齐国。因为，在当时的战国七雄中，最强者莫过秦楚齐，齐楚一旦联手，秦国将一筹莫展。而且，楚国朝臣多是亲秦派，只有屈原是联齐派的中坚。

又是一年春好处，雨水把莽莽大地译成了青色的语言。挟裹着盈面的春风，沐浴着惬意的春雨，屈原一路东去，进入沃野千里的齐国。他以贵族典雅的气质，哲人缜密的思维，诗人优美的言辞，深深折服了见多识广的齐宣王，两国顺利地签订了邦交书。在齐国，他驷马高车，锦衣玉食，登泰山，临渤海，游圣地，受到的礼遇不亚于国君。

公元前 311 年，楚军主动出击，将秦军围困在今河南郑州和山西曲沃一带。齐宣王如约派出精锐之师协同作战，秦军大败。依照战局发展下去，此前丢失的商於之地将顺利夺回，楚国将大面积恢复楚惠王时代的辽阔版图。于是，怀王逢人便说："三闾大夫胜过千军万马呀！"

远在齐鲁大地的屈原也和齐宣王喝起了庆功酒。

可惜，他们过于乐观了。就在齐楚弹冠相庆的日子里，谋略大师鬼谷子的学生、"连横"战略的策划者、秦国负责外交的客卿张仪大摇大摆地来到楚国。

也许为了煞一煞秦国的气焰，楚怀王破例接待了张仪。他不仅请张仪赴宴，而且还唤来巫师唱歌、美女跳舞。时至今日，我们仍能想象到楚怀王"小人得志"般的冷眼、傻笑与傲气。

酒过三巡，张仪用唯恐别人听到的声音对楚怀王说："大王，齐国的军事援助是有限的，打一仗可以，但他们能帮助楚国收复失地吗？"稍加停顿，他又说，"外臣在齐国有内线，消息绝对可靠。"

刚才还志得意满的楚怀王满脸涨红、坐立不安了。

张仪又说："外臣这次来楚国，带来了秦王的美意：六百里商於之地，全部归还楚国。"

"什么条件？"问话急切。

"条件很简单，就是齐楚断绝邦交。"

第二天，深信天上掉下馅饼的楚怀王当众宣布："商於之地重新纳入楚国版图，那块土地上的百姓终于可以回到祖国怀抱了！"为了向秦国表示忠心，楚怀王派出嘴巴最脏的辩士宋遗飞驰齐国，将齐宣王当众一顿臭骂，齐楚顺利断交。

按照张仪的承诺，楚国使臣来到秦国索要六百里商於之地。张仪先是以重伤为由三个月不见客，等到终于见到了张仪，只见一瘸一拐的张仪用拐杖指着地图说："秦国言出必行，我们将从这里到那里的六里地划归楚国。"

楚使大惊："不是说好六百里的吗？"

张仪眼皮一翻："我何曾说过六百里，你们怀王听错了吧？！"

勃然大怒的楚怀王下令从函谷关到武关一线全面攻秦，此前的邦友齐国乐得作壁上观。两次战役，不仅商於之地未能夺回，还丢掉了汉中、八万将士和七十多位高级将领的生命。更为倒霉的是，弱小的韩、魏也趁机侵入了楚国南部。

楚怀王连肠子都悔青了。面对刚刚回国的屈原，楚怀王无颜以对。但硬着头皮，他还是请求屈原再使齐国。

二话没说，屈原又上路了。大家都在怀疑，屈原的外交努力能成功吗？他面对的可是刚刚被楚国辱骂的齐宣王啊。一方面，屈原的忠义深深感动了齐宣王；另一方面，齐宣王善于洞察战国大势。结果，屈原马到成功，齐楚二度结盟。

在反复的淬火中，失去的是杂质，获得的是坚韧。

<h2 style="text-align:center">四</h2>

张仪也没闲着，他对秦惠文王进言说："为了阻止楚怀王因愤怒而再度联齐，把汉中的一半退还楚国吧。"

秦国的条件传进楚宫，楚怀王答复："宁可不要汉中，也要张仪的人头！"

"既然楚王要臣的人头，那臣就自己送去吧?"张仪对秦惠文王建议道。

"当然可以！"秦惠文王与张仪会心地大笑起来。

于是，张仪自告奋勇再次来到楚国，扛着那颗朝不保夕的人头。普天下最厚颜无耻的人和最愚蠢透顶的人再度相逢。

当这颗人头真的自己来到眼前并冲着怀王微笑，楚怀王又犹豫了：为什么这颗人头会自己送上门来呢？他横竖想不通。既然暂时想不通，那就先把张仪收监吧。

其实，张仪是有备而来。他此行带来了两件东西：一是出其不意的谋略，二是价值连城的珍宝。就在去见楚怀王的同时，张仪派随从给靳尚送上巨额贿赂，让靳尚跑到楚怀王面前进谏说："杀了张仪，秦国必然发倾国之兵来攻，张仪杀不得！"

被暂时释放的张仪一出监舍，就通过靳尚见到了郑袖，和颜悦色地对郑袖说："外臣死不足惜，因为外臣的头长得太难看了，但秦惠王偏偏看中了它，愿意拿上庸换它。夫人应该知道上庸吧，那里山清水秀，美女遍地，一个个天姿国色……"一席话，说得半老徐娘郑袖如坐针毡，脸都黄了。

她脚不沾地地跑到章华台，向怀王恳求、撒娇、哭闹。犹豫不决的楚怀王终于发话："放走张仪，结交秦国。"

张仪刚走，屈原就从齐国赶了回来。三言两语，屈原就将天下大势讲得一清二楚。楚怀王于是后悔了："张仪阴毒，派兵追杀！"

边境线上，哪里还有张仪的影子。

按说，不应该过分责怪怀王，因为人总是要犯错误的，否则正确之路人满为患。问题是，人不能一而再、再而三地在同一个地方因为同一个人跌跤啊。回到官邸，屈原长叹，低首，泪如雨下。

时隔不久，秦国果然退还了汉中的一半土地。于是，楚怀王又乐了，亲秦派又得势了。趁热打铁，秦惠文王提出恢复与楚王室的联姻。须知，从怀王继位开始，秦楚已经中断联姻二十年，眼下强秦主动献媚要求联姻，楚怀王怎能不心花怒放。因此，无论屈原怎样劝谏，楚怀王一直不为所动。接下来，就是二至三年的蜜月。秦楚你来我往，如胶似漆。

忽然有一天，受到秦国暗中煽动的魏、赵、韩等小国，突然联手发动了对楚国的闪电攻击，接连吃掉了不少楚国城池。

楚怀王惶惶不可终日，亲秦派受到重挫，屈原又有了东山再起的可能。

选举前允诺要下雨的人，如果后来被指责招致旱灾，他是不会脸红的。于是，面对不利的形势，楚国的小人们分头行动了：郑袖负责在楚怀王床边大吹枕头风，暗示屈原曾经引诱她；已经身为令尹的子兰，认为屈原是他挤掉太子横的障碍，因而千方百计阻挠屈原进宫面君；靳尚则在大臣和贵族中散布谣言，说屈原和将军们过从甚密。

楚怀王被流言彻底淹没。公元前 308 年，人到中年的屈原再度被放逐汉北，职责是掌管云梦猎区的林木鸟兽，地位尚且不如《西游记》中的弼马温。

那片蛮荒而美丽的土地，为他满目盛开着荆棘中的花朵。繁花飞扬的暮春，桃花一树一树连绵如雨，落满了寂寞的前路。

五

屈原被放逐汉北的九年，也是楚国噩梦连连的九年。公元前 303 年，齐、韩、魏以楚国朝三暮四、破坏合纵为由，发起了对楚国的联合攻击。直到太子横被送到齐国当了人质，联军方退。

在残酷的现实面前，楚怀王偶然间良心发现，将屈原召回了郢都。不过，职务再也不是左徒，而是有职无权的三闾大夫。

过了两年，"姻亲"秦国借口楚王子斗杀了秦大夫，发动了惨烈的垂沙（今河南泌阳）血战，楚国名将唐昧命丧沙场，秦强楚弱的格局正式形成。随后，秦昭襄王（宣太后之子）收起大棒，邀请楚怀王在秦国武关会晤，商讨如何归还部分夺来的城池。显然，这不是张仪的伎俩，因为张仪在秦惠文王死后跑到了魏国，一年多就病死了。

这是一个连孩子都能认清的赤裸裸的"阳谋"。屈原晓之以理，动之以情，一再规劝楚怀王放弃会晤的打算。据记载，智力超过三岁儿童的楚怀王也明确表示不去赴约。

然而，令尹子兰跳了出来，他问父亲："奈何绝秦欢?!"靳尚、子椒也随声附和。

于是怀王又犹豫了："儿子也劝寡人前往，想必不会害寡人吧?!" 犹豫再三，楚怀王还是如期赴约，并像屈原担心的那样，被作为"肉票"押送咸阳。秦国提出，把楚国的巫郡和黔中让给秦国，怀王就可以送回。但怀王宁死不允。后来，怀王成功逃到了魏国境内，但弱势的魏国不敢接纳他，他再次被秦兵抓回，最终客死异乡。

噩耗传来，屈原长时间沉溺在失去怀王的悲痛中不能自拔。他是愚忠吗？历史无法回答。人们只知道他在为怀王从前的轻信而悲，为自己未能阻止怀王赴秦而哀，为怀王临终的节义而哭。说穿了，是在为自己多灾多难的祖国而哀恸。

此时，昔日的太子横已成为楚顷襄王，而出主意将父亲送给秦国的子兰仍盘踞在令尹的高位上。更可气的是，新近登基的楚顷襄王也继承了父亲的低智商，继续沿袭已经碰得头破血流的亲秦政策。为此，屈原一而再、再而三地提出不满、异议。

直如弦，死道边；曲如钩，反封侯。屈原那高大的身影，在阴暗的楚国宫廷显得分外孤独。新王开始厌倦他，过去的同盟者也势利地疏远了他，子兰、郑袖、靳尚、上官又对他一再诋毁，年过五十的屈原在公元前 287 年被第三次流放。这一次的地点是南楚洞庭，此时的他已满头银发。

屈原三次被逐，验证了一条严酷的自然法则："黑与白交，黑能污白，白不能掩黑；香与臭混，臭能胜香，香不能抵臭。"也告诉我们一条残酷的人生真理："小人虽然难防，但绝对不能不防。"请记住西方作家伏契克在《绞刑架下的报告》中的最后一句话："人们啊，你要警惕！"

六

人们不禁要问，为什么屡遭贬谪的屈原不远走高飞呢？土地争夺的战国同时也是人才争夺的战国啊。苏秦、张仪、商鞅、李斯不是都在异国他乡取得了辉煌的成功吗？但屈原不能，他是属于楚国的，他对楚国的爱已经融入了皮肤、毛发、血液与骨髓，他的才华与生命只能属于自己出生、呼吸、成长的祖国。于是，形单影只、步履蹒跚的屈原继续在沅、湘二水之间辗转流离，直到走完自己生命的最后十年。

为什么君主的呵斥，小人的谗言，流放的凄苦，风雨的侵蚀会集中到一人身上？为什么幽兰变成萧艾，美人总是难见，君王总是不悟？为什么"举世皆醉唯我独醒，举世皆浊唯我独清"？为什么人世间、自然界有那么多自己看不清、悟不透的问题？他慨叹命运不济，他难解人生狐疑，他自感人类短视，他责怪老天不公，他一连发出了

100

一百七十多个《天问》，连珠炮似的射向无语的天空，成为看似虚无缥缈、实则无人企及的历史绝响。

　　一个超越时代的思想家连同一部涉及人文科学与自然科学的思想巨著横空出世。一如冰岛的《埃达》、希伯来人的《约伯记》、印度人的《梨俱吠陀》、希腊人的《神谱》。

　　此后，他只有寄托于神灵，寄托于鬼魂，寄托于人神相恋，提炼出抒情诗般美丽而柔婉的《九歌》。南楚的祭神民歌，在屈原的手上得以永生。

　　面对斧子的劈砍，檀香木回报的依然是芬芳。尽管身处荒野，但他始终关注着郢都。可惜，他盼来的，是接连不断的坏消息。到了公元前278年，听说秦将白起攻入了郢都，楚怀王及其历代楚王的坟墓被掘开，耗时200年方才建成的章华台化为焦土，他万念俱灰，椎心泣血，含泪写下了字字血、声声泪的《哀郢》。

　　山河破碎，故国不再。屈原恍恍惚惚来到奔腾咆哮的汨罗江边，这个高洁的君子、受谗的直臣决心以身殉国、以身殉道、以身殉志："知死不可让，愿勿爱兮；明告君子，吾将以为类兮！"在这里，白发苍苍的诗人留下了谢世之作《怀沙》。

　　旧历五月五日，这位六十二岁的老人怀抱石头，纵身一跃，投入了万顷波涛，将自己的血液还给了汨（mì）罗江这条楚国的血脉，将自己定格成中国历史上最早的悲剧英雄，他那风中的白衣从此飘荡在浩渺的江面上，吟唱千年。他在汨罗江走向不朽，汨罗江因他走向辉煌。

从此，他成为一个让世代民众铭记的先祖，一个让历代文人吟诵的巨擘，一个值得仰望的文化高度，一个中华民族精神篇章中醒目的标题。扬雄以屈原比孔子，李白说屈原死了便"无堪与言"，苏轼称自己终身"企慕而不能及万一者"只有屈原，闻一多评价屈原是"中国历史上唯一有充分条件称为人民诗人的人"，《中国文学史》评价屈原是"中国有史以来第一个伟大的爱国诗人"。屈原之所以在中国历史上享有如此高的地位，很大一个原因在于他的言行代表了这个民族曾经抵达的最高标准，他的爱国主义情操是中国人的文化品行中最坚硬的一部分。在这个意义上，屈原的存在通过历代君主、文人的传播与继承，在塑造中国人的民族性格的进程中扮演了重要的角色，成为永世难忘的传世经典和思想资源。

有人说，他的死是为才所困，为情所惑，那实在是看低了他。他的远见与胸怀是其同僚们无法企及的，只是他崇文而不尚武，有宏志而少谋略，缺乏振臂一呼而应者如云的号召力，没有揭竿于阡陌之中的胆魄，他只有把无限的希望寄托在君王身上，在寄托落空后又只能仰天长叹。

他的投江，无疑是投向黑暗、腐朽、昏聩的君主和污垢官场的一枚人体炸弹，是惊世骇俗的一声轰鸣，是振聋发聩的一声霹雳。他以自戕的方式，为祖国的陨落画上了一个预兆性的句号，所荡起的涟漪波及了此后两千年风云激荡的蹉跎岁月。

有人说，死是生燃到最后的、最亮的纪念。他死得如此清净决绝，如此撼天泣地，如此壮美绮丽，如凤凰涅槃于火红的太阳，如白帆隐没在苍茫的大海，如明星陨落在遥远的天际，似一场梦幻，如一段神话，更像一个玄而又玄的传奇，直到把这次死亡升华成一个永恒的节日——端午节。

> 历史的伤口，
>
> 流出，
>
> 第一滴血的这一天，
>
> 人类最早开放的花朵，
>
> 凋谢了。
>
> ——摘自现代诗人李瑛的诗

读毕石刻，已是傍晚，残阳跌落，晚霞似血。

走出墓园，我胸中那颗被反复搅动的心依然无法平静。随行者也是一脸的凝重，丝毫看不出畅游景点的满足。

蓦然回首，我突发奇想：如果现在是月明风清的夜晚，也许会有一个远古的身影从墓园中闪出，佩长剑，戴高冠，身挂鲜花香草，丰神秀逸地向我们走来，风骨铮铮、衣袂飘飘、细眼含笑……

第五章　霸王别姬——虞姬

——题记

此前此后的爱情故事黯然失色。

性之花绽放在略显枯燥的中国史册上，使得

在她挥剑自刎的那一刻，一朵绚丽的人

一 一朵桃花

国人知道虞姬，是因为司马迁的《史记》，尽管《史记·项羽本纪》对这位女子的描述仅有可怜的十五个字："有美人名虞，常幸从……（项王）歌数阕，美人和之。"而国人熟悉虞姬，却是因为二十世纪二十年代杨小楼、梅兰芳编演的京剧《霸王别姬》。

在那个电影和其他现代传媒尚未"飞入寻常百姓家"的年代，京剧作为最流行、最灿烂的艺术形态，将这位两千年前女子的柔美与刚烈演绎到了极致，以至于中国偏远乡村的百姓也知道了美人虞姬，连中国菜馆里也诞生了一道名菜——"霸王别姬"（将甲鱼和鸡炖在一起）。

从此，虞姬和西施、王昭君、貂蝉、杨玉环一起，袅袅娜娜地走进了中国男人的梦境。

史上的虞姬是一个平民女子，连基本的姓氏也没有。所谓虞，司马迁说是她的名字，更多的可能是一个地名；所谓姬，一般是指美人。如同住在苎萝村西的女人叫西施，住在村东的女人叫东施一样。

正因为如此，她的出生地被人争来争去，直到如今还是一宗不大不小的悬案。

一说虞姬生在现代文坛泰斗鲁迅的故乡——绍兴，具体出生地是今绍兴县漓渚镇塔石村。持此观点的人说，村子后面风光旖旎的美女山就是因为周边出产奇女子而得名，而且美女山比邻书法圣地兰亭和西施故里诸暨，此地出产美女你还会怀疑吗？

二说虞姬是今沭阳县颜集乡人。理由是该乡有虞姬沟蜿蜒半境，沟畔有胭脂井、霸王桥、九龙口、点将台、项宅等许多史迹。

三说虞姬是虞地（今江苏吴县）人，不然她为什么叫虞姬而不叫楚姬？

不管怎么说，虞都是一位美丽的江南女子。是江南的柔风细雨绿柳红花，洇染了她柔柔的身段和甜美的脸盘。她湿软如花，温润如玉，行过处花香细生，坐下时嫣然百媚。据说，她还弹得一手琵琶，练了一身舞姿，常常将一把利剑挥舞得轻盈如水。

二　与大树相依

公元前 209 年，项羽随叔叔项梁在吴中刺杀秦朝会稽太守殷通，独自斩杀卫兵近百人，枪挑血色，闯进历史。虞的哥哥虞子期成为项羽的部下。

一个偶然的机会，晨花般含露绽放的虞看到了力能扛鼎、阳气逼人的项羽。凭着一双穿透秋水的明眸，她认定这个有着一双单纯的眸子和夏天般笑容的男子便是梦中的"白马王子"，将来定会成为济世的才俊、乱世的英雄。那一刻，她不顾一切地爱上了他。

虞背着家人，只身跑到百里外项羽的大营，毅然决然地投进了梦中情人的怀抱，用万般柔情去陪伴这位出生入死的铮铮铁汉，尽管没有什么仪式，也没有什么名分。似乎，那时的项羽已有妻子，而这位妻子历史没有记载。

男人生来就是一条被恃倚的乔木，没有茑萝的缠结，反而显不出它存在的重要。大树般伟岸的羽和茑萝般轻柔的虞站在一起，是典型的格调互补，真正的"小鸟依人"。因此，项羽再也离不开她。

项羽开始违反军规，偷偷带上虞出征。叔叔项梁死后，项羽先升次将，再升上将。既然成了军事统帅，也就有了超越军规的特权。从此，项羽明目张胆地将虞带在身边，形影不离。其实，一个敢在少年时代偷偷指着雄霸天下的秦始皇说"彼可取而代之"的人，你如何要求他循规蹈矩？

在巨鹿破釜沉舟，将二十万投降的秦兵种到庄稼地里，一把火烧掉秦朝皇宫，背弃承诺杀掉秦王子婴——丈夫的所作所为，一招一式，随军的女子已经司空见惯。

月圆是画，月缺是诗。尽管征尘仆仆，但虞心花灿灿。在流光溢彩、刀剑铿锵的日子里，她的随军生涯被铸上了妖冶的印记。

虞终于等来了秋的收获。公元前 206 年，项羽成为西楚霸王，他在分封天下诸侯的同时，也给了身边的女人一个显赫的名分——姬（也就是妾）。从此，这个默默无闻的平民女子被称为"虞姬"——也就是虞美人。

三　绽放成鲜红

风云突变。在鸿门宴中侥幸逃脱的刘邦暗度陈仓，卷土重来，有勇无谋的项羽频频败北，一退再退。

公元前 202 年，项羽的十万楚军被刘邦的五路汉军共七十万人围困于垓（gāi）下（今安徽灵璧县南），兵疲粮尽。一个没有月亮的夜晚，拼杀了一天的楚军开始进入梦乡。恍惚之中，楚营四周响起了低沉而绵长的楚歌：

> 家中撇得双亲在，朝朝暮暮盼儿归；
>
> 田园将芜胡不归，千里从军为了谁；
>
> 沙场壮士轻生死，十年征战几人回！

突闻四面楚歌，项羽大惊失色："难道汉军已经把楚地全部占领了吗？要不然为什么楚人会如此之多？"

楚歌一起，吹散了曾经众志成城的江东八千子弟；乡愁缕缕，勒断了楚军将士的如铁壮志。难道楚人多已投降？看来项羽败局已定。于是，士兵们三三两两地投向楚歌声声的汉营。

面对四面楚歌与十面埋伏，项羽预感到大势已去。大帐外，是随自己东征西讨的乌骓马；大帐里，是自己灵肉相和、形影相随的爱姬。

在极度的失望与悲戚中，这位历史上最著名的悲情英雄，边酌酒，边垂泪，慷慨吟咏出一首苍凉悲壮、缠绵悱恻的千古绝唱——《垓下歌》：

力拔山兮气盖世，时不利兮骓不逝，

骓不逝兮可奈何，虞兮虞兮奈若何？

项羽之泪令"左右皆泣，莫能仰视"。与刘邦为了逃命把亲生儿女推于车下的冷酷无情相比，项羽无疑是一个富于人性的伟丈夫、硬汉子。他既是胜利的勇士，又是失败的英雄。那一刻，骁勇刚烈的山峦上绽放出柔情的鲜花，慷慨豪迈的大河里荡漾起人性的涟漪。

英雄气短、儿女情长。尽管《垓下歌》仍不失悲壮，但雄心万丈的夫君何曾发出过如此沉重的叹息？叔叔被杀的时候，他没有放弃；破釜沉舟的日子，他没有倒下；汉军压境的岁月，他没有退缩。看来，夫君已经心灰意冷。

于是，随侍在侧的虞姬怆然拔剑起舞。开始时，分明是在为夫解忧；到后来，发展为与夫诀别，并边舞边歌，与夫相和：

汉兵已略地，四方楚歌声；

大王意气尽，贱妾何聊生。

四面楚歌仍在，虞姬舞剑未停。只见她，一路的桃花次第绽放，一路的风情万般妖娆，一路的清泪潇潇如雨，一路的惜别依依不舍。

她还在犹豫。因为她不愿与生死相依的夫君分离，更不想在无限熟悉的军帐里舍夫君而去。如果有来生，她还会选择这个力拔山兮的壮士，还会选择这个面对秦皇敢说"彼可取而代之"的乱世英雄，还会选择和他一起挥舞手中的铁剑征战沙场，还会选择同一段荡气回肠、余韵千载的悲壮爱情。

过度的爱情，必然会夸张对象的性质和价值。她决心离去，因为她的死，可以断掉夫君的后顾之忧，可以激励夫君的拼搏之志，可以保住夫君的一线生机。

歌罢，虞姬挥剑自刎，血溅军帐。有人说，虞姬是个诗人，她没有把诗写在帛上，而是用那柄铸着铭文的青铜剑，在自己美丽的身体上，写下了爱的绝句。

当虞姬挥剑，将一朵生命之花绽放成残酷的鲜红；当绝世的绚丽，流淌过雪白而柔滑的颈，世界静音，天地定格。

立时，历史上所有征战不休的帝王厮杀变得苍白空虚，人们争相传说的所有爱情故事变得黯然失色，此前与之后所有的烈女子变得不值一说。难怪千年之后仍有一位名叫何浦的诗人感慨道：

遗恨江东应未消，芳魂零乱任风飘；

八千子弟同归汉，不负君恩是楚腰。

自己只有这一枝心爱的解语花，现在却凋零在泥土中。岂能忘彻夜的倾诉，岂能忘伊人泣不成声，岂能忘滴在心上的泪，岂能忘金凤玉露一相逢。

项羽五内如沸，掩面悲戚，痛不欲生。仓促间，他就地掩埋了心爱的虞姬。据《情史》记载："姬葬处，生草能舞，人呼为虞美人草。"

我从未见过虞美人草，但知道她与罂粟同属一科。每到初夏，她那含苞待放的蛋圆形的花蕾被两片绿色白边的萼片包裹着，垂生于细长直立的花梗上，像低头沉思的少女，随风起舞，摇曳生姿。想必，每株虞美人的根部，都生着乐得其所的灵魂。

四　成为童话

项羽带着八百骑兵连夜突围而出，来到乌江岸边。此时，乌江的流响，是低沉的呜咽；乌江的江风，是萧瑟的悲鸣。

在此等待已久的乌江亭长请霸王从速上船渡江，告诉他江东尚有十万子弟，或许能够东山再起。

项羽苦笑着回答："随我出师的八千弟子今无一人生还，我还有何颜面见江东父老?"当然，他肯定想到了随军西征、刚刚凋零的虞姬。

于是，他谢绝了亭长的好意，将乌骓马送给亭长，然后自己步行，率领二十八名随从重新杀入汉军阵中。对此，郑板桥感叹说："项王何必为天子，只此快战于古无。"

在杀掉数百名汉军后，项羽像虞姬一样拔剑自刎，年仅三十一岁。他和虞姬一样，留给后人的是落花随风坠崖般的从容凄美。

一个江南美女，一个盖世英雄，以自己的真性情与大无畏穿越了中国漫长的历史时空，击穿了无数当代人的心灵。他们演绎的，是一段烈烈扬扬的童话，一幕生死茫茫的京剧，一个血光四射的传奇，一缕日夜奔流的情愁。

历史不再给他们重生，不变的是痛吟了千年的四面楚歌，是虞姬含泪泣血的一曲剑舞，是项羽不肯过江东的历史之痛，是他们感天动地的不朽爱情。

从此，中国有了最诗意的词牌——"虞美人"。

碧草孤坟上梁祝化蝶，末路乌江边霸王别姬，都是爱情绝唱，都是人性悲歌，是悲剧也是幸运，才得以成就这千年美丽。

如今，中国歌坛还传唱着一首《霸王别姬》：

我心中你最重　悲欢共生死同

你用柔情刻骨　换我豪情天纵……

第六章　英雄本色——周亚夫

——引子

局却有着惊人的相似。

故事的主人公是一位将军，但他与屈原的结

历史长河里充斥着太多的巧合。接下来

117

一

公元前 157 年夏，京城长安和往常没有什么两样，还是那样热浪滚滚，还是那样人欢马嘶，仍有许多知了在枝头鼓噪，仍有个把孩童在城墙根撒尿。但未央宫里却突然多了几分静默与凝重，出出进进的太监与宫娥们还不时咬起了耳朵。因为他们从太医脸上得知，汉文帝刘恒快不行了。

果然，躺在病榻上的刘恒也自知去日不多，开始安排后事。奇怪的是，他没有急于见皇后和重臣，而是让贴身太监将太子刘启召来，然后屏退左右，神秘兮兮地对刘启说："即有缓急，周亚夫真可任将兵。"意思是，如果遇到军事危机，周亚夫是统帅军队的最佳人选。

听到这里，刘启不禁怔了一怔，继而问父皇："何以见得?"

于是，刘恒勉强欠起身，让儿子为自己垫上靠背，然后津津有味地讲起不久前发生的一件奇事——

上一年，也就是公元前 158 年，汉匈边塞狼烟四起，匈奴六万铁骑如恶狼一般扑向我朝。边燧烽火一直传进长安，满朝文武的脸上写满了惊慌。朕（zhèn，皇帝的自称）表面上镇静无比，内心却也不是不焦急。于是，朕做出紧急部署：第一，派出三位将军分别把守飞狐（今河北蔚县东南恒山峡谷北口）、句注山（又叫雁门山，在今山西代县北部）、北地郡（今甘肃庆阳县西北），在北部边塞构筑起第一道防线。第二，命将军徐厉屯兵长安以北的棘门（今陕西咸阳市东北），将军刘礼屯兵长安以东的灞上（今陕西西安东郊），名将周勃次子——周亚夫屯兵长安以西的细柳（今陕西咸阳市西南渭河北岸，一说今陕西长安西十五公里的府君庙附近），从三面保卫京城长安。按照这一布局，即使边塞失守，京城也将万无一失。

大战前的京郊，天幕低垂，飞鸟翔集。出于鼓舞士气的考量，朕亲临兵营犒劳将士。朕先到灞上，再到棘门，两处军营一见朕之车驾便主动放行，欢送朕时也是倾营出动。

可当来到细柳营时，热烈的气氛立刻降到了冰点。只见营门紧闭，戒备森严，全副武装的士兵刀出鞘，弓上弦，横眉冷目，拒不开门。廷尉上前通报："皇帝来了！"士兵回答："军营只闻将军之令，不闻天子之诏。"

朕只得派人持节入营通知周亚夫，接到周亚夫将令的士兵这才打开营门。营门卫兵又叮嘱："营中不得驱驰。"朕只好让车驾徐徐而行。当朕来到中军帐前，披甲执锐的周亚夫方才现身，向朕行拱手礼："戴甲之士无法跪拜，请允许臣下以军礼拜见。"

在回宫的路上，彤彤的晚霞涂抹着朕的车鸾，朕不禁陷入了沉思，并一遍遍回味、比较着周亚夫与其他将领迥然不同的做派。在一般人看来，周亚夫的确没有顾及皇帝的面子，但在皇帝的面子和帝国的安危面前，周亚夫的选择无疑是理性的。

当时，看到朕一脸凝重，有的随从开始埋怨周亚夫目无圣上。于是，朕开导他们说："此乃真将军也！灞上和棘门的军队简直形同儿戏，如果敌人前来偷袭，恐怕他们的将军也要做俘虏了。而枕戈待旦的周亚夫怎么可能给敌人以偷袭之机呢？"

随之，朕发出诏令："各军皆须仿效细柳营！"从此，"细柳营"也成了牢不可破的战争堡垒和心理防线的代名词。

见汉军防守滴水不漏，匈奴一个月后就引兵退去了。

故事讲到这里，皇帝长出了一口气，太子也默默点了点头。

问题是，太子日后真的能遇到"危机"吗？因为众所周知，汉代著名的"文景之治"是从汉文帝开始的，汉文帝交给儿子的，绝不是一个"烂摊子"。

二

的确，汉文帝的历史功绩是任何人都难以抹杀的：他以德治天下，是《二十四孝》中"亲尝汤药"的主角；他轻徭薄赋，减轻了农民负担；他谦让宽容，对臣下与诸侯以礼相待，致使境内呈现出"吏安其官，民乐其业"的祥和局面。

然而，暴风骤雨到来前天会出奇地好，越是平静的水面水就越深，一团和气的政治表象下往往酝酿着巨大的阴谋。对此，汉文帝心知肚明也感同身受，因为汉朝内部的确存在着一触即发的深重危机。

汉朝内乱的根源还在于开国大帝刘邦片面吸取了秦朝中央集权的教训，把被秦始皇扫进历史垃圾堆的分封制重新捡了回来，分封了七位异姓王、一百四十位列侯，造成了郡县制与分封制并行的局面。其结果，异姓王在刘邦在世时就纷纷叛乱，刘邦四次亲征才将异姓王逐一削平。他又先后分封了十一位刘姓王，并留下遗嘱："非刘氏而王，天下共击之！"但刘邦一死，吕后大封诸吕，最后靠周勃、陈平联手诛灭诸吕，才恢复了刘氏天下。随后剩下的，除了长沙王吴臣，其余全是刘姓王。刘邦四子——汉文帝当政后，为笼络人心，又先后封了十七位刘姓诸侯王。

同姓王就不会叛乱吗？

哲学家叔本华告诉我们，人类彻头彻尾是欲望和需求的化身。这些被封出去的浓于水的"血"——皇族子弟，随着世代的传延间隔，加之他们逐渐做大做强，终于淡得比"水"还淡。也就是说，这些刘姓诸侯王不仅不再发挥开国之初的枝辅作用，而且或暗中或公开与朝廷分庭抗礼，有的甚至变成了地地道道的割据反叛势力，济北王刘兴居、淮南王刘长先后发动叛乱，"削藩"的声音开始在朝廷响起。

一篇被后人冠名《治安策》的奏文呈在汉文帝面前。启奏者名叫贾谊，是汉文帝少子梁王刘揖的太傅，一位洞穿未来的年轻思想家。奏文分析了汉朝异姓王叛乱的历史教训，总结出一条规律：大抵强者先反，弱者最后反，更弱者始终未反。据此提出了"众建诸侯而少其力"的建议。意思是把现有的诸侯国统统划小，一层层地分封给诸侯王的儿辈、孙辈，使他们国小人少，想反也难。

太子刘启的家令晁错也上奏朝廷，请削诸侯。

一向审慎的汉文帝，没有大张旗鼓地削藩，只是试探性地采取了一些措施，如齐王刘则死后无子，将齐国一分为六，分封给了刘肥的六个儿子。封淮南王刘喜为城阳王，将淮南一分为三，分封原淮南王刘长的三个儿子。但这些枝枝节节的举措，根本无关大局。这也是汉文帝在安排后事时，特别提醒太子小心"缓急"并选好主帅的原因。

但太子显然没有父皇的耐心。

汉景帝刘启继位后，急于改变藩国尾大不掉的格局，果断起用晁错为御史大夫，开始了大刀阔斧的削藩。其一，楚王刘戊因上年为薄太后守丧期间私奸，削去东海郡；其二，赵王刘遂两年前也有犯罪行为，削去常山郡；其三，胶西王刘卬（yǎng）卖爵，削去六县。然后，一刀砍向实力最强的吴王刘濞（bì），下诏削去吴国会稽、豫章二郡。

公元前 154 年春，削藩的诏书尚未送达吴国，今江苏扬州的刘濞就得到了消息。刘濞立刻派出亲信，联络楚、赵、淄川、胶东、胶西、济南七国联合起兵举事。刘濞致书各国诸侯，宣示起兵的理由为：晁错挑拨刘氏骨肉，诳乱天下，欲危社稷，故起兵"请诛晁错以清君侧"。

起兵时刘濞六十二岁，其少子十四岁。他宣布以父子两人的年龄为上、下限，征召十四岁至六十二岁的男丁参战，共募集和征召三十余万人，浩浩荡荡，渡淮西进，一直打到今河南东部。

噩讯传到长安，晁错建议汉景帝御驾亲征，自己留守长安，并准备审讯曾担任过吴国丞相的袁盎，逼他交代吴王谋划叛乱的内幕。

作为晁错死对头的袁盎以攻为守，连夜入宫觐见汉景帝，声称此次七国之乱全是晁错主张削夺诸侯土地引起的，解决的办法只有一个，就是处死晁错，下诏赦免七国，恢复其辖地，这样一来，叛乱可兵不血刃地得到平息。

其实，历史上任何一次"清君侧"之役，包括此后元朝的孛罗贴木儿、明朝的朱棣，无不是以"取而代之"为最终目的。发难者之所以祭出"清君侧"的大旗，一来可以避免直接挑战君王正统权威带来的舆论压力，给自己险恶的、深层的行为披上貌似合理的外衣，二来可以堂而皇之地发起战争或政变。君侧重臣皆为君王臂膀与心腹，代表着君王的用人导向，是国家的执政班底。试想，剪掉了鸟之双翼，挖空了鸟之心腹，鸟儿如何再飞、再生？

但压境的大军已让年轻的皇帝慌不择路，他哪里还有时间考虑"清君侧"背后的深层含义？于是，汉景帝下诏：将晁错"腰斩于市"，派袁盎、刘通前往吴国宣诏，赦免七王之罪，令其罢兵。

袁盎、刘通带着信心满满的笑，纵马踏过迎风舞蹈的野花，匆匆赶到叛军军营。袁盎宣读汉景帝诏书时，刘濞脸上堆着肥硕饱满的笑容，像秋天里沉甸甸的果实。诏书读毕，刘濞脸上的笑似乎凝固了，眼睛眯成了一条缝，那缝隙里夹满了傲慢与不屑。无论袁盎怎么催促，刘濞一言不发，明摆着是拒不受诏。

派出去的人迟迟不归，汉景帝坐卧不宁。一天，听说仆射邓公从前线赶回长安，汉景帝紧急召见了他，劈头就问："听到晁错被处死的消息，吴楚决定罢兵了吗？"邓公回答："吴王刘濞反叛之心已有数十年，此次发兵的目标哪里只是'清君侧'？"

那一刻，问话者如梦初醒，愣在那里半天没有说话，一滴清泪从他的脸颊滑下。人说刘备的天下是哭来的，其实大谬而特谬，政治军事从来就不相信眼泪。此时的汉景帝也已经意识到，忍让在日常生活中或许有点效用，但在政治舞台上只会引来蔑视与践踏。无上的权力不是从血统里继承来的，而是靠不懈的斗争和经受一次次的屈辱重新赢得的。直到此时，汉景帝才断然抛弃了不切实际的幻想，决定举兵反击。要举兵反击，由谁来收拾残局、统领军队呢？

焦躁与悔恨中，他想到了窦太后的侄子窦婴，但几个月前主动辞去丞相职务的窦婴还在闹情绪，以有病为由拒绝出山。随后，他想起了父皇的临终遗嘱："即有缓急，周亚夫真可任将兵。"

三

春天的长安飘满了乌鸦的鼓噪。皇帝下诏：中尉周亚夫升任太尉，统帅三十六将讨伐七国叛军。经皇帝再三劝说，窦婴也同意重新出山，和周亚夫一起平叛。

此时叛军正在猛攻忠于朝廷的梁国（今河南商丘），但周亚夫却向汉景帝提出了"牺牲局部，以谋全局"的战略计划："吴楚大军剽悍轻捷，如果正面决战将难以取胜。臣打算先暂时放弃梁国，从背后断叛军粮道，然后伺机击溃叛军。"汉景帝"允之"。

周亚夫在荥（xíng）阳（今河南中北部）与众将会师后，将荥阳交给窦婴镇守，自己亲率汉军主力东进。按原定计划，周亚夫绕过正在猛攻梁国的吴楚叛军，率主力直插今山东巨野县南三十公里的昌邑城。同时派弓高侯韩颓当率领一支轻骑，直插吴楚叛军背后的今江苏淮阴县淮泗口，截断叛军的运粮水道。

与吴楚叛军正面对垒的梁王刘武，是汉景帝的同母兄弟。身陷苦战的梁王几次向周亚夫告急，周亚夫根本不予理睬。无奈之下，梁王奏请皇帝下诏周亚夫救梁，周亚夫仍按兵不动。阵前的梁王欲诉无人，欲哭无泪，只剩华山一条路，那就是身先士卒，破釜沉舟，用鲜血与生命死守梁都睢阳城。据说，梁王每次阵前退敌，口中都骂声不绝，骂得最多的，不是叛军刘濞、刘戊（wù），而是周亚夫。

在梁王的叫骂声中，周亚夫已经暗中派出精兵断绝了叛军的后路。战事僵持了两个月，军粮已尽的叛军急欲与周亚夫决战，周亚夫则坚守不出。《汉书·周亚夫传》写道："吴楚兵乏粮，欲退，数挑战，终不出。夜，军中惊，内相攻击扰乱，至于帐下。亚夫坚卧不起。顷之，复定。"

既无人应战，又饥饿难耐的叛军最终选择了退兵。立刻，周亚夫令手下所有军队倾巢出击，围追堵截，吴楚叛军一败涂地，土崩瓦解。楚王刘戊、赵王刘遂、胶东王刘雄渠、胶西王刘卬、淄川王刘贤、济南王刘辟光绝望自杀。只有吴王刘濞侥幸甩掉追兵，带数千残兵逃亡江南越人居住区。

汉兵贴出告示，以千金购买吴王人头。一个月后，越人将血淋淋的吴王头颅送到长安请赏。

"七国之乱"彻底平定，七国被废除，周亚夫赢得了举朝赞誉。只有一个人暗中咬牙切齿，他就是梁王刘武。这正应了一位哲人的话："敌人会很快被忘记，但会记住见死不救的朋友。"

四

在一片赞誉声中，周亚夫被汉景帝任命为丞相，登上了权力的峰巅。为此，历史老人在暗中评论说：他不要过于高兴，他的这种富有传奇色彩的官场经历，时常预示着不祥的前景——

故事总是由纯情浪漫的喜剧开始：一个忠诚而勇敢的战士，通过非凡的智慧和超人的力量帮助皇帝渡过危难。天下太平后，战士迅速受到重用，成为一人之下万人之上的大人物。然后，大人物的自我感觉越来越好，说话的口气越来越大，干涉的领域越来越多，而皇帝则越来越不舒服。悲剧随之发生：当年的战士——如今的大人物不是被边缘化，就是家破人亡。他当初崛起的速度有多快，如今他坠落的程度就有多深。

因为，登上权力峰巅并不意味着可以俯瞰天下。在王权至上的时代，任何官职都是皇帝授予的，你只能无条件地向皇帝负责，必须时刻与皇帝保持一致。而且，你只是站在了所有大臣的前头，处在了宫殿的显要位置，可你一刻也没有主宰过这座宫殿，这座宫殿属于皇帝一个人，它只为卑躬屈膝者遮风避雨，任何一个胆敢在宫殿里大声说话的大臣都会毫不例外地成为被替代者。

然而，正直忠勇的周亚夫不谙此道，他以为无论为将、为相，必须忠实履行自己的职责，均应把是否符合国家利益作为最高准则，即便是皇帝出现了失误，自己也应该犯颜直谏。他不懂得，在战场上可以冲锋陷阵，一往无前；但在官场上则要察言观色、八面玲珑。他悟不透"尽人事，听天命"的道理，不知道这个世界上除了皇帝，根本不需要什么超级英雄，更不需要什么救世主。这也是"名将很少成为名臣"的主要原因。

最严重的问题在于，汉景帝刘启并不具备父皇的豁达大度，他是一个有怨必报的人。早在做太子时，他与吴王太子下棋，因为棋局上的争执居然用棋盘将对方打死，这也成为后来吴王发动叛乱的一大导因。另一次，刘启与梁王刘武一同乘车入朝，到了宫殿司马门却不下车，被公车令张释之拦住，并以不敬罪奏请皇帝依法处理，刘启对此怀恨在心，继位不久便将张释之降职。

大树底下不长草。在这样一个专横君主身边为相，周亚夫的命运可想而知。但正直有余而柔韧不足的周亚夫，过分看中自己在皇帝心目中的地位，因而与已无外患之忧的皇帝说起话来，仍难改战争年代的率真。公元前 150 年，汉景帝执意废掉太子刘荣，改立刘彘（zhì，后来的汉武帝刘彻）为太子，周亚夫根本不顾皇帝的感受，在众目睽睽之下竭力阻挡，结果拉开了与皇帝的距离。

当密友之间出现裂痕，一定会有虎视眈眈者乘虚而入。听说周亚夫被皇帝冷落，梁王刘武每次来朝，都在母亲窦太后面前发泄对周亚夫的不满。事实上，梁王作为汉景帝的亲弟弟，他俩的母亲窦太后甚至更喜欢这个小儿子。窦太后的态度自然影响到汉景帝。久而久之，就连汉景帝也开始怀疑周亚夫当初的意图。

一天，一向低调的窦太后经不住亲情的纠缠，向汉景帝提出为皇后之兄王信封侯。周亚夫此时又仗义执言，并搬出高祖遗训说："汉高帝有约，不是刘氏不得封王，没有战功不得封侯。王信虽然是皇后之兄，无功而封侯，不符合先帝之约也。"汉景帝"默然而沮"。

匈奴徐卢等五位头领来降，汉景帝想封他们为侯，以期招降更多的匈奴将领。周亚夫坚决反对："这些人背叛主子向陛下投降，而陛下却封他们为侯，将来怎么要求自己的臣子守节呢？"这一次，汉景帝没有再"默然而沮"，而是断然否决了丞相的建议，坚持封徐卢等人为侯。君臣已经形同陌路，周亚夫只得称病谢罪。

读到此处，我们不免替周亚夫在官场中"近乎迂腐"的正直而悲哀。但他总有令人仰慕的地方，比如他一脸皱纹没夹住智慧，却留下了一颗天真正直的心。正如近代印度诗人泰戈尔所感悟的那样："人往往接受你的奉献，而不接受你自身。"公元前 147 年，周亚夫被免掉了丞相职务。六年前那全胜班师、举朝郊迎的辉煌，已恍如隔世。

而那位没有如愿当上储君的梁王，凭借着在平定"七国之乱"中立下的大功和太后的宠爱，渐渐变得飞扬跋扈和破罐子破摔起来，居然指使他人谋杀了袁盎等十多位大臣，原因当然是他们像周亚夫一样反对汉景帝立他为接班人。此事直接导致了汉景帝与梁王的不和，梁王不久就郁郁寡欢而死。他死后，梁国被分裂，变成了梁、济川、济东、山阳、济阴五个小国。

梁王已死，一再受到梁王攻击的周亚夫似乎要苦尽甘来。

五

汉景帝也在思索这个问题。

梁王刘武病死后，汉景帝记起刘武对周亚夫的一再非议，突然想考察一下周亚夫，于是在宫中召见并宴请周业夫。可摆在周亚夫面前的是一块没有切开的肉，而且没有餐具。皇帝这样安排，无非是要警告周亚夫，没有我的恩准，你连面前的肉也无法吃下去。

按说，此时的周亚夫是万万不该发怒的。然而，人世间一条永恒的规律是：幸与不幸都不会使人的性格完全改变。结果，这位过气的将军还是没有压制住内心深处的不满，大声地让宴席官送上餐具。

宴席官无奈地向汉景帝望去，显然是想得到什么暗示。只见汉景帝做了一个双手下压的动作，然后一脸坏笑地问周亚夫："爱卿还不知足吗？"意思是说，作为无官之人，能参加皇帝的宴会就已经是巨大的恩典了。

周亚夫愣在那里，半天没回过神来。

等明白了景帝的折辱之意，周亚夫免冠跪拜。

景帝发话："起来吧。"

话音刚落，周亚夫起身，旁若无人地步出秋风中的宫殿。两行雁阵，正越过宫殿的檐顶，呼唳着向南飞去。

被捉弄者拂袖而去，捉弄人的人也丢了面子。目送着周亚夫昂然离去的背影，汉景帝恨恨地对身边的随从说："呀呀，瞧这个愤愤不平的人，将来能侍奉少主吗？"意思是说，将来太子即位，能控制得了这位老将军吗。能说出这样的话，可见皇帝心中已经动了杀机。

本来，你的和我的两个词，就使人们短暂的一生充满了痛苦和难以言表的罪恶。尤其是在皇权私有的年代，这两个词就更加充满了血腥气味。因为一个大到能给你一切的朝廷，势必也大到能拿走你的一切。对于皇帝来讲，天下是我的，而不是你的。任何威胁到"我的"人，都难逃悲惨的命运。当时，直接威胁皇权的因素，一是皇族自家，指皇帝及其继承人之外的强有力的皇子皇孙；二是宦官、母后与外戚；四是功臣、宿将与权贵。第一因素已通过削藩得到遏制，第二因素也在吕后去世后得到整治，剩下的就是第三因素了。而在第三因素中，尤以武将出身的大臣最为引人注目。

兵者，利器也。可利器始终是把双刃剑，既能伤人也能伤己。以暴制暴，采用武力的方式维持国家秩序不是不可以，但时间长了难免伤及礼制与教化，建立不起皇帝与武将之间的道德联系，即使是身边的亲信武将，也难保哪一天不起叛心。所以，拥有最可能颠覆皇权利器的军人，特别是那些功勋卓著的重臣，是皇帝优先需要防范的。

而这些功臣避祸的方式，只有降低姿态、谨慎小心，秦国的王翦出征时数次向秦王请求良田美宅，汉初的萧何故意强买强卖民田，无非是想通过降低自己的威望来消除皇帝的猜忌。对于周亚夫这样功高盖主的功臣来说，忠诚度是最重要的，只有对皇帝言听计从，让皇帝认定他绝无贰心，才能延续他的官场生涯乃至生命。而周亚夫愤然离席，正犯了帝王的大忌。对周亚夫来说，大祸已经不可避免，剩下的不过是时机而已。显然，在一个推崇句践一样卧薪尝胆、韩信一样忍辱负重而大功告成的民族来说，刚烈始终会成为一种硬伤。

周亚夫离去的步子已经略显沉重，风把他杂乱的胡须甩在刻满岁月纹沟的脸上，像大海的波涛甩碎在坚硬的礁石上。直到推开红漆的家门，抬脚迈向高高的门槛，周亚夫终于悟出，敲门砖敲开门之后，就是绊脚石了。但他醒悟得太晚了，因为他的仕途甚至生命已经走到了尽头。

六

海明威说过，没有人是一座孤岛，可以自全。

一向孝顺的儿子为闲居在家的周亚夫准备"寿事"，购买了五百件殉葬用的兵器。由于苛待雇工，雇工告发他购置兵器准备谋反。朝廷立案侦查，自然牵涉到了周亚夫。周亚夫本想自杀，是妻子劝阻了他，因为一向善良的妻子对皇帝还存有一丝幻想。

在我国历史上，以人之常情揣度皇帝的心思，历来是一件靠不住的事情。因为皇帝不是一般人，他是被赋予了无限权力的超人，是视人命如草芥的人上人，和这种人上人谈善良是一件可笑的事。从另一个角度讲，善良是一种能力，它只可能发生在强势的一方，至少旗鼓相当。比如狼遇到小羊，羊是没有资格谈善良的。只有当狼将羊抓住的时候，突然念及羊的温柔或可怜，决定不吃了，善良就发生了。汉景帝并非昏君，但明君不见得"善良"。汉景帝听说周亚夫露出了"尾巴"，便直接派人审讯周亚夫，要求弄清"真相"。

有关部门把罪行书写于册，一条条地按问，要求周亚夫如实回答。此时，还处于调查取证阶段，皇帝并未正式下达逮捕令，事情尚有转机。然而，周亚夫保持了一贯的高傲，面对审讯一言不发，因而将事件引向了糟糕的结果。

一无所获的官员回宫向汉景帝复命，汉景帝大吼："吾不用也！"意思是说，我永远不再起用他了，你们还怕他做什么呢？！读者请看，这就是一个明君的"善良"。

汉景帝一怒之下，改派廷尉（主管司法的最高官吏）审问周亚夫："你想谋反吗？"

周亚夫回答："臣所买器具乃是殉葬品，怎能叫谋反呢？"

廷尉怒责道："你即使不在地上谋反，也难保不在地下谋反吧？！"

这句著名的话，使人联想到了秦桧的"莫须有"和徐有贞的"虽无显迹，意有之。"在无端罗织罪名这一点上，我们不得不佩服中国古人非凡的智慧与创造。周亚夫悲愤难抑。他再憨厚，也不会不明白"欲加之罪，何患无辞"的道理。

接下来，就是大丈夫在人间必须回答的两个问题：活着时怎样站着，死去时如何躺着？史载，他在狱中一连绝食五天，最后呕血而死。这一年是汉景帝后元元年（公元前143年）。他用不屈的死维护了一个将门之后、耿直之士的人格尊严。

周亚夫死后一年多，汉景帝驾崩，年方十六岁的少主刘彻继位。

命运剥夺了他的生命权，他以另一种方式重返人间。周亚夫自杀后，归葬于出生地江苏省丰县凤城镇周庙村西北，如今这座墓地就静静地躺在其父周勃的墓旁。噩耗传至周亚夫封地——今河北省景县，当地人悲痛地堆起一座高大的衣冠冢，年年祭奠这位令条地熠熠生辉的英雄，景县墓地至今仍傲然屹立在野旷风高的冀东平原上。周亚夫的祖籍河南省原阳县也为他修建了一座墓冢，现位于原阳县原武镇小村南，因墓冢翠柏成林，俗称"柏林冢"。另外，河南省原阳县城西磁固堤村还有一座周亚夫祠。

这些遗迹无论数量还是规模，都比不上被神化的关羽与岳飞。

但对于一位末路英雄，他何曾抱有过分的要求？

第七章 史学巨擘——司马迁

——也算序幕

躯？还是接受宫刑，成为不完全的男人？

出回答：是拿出 50 万钱，买自己的完整之

天幕上忽明忽灭的星辰。日出之前，他必须做

一位中年囚徒透过小窗，长时间凝视着幽蓝

已是深夜了，都城长安阴森森的天牢里，

一　司马迁其人

他叫司马迁，字子长，生于公元前 145 年（王国维的推论），西汉夏阳龙门（今陕西韩城南）人。这里属于先秦的原始地盘，处于渭河北岸，满眼都是坚硬的黄土，连飘动的云烟仿佛都有一种骨质。就是这样一方辽阔的黄土地，磨砺了人们粗犷的天性，也养育出司马迁宁折不弯的品格。

这是一个世代相传的史官家庭，父亲司马谈是汉武帝的太史令。司马迁十岁开始诵读古文，后来随父亲迁居长安茂陵，有幸师从经学大师孔安国、董仲舒学习《尚书》和《春秋》。经过会考，他十九岁就被补为博士子弟。渐渐地，他开始明白，真正的学问在浩渺的现实之中。于是从二十岁开始，司马迁踏上了漫长而艰辛的游历和寻访之路。

同行的共有六人。他们在会稽探访了大禹的遗迹，在姑苏眺望了范蠡泛舟的五湖，在淮阴重温了韩信"胯下之辱"的传奇，在沛郡走访了刘邦、萧何的故乡，到大梁考证了秦军引水灌城的惨烈，到楚地寻访了春申君的遗宫，到薛地踏勘了孟尝君的封邑，到邹鲁瞻仰了孔孟的圣地，北过涿鹿见证了长城的雄壮，南游沅湘感受了尧舜的胸襟，西达崆峒体味了山岳的厚重。

一走就是七年，如此前的孔夫子，如此后的徐霞客，付出的是风餐露宿、筚路蓝缕的艰辛，得到的是"读万卷书，行万里路"的彻悟。他用漫长的游历线路作为网兜，捞起了沉淀已久的文化珍宝。出行前"坐井观天"，归来时已"居高临下"。

回到长安后，司马迁埋头整理路上的笔记，一个伟大的史学家呼之欲出。如孔夫子周游列国十四年后大规模地整理《诗》《书》《礼》《乐》《易》《春秋》，如徐霞客游历山川三十多年后写下六十万字的日记体地理学名著《徐霞客游记》。

这个广闻博识的年轻人进入了汉武帝的视野。他被任命为郎中（皇帝侍从），于公元前111年奉诏出使西南夷。

西南夷，是个草木落地生根的地方，一年四季群芳吐蕊、嫩草如金、青山环绕、碧水盈盈。醉卧花丛的司马迁笑得分外灿烂。

这一年他三十五岁。

二 子承父业

他在南方笑，父亲却在北方哭。

在司马迁出使西南夷一年多的时间里，自感功成名就的汉武帝突然起了封禅（shàn）泰山的念头，据说封禅的队伍达十八万人之多。在讨论封禅细节的过程中，一向耿直的司马谈认为如此奢华铺张的封禅不符合古礼，结果被汉武帝清除出了封禅队伍。

身为记录历史大事的太史公却不能从行，这无疑是奇耻大辱，因而司马谈因郁闷病倒在洛阳。弥留之际，他对远道赶来的司马迁说："余死，汝必为太史令；为太史，无忘吾所欲论著矣。"

公元前 108 年，三十八岁的司马迁继任父职为太史令，因而有机会读遍皇家收藏的文史经、诸子百家及各种档案史料。公元前 104 年，他与中大夫孙卿、壶遂及历官邓平、落下闳（hóng）、天文学家唐都等二十余人，经反复计算、选择，创立了著名的《太初历》。将秦历的十月为岁之始，改为正月为一岁之首，一月为 29.53 天，一岁为 365.25 天，这是当时世界上最先进的历法，也是中国历法史上的第一次大改革。

他秉承父亲遗志，着手编写《太史公记》。

他与妻子柳倩娘（民间传说中的名字）生了一位女儿。

就在这种甜蜜与和谐的气氛中，司马迁跨入了他极不吉利的四十六岁——天汉二年（公元前99年）。

三　因为几句话

这一年，世界的东方发生了一个惊天动地的事件。

为报复匈奴扣押汉朝使者苏武，汉武帝派宠妃李夫人之兄、贰师将军李广利率骑兵三万出酒泉，向匈奴发起正面攻击；派李广之孙李陵率步兵五千从居延出发，深入塞外牵制匈奴。李广利一与匈奴交手便大败而归，只剩下李陵孤军奋战。结果，小小的步兵分队被且鞮（dī）侯单于（chán yú，匈奴最高首领）统帅的六万骑兵包围，李陵血战多日，最终兵败被俘。

对将门虎子的束手就擒，汉武帝难以接受，先将李陵的家人关进了监狱，然后召集群臣为李陵定罪。

在逃跑、投降还是自杀的问题上，中国与西方一向有着截然相反的价值标准。中国人可以原谅逃兵，却绝不原谅降兵。而西方人认为，在无力抵抗的情况下既不逃跑也不自杀，而是向敌人投降，一来尽到了军人的责任，二来可以保存最为珍贵的生命，并不算什么可耻之事；而临阵脱逃则是逃避军人的责任，是军人最大的耻辱，应该受到道义的谴责和军法的严惩。这也就是二战中西方战场降兵多逃兵少，中国战场降兵少逃兵多的深层次原因。因此，临阵退却的李广利毫发无损，无奈投降的李陵却被口诛笔伐。

大臣们群起而攻之。太史令司马迁在一边匆忙地记录着，他的手在颤抖，他的心在滴血。作为一名西北汉子、性情中人，他耳中听不得污蔑，眼里揉不进沙子。而且，他是含恨自杀的飞将军李广的崇拜者，也曾经亲眼目击了霍去病射杀李广之子李敢那血腥的一幕，虽然他与李陵连一杯酒的交情都没有，但一直欣赏李陵的国士之风。

尽管他位卑言轻，甚至根本没有发言的权力，还是忍不住"出班"向前一步，表示"有话要讲"。

他说，李陵作为一支偏师，只有五千步兵，在没有任何援军的情况下却杀敌上万，足以告白天下。至于不肯马上自杀，必有原因，他一定还想将功赎罪报答皇上。

显然，他"失言"了，所谓失言就是不小心说了实话。他太不了解汉武帝了，这可是一位典型的专制帝王，按照专制帝王的逻辑，为了帝国的名声，被包围的将军应该而且必须选择自杀。而且，太史令的话中，已经暗示了对皇亲李广利临阵脱逃的不满。

汉武帝脸色一沉，以"沮贰师"（沮通诅，指诅咒贰师将军李广利）的罪名将司马迁革职下狱。

第二年，汉武帝后悔没有及时派出援军，致使李陵全军覆灭，于是派遣公孙敖率军出塞迎回李陵。结果，无功而返的公孙敖不仅毫不脸红，而且状告李陵正为匈奴训练士兵（实际上为匈奴训练士兵的是先前投降的汉军边塞都尉李绪）。错误的信息再次激起了武帝的震怒，命令将李陵实施了灭三族的酷刑。悲惨的消息传回匈奴，李陵立即派人将李绪刺杀，从此心甘情愿地娶单于的女儿为妻，永远留在了荒凉寂寥的漠北。

真相大白，司马迁"沮贰师"的罪名按说不攻自破了。但皇帝的字典里从来就没有"失误"二字。接下来，司马迁有了一个更为恐怖的罪名——"污罔罪"（意为欺君罔上），按律当斩。这也应了一位哲人的话：把人间变成地狱，是帝王们的实践；认为地狱比天堂还美好，是帝王们的理论。

好在武帝突然有一天心血来潮，宣布大赦天下，司马迁终于露出了久违的笑容。然而，朝廷紧接着宣布了附加条件：拿出五十万钱可以出狱，否则只能割"势"（在古汉语中指人和动物的睾丸）保命。割势，又叫腐刑、宫刑，男的割掉阴茎，女的破坏阴道，是一种灭绝人性的残酷刑法，当然为任何男人和女人无法忍受，因此在汉文帝时一度被废。不过，此刑很快又被帝国恢复，直到隋文帝开皇初年才彻底废除。可惜，司马迁遇到的不是仁厚的杨坚，而是果敢的刘彻。

于是，我们看到了本文开篇那凄厉的一幕。

四 活下去

那是一个不真、不善、更不美的夜晚，他满腔的悲戚与愁怨坠落了窗前的一弯沧桑月，点亮了拂晓的一片满天星。天终于亮了，狱卒对着司马迁高喊："想好了吗？是拿钱还是割势？"

"我选择腐刑。"两滴清泪滑落脸颊，一向坚强的司马迁无声地哭了。因为他的家人已经借遍了所有的亲朋，根本无法凑齐五十万的天文数字。据记载，四十七岁的司马迁被执行宫刑时，那凄厉的叫喊"震落了一屋瓦片，三树槐叶，还把六条狗吓昏，并使得九个孕妇当下流产。"

被迫接受宫刑，让司马迁的精神和尊严遭受了难以想象的残忍践踏。因为当时的汉朝将人分为十等，第一等有不辱祖先的光荣，第九等是砍断四肢后死去，第十等才是因遭受宫刑辱尽列祖列宗的人。"祸莫惨于欲利，悲莫痛于伤心，行莫丑于辱先，垢莫大于宫刑"。受刑之后，司马迁"肠以日而九回"，汗流浃背，神情恍惚，一度仿佛变成了没有灵魂的行尸走肉。多少次，羞愤交加的司马迁几乎自杀。

但生命，不仅仅属于他自己。而且他深知，死可以明志，但生可以践志。假使他这样地位低微的人爽然求死，在许多达官贵人眼中，"若九牛亡一毛，与蝼蚁何以异？"（成语"九牛一毛"由此而来）。古人对不朽有三个经典标准，即太上立德，其次立言，其次立功。只要做到其中的任何一条，就可以永远活在人们心中。而且孟子早就告诫人们："生，我所欲也；义，我所欲也；两者不可得兼，舍生而取义者也。"他心中的大义，就是戮力完成对中华民族历史的第一次完整地描述。几千年后，一位诗人说："真正的勇敢不是为某件事壮烈地死去，而是为某件事卑贱地活着。"让他卑贱地活着的那件事，就是撰写《太史公书》。最终，用余秋雨的话来说就是："他决定活下来，以自己非人的岁月来磨砺以人为本的历史，以自己残留的日子来梳理中国的千秋万代，以自己沉重的屈辱来换取民族应有的尊严，以自己失性的躯体来呼唤大地刚健的秋风。"

经过三年的囚禁生活，公元前 97 年，司马迁在接受腐刑后出狱。继而，被汉武帝任命为地位显赫的中书令。

他再也没有了升官的兴奋，只剩下一个信念，那就是以残烛之年埋首奋发著述。因为作为男人和士大夫的司马迁已经死了，他已经完成了一个历史学家从战战兢兢、如履薄冰到激扬文字、粪土万户侯的人生蜕变。他不再担心什么，也不再害怕什么，他只需要以一个历史学家的良知和责任忠实地再现历史、演绎国政、释放真情，以社会最底层的、达官贵人所不齿的身份去看待人生、评判人物、解读历史，将形形色色大大小小的人物剥光衣服展现在汗青上。

连咖啡豆都得经历高温痛苦才能产生香味，何况是人？就这样，他以失明的左丘明、膑刑的孙膑、流放的屈原和潦倒的孔丘自励，忍受着满腔的屈辱和病体的折磨，于公元前91年完成了伟大的《史记》。

正是这种不屈不挠，才使得"大势已去"的他能够重新站在历史的峰巅呼啸："人固有一死，或重于泰山，或轻于鸿毛！"这是何等的气概与决绝——踩着自己的影子奔跑，提着自己的头发飞翔！无怪乎两千年后另一位硬骨头文人大声疾呼："真的猛士，敢于直面惨淡的人生，敢于正视淋漓的鲜血。"

五　史家之绝唱

正如比尔·盖茨所言，人生就像一场火灾，看你能从中抱出多少东西。从这个意义上说，司马迁在火灾中收获巨大。

《史记》，原名《太史公书》，又称《太史公记》，直到东汉末年才被称为《史记》，是中国史学上第一部纪传体通史，开创了纪传体通史的恢宏先河。《史记》有本纪十二、列传七十、世家三十、表十、书八，共一百三十篇，五十二万五千六百字，记载了从黄帝至汉武帝约三千年的历史，他"不虚美，不隐恶""究天人之际，通古今之变，成一家之言"，被近代文学大师鲁迅誉为"史家之绝唱，无韵之离骚"，成为国学、国史乃至人类历史著作的一座难以企及的高峰。

如同老子写完《道德经》骑着青牛消失在函谷关外，被司马迁记叙为"不知其所终"一样，写完《史记》之后，司马迁也"不知其所终"，史籍上不再有他的任何记载（有人考证，司马迁卒于公元前 86 年，享年六十岁）。

他写了那么多精彩的故事，自己的故事却没有结尾。这个连自己的生卒年月都没有告诉我们的历史学家，似乎要故意构筑一个空白。因为生命的长短没有什么意义，有意义的是生命的重量。更因为任何一个当朝帝王都无法容忍臣下用写实的手法展示血腥的现实并对他及其祖先评头论足。文字最早代表什么？文者，纹也。既然统治阶层发明了它，那么它就是统治者粉饰遮掩的工具。一句话，讲真话往往会付出血的代价。

虽然躺在草皮底下，司马迁依然担心自己的巨著给后代带来的风险。我估计，在临终前，他肯定留下了遗嘱："这部书要想面世，必须满足两个条件：一、从刘彻开始历数三代之后；二、当政者须是一位仁厚、纳谏的帝王。"而且，他拉着女儿的手，一再交代："莫忘前耻，把握时机。切记啊，切记！"

六　点亮千古

公元前 74 年，刘彻的继承者汉昭帝驾崩，由于汉昭帝无子，大司马霍光推举汉武帝的曾孙、废太子刘据的孙子刘询继位，是为汉宣帝。这位流落民间、历尽苦难的皇帝，一上台便显示出少有的亲民、节俭与英明。直到此时，司马迁的外孙杨恽方才把这部鸿篇巨制展现在目瞪口呆的君臣面前。之后，司马迁这个名字和泰山一样矗立在国人的心头。正所谓："弃一帝而得千秋。"

但是，与秦皇汉武唐宗宋祖的巨大名气比起来，司马迁在历史上受到的尊重与他无与伦比的贡献还不相匹配。从这里显然可以看到西方与中国在评判历史人物方面的巨大差异。西方更推崇思想家、科学家而忽视革命家，而中国更推崇从死尸堆里爬出来的双手沾满鲜血的英雄和帝王，而无视功业不显的思想家、科学家。所以，在西方，亚历山大、恺撒、拿破仑再伟大也无法与柏拉图、亚里士多德、牛顿、康德、爱因斯坦比肩。在中国却刚好相反，孔子、孟子再伟大，还得经过无聊至极的帝王加封。生时惶惶如丧家之犬、不被任何王侯接纳的孔子，直到汉武帝独尊儒术后才成为中国人的偶像。更令人疑惑的是，"德先生"（民主）和"赛先生"（科学）被请进中国百年了，许多人为什么仍然推崇皇帝和官僚，而忽视思想家、科学家？

人类的生命具有两重性，兽性要求的是释放，便有了肉体的盛宴，人类生命的延续；人性要求的是理性，便有了知识的传承，人类智慧的光芒。我们完全可以说，中国可以没有汉武帝，但不能没有司马迁。没有司马迁，遍及全球的数十亿中华子孙将发生"身份"认同的危机和"历史"断档的永久缺憾；没有这个文化薪火的传递者，我们的国家和民族将会像没有日月星辰的天空一样黑暗、平庸。当时间的尘埃将走马灯式的中国皇帝无情埋葬的时候，他作为一介文人依然璀璨地高悬在历史的长空。

尼采说，上帝死了。上帝说，尼采死了。

而司马迁不死，因为世上无子长，万古如长夜。

第八章　大汉气节——苏武

——题记

和我一起走近苏武。

上去的，他本是个有血有肉的人。不信，请你

的资料证实，历史图谱的颜色是被后人强加

博，节义似《三国演义》中的关羽。然而，尘封

不倒，雪埋不住，坚韧如《第一滴血》中的兰

奇。在历史的图谱中，他是标准的硬汉，风刮

停止的迹象。下面是一个传承千年的外交传

讲完了司马迁，但悲怆的背景音乐并无

151

一

在汉朝京城长安的一座府邸（dǐ）中，生活着一对恩爱的夫妻，丈夫名叫苏武，字子卿，杜陵（今西安西南）人，汉代名将苏建的儿子，先后任郎官（皇宫侍卫）、栘（yí）中厩监（管理马厩的官员）；妻子的名字历史没有记载，是一位楚楚动人的美娇娘。

公元前 100 年，一个没有记忆疲劳的年份，匈奴派出使者到汉朝求和，放回了扣留的汉使。作为回应，年老的汉武帝派出使者出使匈奴，顺便送还被扣留的匈奴使者。经父亲的一位老友推荐，苏武被破格任命为四品中郎将（介于将军和校尉之间的武官）持节远赴匈奴，随从是副中郎将张胜和假吏（临时代理职务的官吏）常惠等人组成的百人使团。

恩爱夫妻只得无奈地生离，正如最白的那朵云必须离开与之相衬的天空。

一弯下弦月挂上树梢，把几缕清冷的光投向相拥而泣的苏武夫妻。

月悬西天，苏武仍毫无睡意。他披衣下床，挥泪写下了《留别妻》：

　　　　结发为夫妻，恩爱两不疑。

　　　　欢娱在今夕，嫣婉及良时。

　　　　征夫怀远路，起视夜何其。

　　　　参辰皆已没，去去从此辞。

　　　　行役在战场，相见未有期。

　　　　握手一长欢，泪为生别滋。

　　　　努力爱春华，莫忘欢乐时。

　　　　生当复来归，死当常相思。

全诗流淌着一股淡淡的忧伤，恰似从窗格里透进的斑斑驳驳的月光。

诗里没有岳飞的壮怀激烈，没有辛弃疾的金戈铁马，分明是一位可爱情郎的"绵绵情话"，一位细心丈夫的"谆谆嘱托"。这与出塞后昂然刚烈的苏武判若云泥，也使我想起了青年时代醉卧花丛的文天祥。

早年的苏武，是"温情"苏武。

二

苏武在诗中的担心并非庸人自扰，因为使者在古代是一个提着脑袋用舌头作战的高危职业。

果然，苏武一到匈奴就遇到了麻烦。先前随同卫律投降匈奴的虞常，暗地与过去的密友——汉朝副使张胜联络，图谋杀掉顽固追随匈奴的卫律，劫持且鞮侯单于的母亲逃回中原邀功请赏。

阴谋不幸败露，愤怒的单于将主谋虞常砍了脑袋，并将同谋张胜和毫不知情的苏武、常惠囚禁起来。

苏武清楚，因为张胜是自己的助手，刺杀事件无论自己是否知情，自己都将承担被折磨甚至杀戮的后果。他望着窗外的一弯残月，不禁长叹道："看来，中原是回不去了。"

这就是人生的变数，充满了偶然，乃至于诡异。

我之所以说它诡异，是因为审讯的结果出乎所有人意料：虞常的同谋张胜禁不住折磨很快宣布投降，而蒙冤的苏武和常惠则宁死不屈。据说，面对卫律的强劝，苏武高喊："屈节辱命，虽生，何面目以归汉！"然后拔刀自刎。后经胡巫抢救，才暂时脱离危险。

为逼迫苏武就范，单于将苏武幽禁在大窖中，断绝了水粮。时值天降大雪，苏武便以雪就着毡毛充饥。几天过去了，他居然还活着。

消息传进大帐，一向迷信的单于认为苏武有神灵保佑，便不再试图饿死他，而是将他和随从分开流放。苏武的流放地是荒无人烟的北海（今贝加尔湖），任务是放牧公羊。鉴于苏武有着使者的特殊身份，匈奴在名义上并没有将他终生流放，而是向他承诺："羝（dī，公羊）乳乃得归！"（公羊生仔方能回国！）

漠北恶劣的自然环境使生长在中原的苏武度日如年，更为严酷的是，匈奴断绝了口粮逼迫他归降，宁折不弯的苏武只得挖掘鼠洞中的野果充饥。苍天、草场、风沙、严寒、狼群、寂寞，伴随着这一铮铮铁汉度过了一个又一个春秋冬夏。有多少个白昼，这位牧羊人望穿秋水企盼着远方的音讯；又有多少个夜晚，苏武南望群星思念着故国、亲人特别是如花的妻子。

从此，一个经典镜头定格在中国历史上：一位白须飘飘、满脸沧桑的老人手拄旌节遥望南天，背景是茫茫的草原、成群的牧羊、高飞的大雁和苍凉的晚霞。

被扣的苏武，是"气节"苏武。

三

在这个世界上，每个人都是一块土地，多数人在种植庄稼与牧草，营造着其乐融融的家庭生活；但也有极少数人在种植既不能吃也不能喝的理想与节操，似乎有些不食人间烟火。苏武当然是后者。

青空悠悠，时序袅袅。匈奴单于已经三易其人，在且鞮侯年幼的孙子壶衍鞮被丁零王卫律扶上台后，匈奴在公元前 85 年发生分裂，汉昭帝趁机派使者前往匈奴索要苏武。但得到的答复是，苏武早已死亡。

苏武不解，为什么野草的悲鸣，传不到遥远的故乡？为什么大雁的呼唤，唤不动他的归程？但他深信，只要有所谓真相存在，就总有被揭穿的那一天。果然，在汉使二次出使匈奴时，滞留匈奴的常惠以重金买通匈奴卫兵，偷偷将苏武牧羊的实情转告了汉使。

故弄玄虚、巧舌如簧是使者的看家本领。使者在面见单于时，称汉帝在上林苑狩猎时射下一只大雁，雁爪上绑着一封书信，信上说苏武就在北海放牧。

我无法用语言描述壶衍鞮单于的震惊。他的确见识过苏武的忠义，也听说过"感天动地"这句汉话，但从未听说过大雁也会被人感动，并且穿越了风沙弥漫的万里长空！于是，他诚惶诚恐地把苏武从北海接回来还给了汉朝。"鸿雁传书"的典故，从此诞生。

为使苏武永远断了归汉之心，匈奴人把一个女子嫁给了他，这个女子还为苏武生了个儿子，名叫苏通国。显然，这段婚姻并未消弭苏武对祖国的耿耿忠心。

归汉前，汉代名将李广的孙子——李陵设宴为老友苏武饯行。按说，"气节"苏武是断然不会与战败被俘并被且鞮侯单于招为女婿的李陵发生任何往来的，因为按照常规，那有可能会背上"通敌叛国"的罪名，至少也有"同情汉奸"的嫌疑。

苏武还是去了，因为他也是性情中人。在他看来，国家大义是一回事，个人友情是另外一回事。李陵毕竟是他儿时的朋友，况且当初的投降并非李陵的本意，既然司马迁都能冒死为并非朋友的李陵开脱，自己难道连好友的一顿饭也不敢吃吗？

苏武的按时赴约，给了李陵莫大的安慰。在席上，李陵再也抑制不住满腔的冤屈与悲哀，长歌当哭，为老朋友也为被泪水染黄的历史留下了一首著名的《别歌》：

径万里兮度沙幕，为君将兮奋匈奴。

路穷绝兮矢刃摧，士众灭兮名已隤 (tuí)。

老母已死，虽欲报恩将安归！

当时，苏武也哭了，因为自己尚且能够与家人团圆，而被汉朝灭掉三族的李陵已经没有任何可能回归祖国。于是，苏武即席赋诗两首回赠了李陵：

其一

骨肉缘枝叶，结交亦有因。

四海皆兄弟，谁为行路人？

况我连枝树，与子同一身。

昔为鸳与鸯，今为参与辰。

昔者常相近，邈若胡与秦。

惟念当乖离，恩情日以新。

鹿鸣思野草，可以喻嘉宾。

我有一尊酒，欲以赠远人。

愿子留斟酌，叙此平生亲。

其二

黄鹄一远别，千里顾徘徊。

胡马非其群，思心常依依。

何况双非龙，羽翼归当乖。

幸有弦歌曲，可以喻中怀。

请为《游子吟》，泠泠一何悲。

丝竹厉清声，慷慨有余哀。

长歌正激烈，中心怆已摧。

欲展清商曲，念子不得归。

俛仰内心伤，泪下不可挥。

愿为双黄鹄，送子俱远飞。

此时的苏武，是"性情"苏武。

四

物质不灭，宇宙不灭，唯一能与苍穹比阔的是气节。苏武回国时，长安万人空巷迎接这位传奇般的英雄。苏武出使时正值四十岁，经过十九年风霜雪雨，他须发全白，满脸苦寒，不变的只有手中代表庄严使命的旌节。多年后，唐代诗人杜牧仍感叹：

何处吹笳（jiā）薄暮天，塞垣（yuán）高鸟没狼烟。

游人一听头堪白，苏武争禁十九年？

从此，苏武牧羊成为逆境求生的代名词。

苏武的出使团队共百余人，而与苏武一起回到汉朝的仅有九人，常惠、徐圣、赵终根拜为中郎，各赐丝绸两百匹；其余六人因年老体衰各赏钱十万，免除了终身徭役，告老还乡。其中最辉煌的还是苏武，汉昭帝封他为掌管边疆和少数民族事务的典属国，年俸禄两千石，赐钱两百万，公田二顷，宅一处，汉宣帝继位后又封他为关内侯，食邑三百户，为他提供了优厚的待遇，在他身上罩上了炫目的光环。

苏武最想要的还不是这些。在回国途中，他一遍又一遍地吟诵着那首支撑了他十九年的《留别妻》，一次又一次地设想着与"恩爱两不疑"的妻子劫后重逢的场景。长安越近，他心跳愈烈。最担心的偏偏发生了。尽管他实践了"生当复来归"的诺言，但他回来得太晚了，风韵犹存的妻子认为他早已离开人世，已改嫁他人。而现实比他的设想残酷得多。他的哥哥苏嘉和弟弟苏贤先后自杀，母亲已与世长辞，儿子苏元也因犯罪被处死，他已经没有了家。

"昔我往矣，杨柳依依；今我来思，雨雪霏霏。"曾经透出绵绵情话的老屋前，荒草凄迷；曾经溢满欢声笑语的旧院里，霉苔处处。他久久伫立着，一任漫天的飞雪覆盖他满头的银发，听凭凛冽的寒风拍打他纹沟深深的面颊。

岁月如水，水深如曾经的爱情。时间的巨浪淹没了爱情童话中的两个人：妻子已经上岸，苏武还在水底。从此，他不再看重什么富贵，也不再相信什么真情。尽管他得到了大批赏赐，但他把赏赐全都馈赠给了故旧，以致身无余财。尽管他还有精力，但直到白头也再未续弦，他把真情永远融注进了玫瑰色的回忆，任荒草埋心。

苏武只是从匈奴赎回了儿子苏通国。父子二人常常四目相对，同伴夕阳。

在草原上度过了十九个春秋的苏武，是否听惯了胡琴的吟唱？果如是，韶华凋尽的苏武只能将岁月收进琴腹，借弓弦重读。

晚年的苏武，是"悲情"苏武。

第九章　昭君出塞——王昭君

公主远嫁，永远是中国古代最热门的话题。

——题记

一　秀女进京

水做的江南女儿轻唤秭归

问故里有谁

读透这一江春水

深宫无情

深宫不识这南国的柔美

远别吗　去高远的塞北

秭归　秭归　从此不归

——现代诗人舒洁《秭归》

　　一块诞生了伟大诗人屈原的土地，一个在远古时期被称为夔

(kuí) 子国的区域，如今镶嵌着名峡（西陵峡）、名坝（三峡大坝）、

名湖（高峡平湖）的所在，一位心思如绵、貌美如花的女子在两千年前向历史迎面走来。

她叫王樯（或牆，后人误为嫱），又名昭君，年方十六岁，家住纱帽山前的一个偏僻山冲——南郡秭归县宝坪村（今湖北省兴山县南郊的昭君村），她不仅生得脸柔似月，目明如星，香娇玉嫩，湿软如花，而且凭借生在楚歌之乡的天然优势练就了一身歌舞、筝筑绝技。久而久之，她芳名顺着香溪流遍南郡。

在汉元帝遍选秀女的这一年，王昭君成为南郡"秀首"，被诏令择日进京。

"杏花吹满头"的仲春，王昭君在村边的响滩渡口泪别父母，然后登上雕花龙凤官船，顺香溪，入长江，逆汉水，过秦岭，历时三个月，于初夏时节抵达京城长安，进入庭院深深的后宫。

在乡亲们眼里，好像她距离皇后只有半步之遥了。

其实，汉宫后妃等级森严，元帝时有"昭仪、婕妤（jié yú）、娥、容华、美人、八子、充依、七子、良人、长使、少使、五官、顺常、无涓"十四级，作为"良家子"入宫的昭君并无职号，身处十四级之外，仅仅是一位名曰掖庭（后宫）待诏（候选）的普通宫女。

对于一个普通女人来说，嫁人往往是一生的归宿。而对于走入宫闱的女人来说，嫁人仅仅是人生的起点，有时甚至是悲惨人生的起点。

二 埋没深宫

伴着天上的朵朵白云，一位身着貂裘的大汉策马进入长安。他来自北方草原，是匈奴单于呼韩邪（yé）的使者。此前，在汉朝避难多年的呼韩邪，不仅回到草原夺回了单于权杖，而且完成了匈奴的统一。地位稳固后，呼韩邪感觉应该向汉朝要求点什么。

公元前 33 年，汉元帝收到了单于请求为婿的文书。

连发信的呼韩邪也在担心：我的梦想能实现吗？如果实现了会是一位美女吗？

他的担心不无道理，因为汉元帝压根就不想嫁给他什么公主乃至翁主（皇室之女），更不想送给他什么美女。而是别出心裁地决定在自己上万名未曾临幸的秀女中选择几人远嫁匈奴。这样一来可以凭借"移花接木"之计不得罪皇室，二来可以满足匈奴人的虚荣。

故事并没有按照汉元帝的设想发展，因为这位"导演"太粗心了。据说元帝有两大嗜好，一爱音乐，二爱美女，他遍采天下美色入宫，又懒得逐一面见，宠幸宫女竟然凭借画像。引得各位宫女纷纷贿赂画工，多者十万，少者也不下五万钱。其中最著名的受害者，就是王昭君。

进宫后的王昭君自感天姿过人，不肯贿赂宫廷画师，结果被画师毛延寿在画像上做了手脚，本应点在眼睛上的丹青被点在了面颊上，妩媚的杏眼下便多了一颗"亡夫泪痣"——因而一直未能与元帝见上一面。

就人格而言，昭君维护了做人的尊严；就美貌而言，昭君确有自负的本钱；就环境而言，昭君认定皇宫绝不会永远暗无天日。就这样，昭君开始孤傲地与流俗对抗着，甘心情愿地扎进了红墙碧瓦的牢笼。天上的月亮圆了又缺，宫中的大树绿了又黄，日复一日，年复一年，听说那位高高在上的皇帝仍旧"以画取人"。按照宫中的规矩，如果任凭时光流逝，她在人老珠黄或者皇帝驾崩后将面临被"夷灭"和"流放"的悲惨命运。

月色如水，流进她不眠的梦中。古人有首《五更哀怨曲》歌曰："更里，夜半天，黄昏日夜苦忧煎，帐底孤单不成眠；相思情无已，薄命断姻缘，春夏秋冬人虚度，痴心一片亦堪怜。"

她不甘心。

三　报名出塞

听说元帝下诏选择宫女与匈奴和亲，陪伴孤灯冷月三年之久的王昭君毅然报名前往。一起报名的还有四位宫女，貌若天仙的昭君被选中。汉元帝下达诏书——"收昭君为公主嫁给呼韩邪"。同时，昭君的侄子王歙（xī）被封为和亲侯陪姑姑出塞。

那是一个阳光灿烂的上午，汉元帝按照外交惯例为只是在画布上见过面的公主送行。大红灯笼高高挂，文武大臣分列大殿两边，皇后和宠妃簇拥着红光满面的皇帝，金光四射的朝堂上鼓荡着久违的喜庆。当呼韩邪与昭君双双登上殿前的白玉石级向元帝跪拜谢恩时，王昭君柳腰款摆，娇如杨柳迎风；粉颊喷红，艳似映日荷花；浅翠微蹙，仿佛梨花带雨。她脸庞上透出的是清雅若空谷幽兰、明净若秋水长天的绝代风华，眉眼中透出的是比国风、楚辞、汉赋、唐诗还要美妙的风韵。《南匈奴列传》对她亮相时的表述是"丰容靓饰，光明汉宫，顾影徘徊，竦动左右，帝见大惊。"

皇帝的瞳仁似乎已经凝固，时间的激流仿佛骤然静止。他心摇目荡，悔意陡生。但诏书已下，覆水难收。勉强回过神来之后，汉元帝赏给新婚夫妇锦帛两万八千匹、絮一万六千斤以及大量黄金美玉，并"破例"送出长安十余里，眼睁睁看着昭君"马后桃花马前雪"绝尘而去。

我仿佛听见一声叹息，余音袅袅。

四 宁胡阏氏 (yān zhī)

就这样，她带着一把琵琶，带着她的美丽，带着她惴惴不安的梦想，开始了此生的第二次远行。她的表情里，既有含泪的悲怨，又有解脱的轻松。

昭君出塞的路线，是由长安北上，经北地郡、上郡、西河郡、朔方郡，至五原，即今陕西、甘肃、内蒙古交汇一带，而后顶着风沙向胡地纵深走去。车队的前方，是一片无际的银色世界和扑面的风沙，偶然看到几处没有积雪的草原，也读不出一丝绿意。其情其景正如白居易所言：

满面胡沙满鬓风，眉消残黛脸消红。

愁苦辛勤憔悴尽，如今却似画图中。

对于历史来说，昭君永远是一个怀抱琵琶、寂寞无言地走在斜阳荒草之中的女子。从此，华美霓裳代之以厚重皮裘，流水飞红翻译成漫漫黄沙，南国水梦蜕变为塞外笛鸣。"阳关万里遥，不见一人归，惟有河边雁，秋来南向飞。"

　　她没有后悔。既然选择了出塞，就注定选择了坚强，选择了责任。她从此与众不同，不只为落雁（传说她的美貌惊落了大雁）之貌，更为奉献之心。

　　直到第二年初夏，她方才到达野旷天低的漠北。一到塞外，昭君就被呼韩邪封为宁胡阏氏（单于的妻子）。现在，一个人，一个满身肌肉、英气勃发的男人突然站在她面前，这个热血沸腾、感官康健的女人终于迎来了她的第二十个春天，她积蓄已久、终于解冻的情感像荒野中的小溪任意奔流。于是，这座新婚的穹庐，迷煞了那位叱咤风云的猎手，羡煞了万千边塞男儿的眼睛，也妒煞了芸芸草原少女的芳心。

　　　但谁会记载呢

　　　在向西的途中

　　　江南绝美的花蕾盛开了

　　　秭归之女的一丝凄笑

　　　就使皎月无辉

　　　一朵鲜红的花影呈现于灯前

　　　那勇猛的骑手久久沉醉

从此，汉匈出现了"边城晏闭，牛马布野，三世无犬吠之警，黎庶无干戈之役"的奇特景观，双方从思想上撤除了仇视的壁垒，燃烧了一个世纪的烽火熄灭了，边境线上洇染出"剑戟归田尽，牛羊绕塞多"的温馨图画以及和平居民的袅袅炊烟。有人说，她"一身归朔漠，数代靖兵戎"；有人说，她"若以功名论，几与卫霍同"；还有人说："汉家天子镇寰瀛，塞北羌胡未罢兵。猛将谋臣徒自贵，娥眉一笑塞尘清"；就连近代史学家翦伯赞也说："汉武雄图载史篇，长城万里通烽烟。何如一曲琵琶好，鸣镝无声五十年"。就这样，昭君，这个略带香艳的名字，在中华历史上空已经回荡了二十个世纪。今天，即使最简单的历史普及课本，也必须出现她。

人们之所以如此不惜笔墨地赞誉她，不是因为和亲多么英明，也不是因为昭君多么可爱，而是因为这次外交联姻所带来的久违的和平。试想，那是多少饱受边患与战争之苦的普通百姓的梦想与希冀呀！但是，有谁能想象到一个女人远离故国、久别亲人、风习难适、语言不通、祸福未卜的内心酸楚？他们看到的只有昭君的笑，只有昭君的子孙成群，只有设想中的美好。

这是一个典型的东方式"以身体换和平"的故事，与阿拉伯神话《一千零一夜》里的故事异曲同工。温柔女子美妙的胴体是世间最美的盾牌，用来平复强权男人狂躁的野心。正如女作家周晓枫所言：

"改变疆土划分有多种办法，可以让士兵流血，有时也可以借助一个绝色佳人的床上腰功。历史课本或许隐藏过相似的一幕，鲜艳欲滴的指甲正代替首领在情人后背上签署合约。这个女人是真正的和平主义者，她节约了报废的武器、坟墓的占地面积和万千寡妇改嫁的可能，她省略了甚至只有书本上才会发生的阵亡。"

五 心有不甘

在沙葱飘香的草原上，她常常独自发呆。她后悔自己的选择吗？似乎不是。她惧怕塞北的冰雪吗？似乎也不是。

原来，她是个眼里揉不进沙子、心里装不住心事、爱起来感天动地、恨起来如火如荼的女子。每每想起宫中的时光，她心中由画师留下的那道伤疤就隐隐作痛。

昭君出塞后，汉元帝同样心有不甘。他没有反思"以画取人"的弊端，却把毛延寿杀掉以解心头之恨。杀了毛延寿，元帝仍余怒未消，接着又将当时著名的画家陈敞、刘白、龚宽、阳刻、樊育等一并杀掉。因为一个人得罪了自己，而把与仇家职业相同的人一起杀掉，在中外历史上绝无仅有。清人刘献廷感叹道：

汉主曾闻杀画师，画师何足定妍媸（chī）。

宫中多少如花女，不嫁单于君不知。

若真有其事，画工丑化昭君，倒是她的福分，否则元帝就不会御准她远嫁。心术不正的毛延寿之流，在客观上为昭君也为中华民族成全了一桩具有非凡意义的姻缘。从这个意义上说，毛延寿临刑的时候，不应该感到遗憾。真正感到遗憾的，恐怕只有元帝，因为嫔妃如云的帝王从来都是贪得无厌的。

爱的需求和力量一旦死去，人就会成为一个活着的墓穴，苟延残喘的只是一副躯壳。可能对昭君远嫁仍旧耿耿于怀，元帝因此抑郁成疾，当年夏天便含恨而逝，年仅四十一岁。

六 一身二夫

哪里有夏娃，哪里就是伊甸园。昭君再无遗憾，她开始像所有牧女一样去爱与被爱，全身心融入了奶茶一般热滚浓醇的生活。

"汉恩自浅胡自深，人生乐在相知心"。已经了无牵挂的昭君与呼韩邪形影相随，双宿双飞，生下了男孩伊图智伢师（后来官拜右日逐王）。和亲为昭君飘洒了一头梦里落花，香醉天涯。

过于美好的总是难以持久。公元前 31 年，呼韩邪英年早逝。昭君梦寐以求的就是回归故乡。于是，她迫不及待地向汉成帝上了一道表章。

命运偏偏与她作对。因为匈奴有着"父死，子可以妻后母"的习俗，呼韩邪的继承人——也就是呼韩邪与前妻所生的儿子雕陶莫皋（尊号复株累单于）始终心仪于她；因为汉朝还需要她继续和亲的使命。结果如《后汉书·南匈奴列传》记载的那样，远方传来诏书，"成帝赦令从胡俗"。

她无奈地改嫁给了呼韩邪的长子复株累单于。

生活如同一朵玫瑰，每片花瓣代表一个梦想，每根花刺昭示一种现实。伊图智伢师——王昭君与呼韩邪的骨肉，很快成了复株累的眼中钉、肉中刺。因为按照昭君之子高贵的血统和右日逐王的高位，将来必是单于的副储。单于要想将来将继承权交给自己的儿子，这位同父异母的"弟弟"自然是最大的障碍。

自然界最残酷的法则在草原上演。伊图智伢师死在了复株累手上。而她，作为一介弱女子，只能做痛苦的看客，眼睁睁地注视着同床共枕的丈夫对自己年幼无知的儿子伸出魔掌。

一弯下弦月高挂在清冷的夜空，毡房里传出哀怨而悲凉的琵琶声。故乡，成为她梦里最多的牵挂。伴着声声低沉的琵琶，并非诗人的她吟咏起一首流韵至今的诗：

　　高山峨峨，河水泱泱，

　　父兮母兮，道路悠长，

　　呜呼哀哉，忧心恻伤！

七　悠悠青冢

　　时间是医治伤痛的最好良方。渐渐的，丧子的苦痛被草原强劲的风雪吹淡了。

　　再婚的十一年，是昭君人生最稳定的时期。期间，她又生下了两个女儿。冷清的毡房里，照进了明媚的阳光，传出了孩子清脆的欢笑声。

　　似乎，磨难始终伴随着她。公元前 20 年，比她年少的第二位丈夫也撒手人寰，留下形单影只的昭君在朔风中默默低徊。

　　一只鹰被锁链锁住，当它挣脱锁链时也挣脱了翅膀，自由原来是以牺牲自由换来的。公元前 19 年，昭君含笑而去，此时的她只有三十三岁，一树美丽的芙蓉花刚刚盛开。

　　纵观古今，美的事物像一个无法摆脱的魔咒，总是含有某种无端的寂灭。但也恰恰是这种令人扼腕的悲剧，使得她们更为非凡，及至神话。

长眠后的她没有回归故里，而是依照她临终的心愿，安葬在匈奴的南部边界——内蒙古呼和浩特大黑河岸边的冲积平原上。并非她不爱烟雨氤氲、落英缤纷的江南，而是因为塞北有她的青春、她的爱情、她的亲人和她的使命。即便是离开了人世，她也要站在边界上，永远见证她为之奉献了一切的胡汉和平。

她在原野上沐雨而立，一站就是千年。

这是一座三十三米高的坟冢，蒙语称"特木尔乌尔虎"，意为"铁垒"，象征着她三十三年的生命历程。这还是一座被神话的墓地，匈奴人传说昭君墓一日三变，"晨如峰，午如钟，酉如纵"。尤其不可思议的是，在草木凋零的秋冬，唯有昭君墓旁草青木葱。而且因为杜甫"群山万壑赴荆门，生长明妃尚有村，一去紫台连朔漠，独留青冢向黄昏"的诗句，所以昭君墓又被诗意地名之为"青冢"。

2008年秋，在内蒙古地质同行的陪同下，我和同事们一起，终于来到心仪已久的青冢。高远的蓝天下，精致的坟茔孤高而悲壮，即使是肃杀的秋风也驱散不了它绿色的浪漫情调。更奇怪的是，尽管是秋日，我仍旧依稀嗅到了一股只有江南才有的胭脂香。

此时，我的耳边回响起李白凄美的诗行：

汉家秦地月，流影照明妃。

一上玉关道，天涯去不归。

第十章　胡笳十八拍——蔡文姬

——题记

如果说王昭君是因为磨难与美貌让历史
记住了她，那么两百年后一位女子的成名则
是因为聪明与屈辱。

一 玫瑰色的回忆

一丸鹅蛋似的月，被纤柔的云丝簇拥上了一碧的遥天。月光迷离，竹影婆娑，香气氤氲，馨麝摇曳。我的思绪随悠悠的古典乐曲穿越了千年的尘烟。

琴声悠扬，似天籁之音从泛着墨香的汉代建筑中飘来，循声望去，一位外表优雅的中年人正专注而陶醉地抚琴。不经意间，一根弦断了。

"父亲，你把第三根弦弄断了！"一声稚嫩的童声从隔壁传来。他有些吃惊，接着故意弄断了另一根琴弦。

"第四根弦又断了！"隔壁的女儿说。

父亲大惊，从此对女儿刮目相看。

父亲名叫蔡邕（yōng），不仅是东汉文学家、书法家，而且精于天文数理，妙解音律，是公认的洛阳文坛领袖。六岁的女儿就是本文的

BAI DU BU YAN DE JING DIAN GU SHI

主人公——蔡琰（yǎn），字明姬，后来为了避司马昭之讳改为文姬。

因为生在书香门第，自小耳濡目染，所以长大后的文姬不仅博学善赋，而且弹得一手好琴。十六岁那年，她嫁入河东世族卫家，与同样才华横溢的卫仲道结为伉俪（kàng lì），成就了一段才子佳人的绝代姻缘。他们如影随形，如胶似漆，如宋代的李清照和赵明诚一样，不仅留下了一段玫瑰色的回忆，而且羡煞了无数世间儿女。过于美满的婚姻，上帝似乎也会嫉妒。不到一年，卫仲道便咯血而死。在无尽的落寞中，她回到父亲身边。

可惜父亲已经不是当年董卓为了笼络人心而任命的高阳乡侯。权臣董卓被司徒王允设计诛杀后，仅仅因为对董卓之死的一声叹息，蔡邕就被王允当作董卓同党抓了起来，冤死狱中。

董卓的部下发难，时局一片混乱，长安成为鬼城，落难的文姬只得随难民一起流浪。

躲在难民堆里的文姬，尽管衣衫褴褛，蓬头垢面，但丽质难掩，顾盼流光。结果，被趁火打劫的匈奴骑兵掠走。

二　流落荒漠

二十三岁的美丽女俘被献给了匈奴骑兵的主子左贤王。

这株南国芙蓉一露面，立时娇艳了寂寞而单调的草原。左贤王的惊诧，绝不亚于他的祖先呼韩邪首次见到有着落雁之貌的昭君。她此时的形象使我想到了她的名字——蔡琰。琰，玉字旁是美好，炎字旁是舒卷的袍襟。猎猎长风里，黄沙万里长，她柳腰款摆、亭亭玉立着，肩披随风舒卷的白色袍襟，其素其洁，如春开梨花冬降瑞雪。

就这样，光彩照人的她照亮了左贤王寂如长夜的人生。之后，她被收为夫人，先后为左贤王生下两个儿子：阿迪拐和阿眉拐。从此，她身陷荒漠，目断茫野，心落死海。

距离不仅是一种物质的概念，而且是一种心理的概念。十二年的蹉跎岁月，如松软的沙堆层层剥蚀而去，也如一场遥远而缥缈的梦境。并非她不思念故乡，而是接踵的劫难斩断了她的思绪；并非她不怀念亲人，而是岁月的风尘阻断了她的惆怅；并非她习惯了草原，而是母子的血缘让她心无旁骛。

不承想，故乡还有人牵挂她。更意外的是，牵挂她的不是一般人，而是她父亲曾经的得意门生、中原最高权力的拥有者、"挟天子以令诸侯"的丞相曹操。

为了牢牢地控制躁动不安的草原，到中原朝贡的匈奴大单于被扣为人质。从此，曹操对匈奴分而治之，并开始对其发号施令。

公元208年，赤壁之战的同一年，曹操派出使者周近携带黄金千两、白璧一双前往南匈奴，向左贤王索要蔡邕之女。

历史是过去的政治，政治是现在的历史。左贤王不敢违抗曹操的意志，只得放爱妻回归。十二年胡地生活令文姬早已不惧风霜雨雪，但有谁知她内心的无边苍凉？去留两依依，这边是游子最刻骨的乡愁，那边却是母亲最深邃的爱意！面对爱子与故国的两难选择，她欲哭无泪，心如刀绞。

三　千古绝响

三十五岁的文姬在汉使的催促下，恍恍惚惚地登车而去。在车轮辚辚的转动中，十二年的风风雨雨滴滴注入心头。

于是，她饱含血泪写下了《胡笳十八拍》这一令惊蓬坐振、沙砾自飞的千古绝唱。全曲通过她被虏、思乡、别子、归汉等一系列坎坷遭遇的倾诉，生动再现了战乱年代一代才女悲欢离合的传奇经历。歌里字字血、声声泪，每一拍都如泣如诉：

我生之初尚无为，我生之后汉祚衰。天不仁兮降乱离，地不仁兮使我逢此时。干戈日寻兮道路危，民卒流亡兮共哀悲。烟尘蔽野兮胡虏盛，志意乖兮节义亏。对殊俗兮非我宜，遭恶辱兮当告谁？

笳一会兮琴一拍，心溃死兮无人知。

戎羯（jié）逼我兮为室家，将我行兮向天涯。云山万重兮归路遐，疾风千里兮扬尘沙。人多暴猛兮如虫蛇，控弦被甲兮为骄奢。两拍张悬兮弦欲绝，志摧心折兮自悲嗟。

越汉国兮入胡城，亡家失身兮不如无生。毡裘为裳兮骨肉震惊，羯羶（shān）为味兮枉遏我情。鞞（pí）鼓喧兮从夜达明，胡风浩浩兮暗塞营。伤今感昔兮三拍成，衔悲畜恨兮何时平。

无日无夜兮不思我乡土，禀气含生兮莫过我最苦。天灾国乱兮人无主，唯我薄命兮没戎虏。俗殊心异兮身难处，嗜欲不同兮谁可与语。寻思涉历兮多难阻，四拍成兮益凄楚。

雁南征兮欲寄边心，雁北归兮为得汉音。雁飞高兮邈难寻，空肠断兮思愔愔。攒眉向月兮抚雅琴，五拍泠泠兮意弥深。

冰霜凛凛兮身苦寒，饥对肉酪兮不能餐。夜闻陇水兮声呜咽，朝见长城兮路杳漫。追思往日兮行李难，六拍悲来兮欲罢弹。

日暮风悲兮边声四起，不知愁心兮说向谁是。原野萧条兮烽戍万里，俗贱老弱兮少壮为美。逐有水草兮安家葺垒，牛羊满地兮聚如蜂蚁。草尽水竭兮羊马皆徙，七拍流恨兮恶居於此。

为天有眼兮何不见我独漂流？为神有灵兮何事处我天南海北头？我不负天兮天何配我殊匹？我不负神兮神何殛（jí）我越荒州？制兹八

拍兮拟排忧，何知曲成兮心转愁。

天无涯兮地无边，我心愁兮亦复然。人生倏忽兮如白驹之过隙，然不得欢乐兮当我之盛年。怨兮欲问天，天苍苍兮上无缘。举头仰望兮空云烟，九拍怀情兮谁为传。

城头烽火不曾灭，疆场征战何时歇。杀气朝朝冲塞门，胡风夜夜吹边月。故乡隔兮音尘绝，哭无声兮气将咽。一生辛苦兮缘别离，十拍悲深兮泪成血。

我非贪生而恶死，不能捐身兮心有以。生仍冀得兮归桑梓，死当埋骨兮长已矣。日居月诸兮在戎垒，胡人宠我兮有二子。鞠之育之兮不羞耻，愍之念之兮生长边鄙。十有一拍兮因兹起，哀响兮彻心髓。

东风应律兮暖气多，汉家天子兮布阳和。羌胡踏舞兮共讴歌，两国交欢兮罢兵戈。忽逢汉使兮称近诏，遣千金兮赎妾身。喜得生还兮逢圣君，嗟别二子兮会无因。十有二拍兮哀乐均，去住两情兮难具陈。

不谓残生兮却得旋归，抚抱胡儿兮泣下沾衣。汉使迎我兮四牡騑騑（fēi），胡儿号兮谁得知。与我生死兮逢此时，愁为子兮日无光辉。焉得羽翼兮将汝归，一步一远兮足难移。魂消影绝兮恩爱遗，十有三拍兮弦急调悲，肝肠搅刺兮人莫我知。

身归国兮儿莫知随，心悬悬兮长如饥。四时万物兮有盛衰，唯有愁苦兮不暂移。山高地阔兮见汝无期，更深夜阑兮梦汝来斯。梦中执手兮一喜一悲，觉得痛吾心兮无休歇时。十有四拍兮涕泪交垂，河水东流兮心是思。

十五拍兮节调促，气填胸兮谁识曲。处穹庐兮偶殊俗，愿归来兮天从欲。再还汉国兮欢心，心有忆兮愁转深。日月无私兮曾不照临，子母分离兮意难任。同天隔越兮如商参，生死不相知兮何处寻。

十六拍兮思茫茫，我与儿兮各一方，日东月西兮徒相望，不得相随兮空断肠。对萱草兮忧不忘，弹鸣琴兮情何伤！今别子兮归故乡，旧怨平兮新怨长！泣血仰头兮诉苍苍，胡为生兮独罹此殃！

十七拍兮心鼻酸，关山阻修兮行路难。去时怀土兮枯枯叶干，沙场白骨兮刀痕箭瘢。风霜凛凛兮春夏寒，人马饥虺兮骨肉单。岂知重得兮入长安，欢息欲绝兮泪阑干。

胡笳本自出胡中，缘琴翻出音律同。十八拍兮曲虽终，响有余兮思无穷。是知丝竹微妙兮均造化之功，哀乐各随人心兮有变则通。胡与汉兮异域殊风，天与地隔兮子西母东。苦我怨气兮浩於长空，六合虽广兮受之应不容！

胡笳，这一诞生于马背穹庐的古老乐器，尽管有着身远阳春白雪、心仪下里巴人的平凡身世，却因为蔡文姬与《胡笳十八拍》升华成撼天动地的天籁，流韵为幽玄旷逸的绝响。

今天，我依稀还能听到那悲怆的吹奏乐曲和凄婉的歌声，也仿佛看到一位身心疲惫的女子正踉跄行走在屈辱与痛苦铺成的长路上。

四　历史看得见

回到故乡后，文姬由曹操做媒，嫁给了屯田都尉董祀。

坎坷仍然羁绊着她。难怪有位西方哲人说，上帝给了你智慧与美貌的同时，必然给你多于常人的磨难。嫁给董祀后，他们并不和谐。青春韶华、玉树临风的董祀对于饱经风霜、梅凋枫残的文姬一直心存遗憾，只是迫于丞相的颜面才勉为其难地接纳了她。更可怕的是，婚后第二年，董祀犯罪当死。

只有经历过婚姻的人才知道失去婚姻的苦闷，正如死过一次的人才知道健康比什么都幸福一样。如果失去了董祀，对于经历了三次婚姻的文姬来说，几乎就是灭顶之灾。于是，她来到曹操的丞相府为夫求情。

听说文姬登门拜访，正在大宴公卿且酒兴正酣的曹操不无炫耀地问大家："诸位是否愿意一睹蔡文姬的风采?"大家无不随口称好，并前呼后拥地来到前庭。

正值朔风怒号的严冬，"一代才女"蓬首赤足跪在堂前，她动情的哭诉、酸楚的泪水，不仅令公卿们诧叹不已，也令大权在握的曹操猝然心惊。也许念及与蔡邕的旧情，也许为文姬的悲惨遭遇感染，特别是考虑到倘若处死董祀，文姬势难自存，于是，曹操一边命人取过头巾鞋袜为她换上，一边派出快马追回了董祀的死刑判决。

磨难是化了妆的幸福，也铸成了她的千古芳名。之后，文姬应曹操的请求，将其父所传的经典文章凭记忆默写下来，为魏国留下了一笔宝贵的精神遗产。并且，她所创作的《悲愤诗》"真情穷切，自然成文"，为"建安风骨"吹入了一股凄美阴柔的风，被称为我国第一首自传体五言长篇叙事诗。

泪后的人生，必有水洗过的清明。接下来，董祀将全部身心倾注到有着金子般心灵的妻子身上。夫妻双双溯洛水而上，来到一个风景秀丽、林木繁茂的山麓结庐而居，在馨香的山风、清冽的溪流、斑驳的日月中慢慢老去。董祀与蔡文姬生有一儿一女，女儿嫁给了司马懿的儿子司马师（有待考证）。西晋军事家羊祜就是蔡文姬胞妹蔡贞姬之子。

我仿佛看见，一个天旷云淡的秋日，在一座傍水依山的草庐前，一个衣袂飘飘的人儿仰天吹奏起胡笳，天上掠过一队呼唳声声的大雁。

那浑厚的胡笳和凄厉的雁鸣形成了一曲别样的交响，山川听得见，草木听得见，白云听得见，历史，也听得见。

第十一章 红透雪域的格桑花——文成公主

痴的笑脸永远镌刻在了寄托着爱情与希望的
薄的土地上又整整生活了三十年，将一张痴
苦楚，跨过了失去丈夫的深渊，在这块空气稀
这位吃苦耐劳的山东女子承受着远离亲人的
在遥远的雪域开出了绚烂的爱情之花。之后，
又一个公主远嫁的故事。她盖头一掀，便
高原。

——题记

一　遥远的吐蕃（tǔ bō）

格桑花，是属于青藏高原的。

一旦你有幸来到神秘而遥远的雪域，懒散地躺在点缀着血红格桑花的茵茵草地上，眺视着澄明天幕上旋转舞蹈的雪白云朵，有如望着一座永不谢幕的舞台，只要有足够的想象力，世间所有的角色和所有的故事都会渐次展现在你的眼前。不夸张地说，这是一个离"天"（佛陀）最近、离"人"（世俗）最远的地方，是神话的所在，洁净的土地，信仰的乐园。神秘和梦幻几千年来一直笼罩着这块空气稀薄的土壤，也一直神话着这片云卷云舒的长空。

早在公元七世纪，吐蕃人不仅拥有了自己固定的地盘，而且用武力吞并了临近的女国。他们已经像花一样灿烂地盛开在岁月的枝头。

后来，吐蕃赞普（意为君长）朗日论赞一味重用女国降臣的做法引起了吐蕃贵族的强烈不满，女国残部羊同又趁机联合其他小国起兵叛乱。在内外交困中，他被叛臣毒死。

群星熄灭，是为了留出天空，以便太阳展示它那无可匹敌的光芒。

公元 629 年，朗日论赞之子、十三岁的弃宗弄赞继任第三十二世赞普，他就是吐蕃历史上的那道缤纷的长虹——松赞干布（意为高深莫测的松赞）。

尽管这个时代是不平静的，尽管他非常年轻，但毕竟有了展示自己魄力与才华并在艰难曲折中成长成熟的政治舞台。于是，这只年轻的"高原雄鹰"凭借东风，浩荡入云，开始丈量辽阔的长天。其情景恰如年少的康熙在危机四伏中继承空缺的帝位。

他将下毒者夷灭了九族，创立了大小盟制度，出台了法典《十善法律》，创造了拥有三十个字母的吐蕃文，征服了今西藏阿里的羊同和今青海玉树的孙波，定都逻些（lā sà，今拉萨）。

吐蕃在强大的唐朝身边默默崛起。

二 求婚的故事

十八岁的松赞，已经成长为一个豪情满怀的英俊少年。听说突厥和吐谷浑可汗娶到了大唐公主，松赞也派出使者远赴大唐求婚。不幸的是，已经被各少数民族尊奉为"天可汗"的唐太宗低估并回绝了这个此前默默无闻的高原青年。

吐蕃使者一时慌了手脚，因为如果回到吐蕃后实话实说，必然会大大伤害年少气盛的赞普的自尊心。经过一路的深思熟虑，使者编造说，因为受到了吐谷浑可汗的挑拨，大唐才没有允婚。

一怒之下，松赞发兵讨伐吐谷浑。大获全胜之后，又挥师东进，将四川西境的松州围困了好长时间。最终，松山一役受到小挫，不得不引兵退回吐蕃。

见识了大唐实力的松赞干布，渐渐变得清醒起来。公元 640 年 10 月，二十四岁的松赞干布派遣使者远赴长安谢罪，并再次诚恳地向唐朝求婚。而且，承担使命的是吐蕃二号人物——大相禄东赞。聘礼是五千两黄金和数百件珍玩。

当收到价值不菲的聘礼之后，唐太宗召见了远道而来的吐蕃使臣。身着毡裘的禄东赞，尽管显得土气而另类，但说起话来却有板有眼。他首先代表松赞干布当面谢罪："我们的赞普年少气盛，眼见突厥和吐谷浑都蒙陛下恩准结亲，唯独吐蕃遭拒，心中难免不平。又加上误信使者谎言，以为大唐轻视我们，才一时冲动铸成了大错。松州一役，他立即罢兵回朝，并对此痛悔不已。其中的曲折，陛下当能谅解。"

一席话说得唐太宗龙颜大悦，当即答应将宗室之女嫁给松赞干布。

为等候公主启程，禄东赞在长安住了三个月。期间，各国求亲的使者很多，唐太宗颁下诏令，使者们必须参加考试，哪国能够通过考试，就先答应哪国的和亲！请你不要怀疑这个故事的真实性，因为在今布达拉宫的壁画中，就描绘着"唐太宗六难求婚使禄东赞"的场景。

试题一共六道。

第一道题是一根木头两头一样粗细，要辨别哪头为根部，哪头为尾部。禄东赞将木头放入水中，根部因密度大而向水中倾斜，此题被顺利破解。第二道题是将一根丝线穿过一颗有九曲孔道的明珠，禄东赞把丝线拴在一只蚂蚁的细腰上，让它带着丝线穿过了明珠。第三道题是把一百匹母马和一百匹小马驹混在一起，要求辨出母子。禄东赞把母马和马驹分开，断绝了马驹的饲料和水，第二天饥饿的马驹分别跑到母亲那儿吃奶，母子关系不言自明。第四道题是将一百只小鸡和一百只母鸡圈在一起，要求分出哪只小鸡为哪只母鸡孵出。禄东赞将小鸡与母鸡分开，到喂食时将小鸡赶到鸡群中跟母鸡啄食。然而，仍有一些小鸡到处乱跑，禄东赞就模仿老鹰和鹞子发出叫声，那些不听话的小鸡就乖乖跑到母亲身边去了。第五道题要求每位使臣在一天内吃完一只羊，喝完一坛酒，还要回到自己的住处。别的使臣半天就已经酒足饭饱，不省人事。禄东赞虽然也醉了，但来时在住处拴了一根线将自己牵到酒宴上，所以他能顺着线回到住所。最后一道题是让使臣从五百名盖头蒙面的宫女中辨认出文成公主。这一难题最终也未难倒足智多谋的禄东赞，他拿出调查研究的本领，从一位宫女的母亲那里打听到文成公主喜欢用一种特殊的香，此香常引来蜜蜂。考试那天，禄东赞放出蜜蜂，很快就神奇地"猜"到了文成公主。

这是历史上一次有名的智力测验。从此，智力择婿成为皇家和贵族传承千年的一大时尚。好在禄东赞不愧为吐蕃最有智慧的人，几近于刁难的六道题目被一一破解。

承诺兑现，唐太宗将叔伯兄弟——任城（今山东济宁市任城区）王李道宗改封为江夏王，将李道宗的女儿封为文成公主，并于随后册封松赞干布为驸马都尉、西海郡王。年方十六岁的文成由生父李道宗和吐蕃求婚使禄东赞陪同，于隆冬季节正式启程。

唐蕃历史上最美的婚姻故事开始了。

三　漫漫送亲路

庞大的送亲队伍护送着美丽的公主走过日月山（原名赤岭）口。日月山——一个诗意的符号，从此闪亮在中原人伫望公主远去的心海。

位于青海省湟源县西部的赤岭，是群山巍峨的青藏高原上一座海拔仅三千二百米的袖珍小山，因遍布远看如火、近观如血的赤红砂土而得名。正因为娇小，所以它有幸成为唐蕃古道上的一个隘（ài）口。

过了日月山，两眼泪不干。一去一万里，千之千不还。作为告别中原的最后一站，文成在山上支起了帐篷，她要在此伫望故乡最后一眼。她站在被称为青海高原"皇冠"的日月山巅，西望绵延的山峦以及空旷的草原，她看到的只有满目的苍凉；回首蜿蜒的湟水以及飞金流银的沃野，她根本看不见魂牵梦萦的长安。忍不住，她取出"父皇"唐太宗所赐的日月宝镜。想不到，镜中出现的却是京城长安的壮美与繁华。她愁肠百结，柔肠寸断。

为了割断对故乡的无尽眷恋，为了承载伟大的和亲使命，她毅然将宝镜抛下赤岭，抛向东方的是日镜，抛向西部的是月镜，幻化成今天的日月二山。两山如情侣，依依不舍；如父女，生死攸关。

为了纪念这悲凄而决绝的一抛，赤岭被后人永远地改名日月山。

白云悠悠，大河滔滔。距日月山四十公里的西山下，流淌着一条我行我素的倒淌河。那自东向西日夜奔流的倒淌河水，是否承载着文成公主千年不断的眷恋？

送亲的队伍逢山开路，遇水架桥，经倒淌河、共和县、切吉草原、大河坝、温泉、花石峡，在春暖花开的季节抵达吐蕃的东界柏海（今青海省玛多县）。云彩、天空、流水、花朵、男人和女人，这些放大浪漫空间和距离的元素一经出现，就注定要演绎一段动人的爱情故事。

　　远远地，一队人马出现在送亲队伍的视野里，马队里簇拥出不远千里赶来迎亲的松赞。两支队伍会合后，松赞向李道宗行了"子婿礼"，并在这个离黄河源头不算太远的地方建起了"柏海行馆"。

　　按照礼节，文成和松赞只能远远相见，但两人一遇而入爱情的盛夏，当晚就在"柏海行馆"偷偷相会，度过了激情浪漫的洞房花烛夜。

　　真正的爱情如象征着爱与吉祥的格桑花，越是生长在贫瘠的高原上，越是令人赏心悦目。大队人马行至今青海省玉树县境内的一条峡谷，突见天兰如碧，百鸟鸣啭，山上松柏如画，山下小河如诗。

　　新婚夫妇被优美的景色和宜人的气候深深陶醉，便在这幽静山谷间停下来享受蜜月。那新婚的幸福在经典的深度和厚度里，散发着月亮般柔媚的气息，如翩翩的祥云挥洒漫天的写意。其间，文成和工匠一起耐心地向玉树人传授谷物和菜籽的种植方法以及磨面、酿酒技术，把丰收的希望和生活的喜悦灌满了民众的心田。

　　文成公主离开之后，当地民众仍争相传诵她的美貌与爱心，并请工匠把她的足迹和相貌刻进石头，年年膜拜。

　　　　四　天降圣女

　　随同文成公主西行的，既有侍女、工匠、乐队，还有佛像、经卷、药方、种子、卜筮经典、医疗器械作为嫁妆，其中不乏唐朝的"禁运物资"和"技术专利"，是一次充分体现唐朝诚意并令吐蕃喜出望外的规模宏大的文化传输。

文成抵达逻些时，人们载歌载舞，欢呼雀跃，以吐蕃人最隆重的方式欢迎远道而来的大唐公主。

其实，迎接文成的，并非只有笑脸与歌舞。

为了供奉文成公主带来的一尊释迦牟尼佛像，松赞干布授意，由文成带来的工匠，完全依照唐朝样式，修筑了一座金碧辉煌的寺庙，这就是著名的小昭寺（意为有释迦牟尼像的佛堂，初名惹刹，后因供奉有文成带去的释迦牟尼十二岁等身像而得名）。在小昭寺开光典礼上，意外发生了。

一名对唐蕃联姻心怀不满的歹徒，企图刺杀文成公主。由于发现及时，歹徒未能得手。在一阵混乱中，歹徒被人偷偷处死了。明知凶手幕后必有在场的大臣指挥，但苦于找不到证据，松赞干布脸上布满了阴云，就连足智多谋的禄东赞也不断摇头。

惊魂稍定的文成公主向松赞干布进言说："我从大唐带来了一口金钟，能够辨识忠奸。方法是，把金钟悬挂在暗室内，让在场的每个人都去触摸一下：若是忠臣，金钟寂无声响；如是奸佞，金钟自会响震不停。在长安时，太宗曾多次试验，灵验无比。我们也不妨一试。"

尽管将信将疑，松赞干布还是派人取来金钟，布置暗室，然后命令参加开光仪式的所有大臣依次进入暗室触摸金钟。但是，自始至终，金钟也没有发出声响。是金钟不够灵验，还是奸人根本就不在这些人中间？大家议论纷纷。

正在人们狐疑之中，文成公主突然令随从"点灯照明"，并让每个人都伸出双手让松赞干布察看。只见绝大多数人手染烟黑，唯有两个人手上干干净净。经过审问，二人对谋划行刺一事供认不讳。

原来，文成公主事先派人在金钟上涂上了厚厚的松烟，她料定心中有鬼的人必然不敢抚摸，这样自然就会把自己暴露出来。

经过她的一番解释，满朝文武无不惊叹公主的超凡智慧。那些曾经怀疑与推拒的目光，渐渐变得温馨与和暖。

在与文成的耳濡目染中，松赞干布渐渐表现出对大唐文明的无限向往，带头换上了唐太宗赐予的华贵袍服，大臣们也用丝绸做成的轻柔唐装代替了笨重的毡裘。一时，唐风汉韵，濡染了整个逻些。

如果说漂亮的脸蛋是推荐书的话，那么圣洁的心灵就是份信用卡。文成公主尽管十分思念故乡的亲人和长安的繁华，但她从未对吐蕃表现出丝毫的嫌弃和怨怒。

为了吐蕃的安宁，她与尼婆罗的尺尊公主（先于文成嫁给松赞干布）一起劝说丈夫信仰和推广佛教。此前，吐蕃民众"以毡帐而居，无城郭屋舍",文成便和唐朝工匠一起向他们传授房屋建筑技术。

文成还劝松赞干布发布号令,终止了吐蕃人以赭色土粉涂面的陋俗。她还改进了吐蕃的耕作技术,教会了吐蕃人养蚕织布和种植蔬菜,被藏民亲切地称为"阿姐甲莎"(汉族阿姐)。

笑靥如花,她如火如荼地映红了那片格桑花;瞳仁流转,她如竹如柳地装点了那道拉萨河;长发飞泻,她如虹如月地点亮了那盏酥油灯。

试想,当沿袭百代的帐篷一变而为坚固的房屋,粗重的毡裘为轻美的华服所取代,不毛之地长出了上百样庄稼、蔬菜,肆虐已久的疫病与顽症经过唐朝医生之手药到病除,一句话,当荒蛮落后的雪域高原腾起高度发达的大唐文明浪花的时候,那里的教众怎能不把为他们带来奇迹的大唐公主奉若神明呢?

五 爱情词组

恩格斯曾经断言:"对于骑士或男爵以及对于王公本身,结婚时一种政治行为,是一种借新的联姻来扩大势力的机会;起决定作用的是家世的利益,而绝不是个人的意愿。"同样,中国历史上中原王朝与周边民族政权之间的和亲,更是一种地地道道的政治行为。而文成公主与松赞干布则是一个特例，因为他们在政治行为之外，加上了一层发自真心的爱恋。他们的绝世之爱，只有王昭君与呼韩邪单于可以媲美。

出于对文成深深的敬慕与爱恋，松赞干布在有生之年一直以唐朝子婿自居。唐太宗远征高丽回朝，他立即派禄东赞奉表祝贺，并献上了一只特制的金鹅。唐太宗病逝后，他派人献上十五种金银珠宝，请求祭奠于太宗灵座之前。唐高宗有感于他的忠诚友好，特意在他的驸马都尉之外加了宾王封号，并为他刊刻石像，列于唐太宗的昭陵玄阙之下，给了特别的礼遇。

友好的背后自然是持续的和平。从公元 634 年松赞干布首次派遣使臣赴长安请婚开始，到公元 846 年吐蕃崩溃的两百一十三年间，唐蕃双方使臣往来达一百九十一次，形成了"金玉绮绣，问遗往来，道路相望，欢好不绝"的历史佳话。

美中不足的是，文成未能生育。更为遗憾的是，与文成相守仅仅八年的松赞于公元 650 年突然病逝，死时年仅三十四岁。

世上情花万种，有一种叫生死相随。按唐朝规制，做了寡妇的公主可以回到长安。而且她还年轻，正值二十五岁的花样年华。但她没有，因为她设计的庙宇已经遍布逻些，因为她带去的种子已经长出庄稼，因为这里是她和丈夫共同的归宿。

二十年后，唐高宗又派遣使者尚凯入蕃，诏命文成公主回乡颐养天年，但文成毅然再次选择留在了高原。

一个人不孤单，想一个人才孤单。此后，这位吃苦耐劳的山东女子，承受着远离亲人的苦楚，承载着思念丈夫的情愫，又在这块空气含氧量不足平原地区百分之六十五的土地上生活了十年，直到公元680年那个绿消红退、土肥水瘦的秋天。

这不是传说，没有虚构，是比"孟姜女""白蛇传""牛郎织女""孔雀东南飞""梁山伯与祝英台"的传说还要惊天地、泣鬼神的生死情缘。

从此，一个固定的爱情词组——"松赞干布和文成公主"，像神话传说一样，在中国漫长而枯燥的历史银河中永恒地闪烁。

如今，她从大唐带去的经卷仍收藏在布达拉宫中，她从大唐带去的佛像仍供奉在大昭寺里，她从大唐带去的种子仍一季一季地播种、收获，她的芳容与精神，已经像圣山圣湖一样镶嵌在美丽而神奇的青藏高原上。

第十二章　大唐『谪仙人』——李白

就是半个盛唐
绣口一吐
啸成了剑气
剩下的三分
七分化作月光
酒入豪肠

——余光中《忆李白》

一

可以说，盛唐有了李白，才称之为盛唐；但李白生在盛唐，却只能在月光（诗意）与剑气（现实）之间彷徨。在文学上，李白是成功的；但在仕途上，李白是失败的。

因为，他是一个真正的文人。

按说，李白在仕途上是不应该失败的。

第一，李白有着光鲜的出身。李白，字太白，号青莲居士，祖籍陇西成纪（今甘肃秦安），公元 701 年出生在唐朝碎叶城（今吉尔吉斯斯坦托克马克市），五岁时随父迁居剑南道绵州（今四川江油市青莲乡）。

据说，他还是凉武昭王李暠的九世孙，与皇家同宗同族。成年后，他先后娶已故宰相许圉师的孙女和唐高宗时宰相宗楚客的孙女为妻。

第二，李白文武兼备。他文采非凡，五岁诵六甲（小学识字课本），十岁观百家（诸子百家），十五岁就有多首诗赋在社会传诵。他武术精湛，一把剑在手中能舞出风雨。也就是说，这是一个文武全才。

第三，李白阅历丰富。他十八岁就从四川江油外出游历，先游剑阁、梓州，再游成都、峨眉，然后东进渝州（今重庆市），二十四岁正式出蜀，"仗剑去国，辞亲远游"，对社情民意不可谓不了解。

的确，他也曾角逐于官场，以不世之才自居，以"奋其智能，愿为辅弼，使寰区大定，海县清一"自许，矢志不渝地追求"谈笑安黎元"的理想，渴望出将入相，期待"大鹏一日同风起，扶摇直上九万里"。

他渴慕功名，又不屑于走平常读书人"科举入仕"之路，而是采取"平交王侯"的方式，试图不失骄傲地达到入仕的目的。并且，他一度十分接近成功。

公元 735 年，三十四岁的李白进入唐都长安，结识了卫尉张卿，通过张卿向唐玄宗的妹妹——玉真公主敬献了一首诗，诗的最后两句是"几时入少室，王母应相逢"，因此赢得了对方的好感与赏识。

不久，他在长安偶遇了工部侍郎贺知章，"斗胆"呈上了自己的诗作。贺知章何许人啊，他不仅位高权重，而且写得一手好诗，那首《少小离家老大回》至今脍炙人口。

一介无名之辈，敢将诗作呈给自己，贺知章不免有些轻慢。但是，当他随手翻开这个白面书生的《蜀道难》，刚刚读到"蜀道之难，难于上青天"，就为之一振。又读到"尔来四万八千岁，不与秦塞通人烟。西当太白有鸟道，可以横绝峨眉巅"，不禁拍案叫绝。联系到李白潇洒出尘的风采，贺知章惊叹说："公非人世之人，可不是太白星精耶？"从此，贺知章公开称他为"谪仙人"。由是，李白在唐朝文人圈里名声大噪。

公元742年，贺知章在多个场合对李白的称许，加上玉真公主和道士吴筠的举荐，引发了唐玄宗的好奇。看了李白的诗，唐玄宗一边吟咏一边赞叹："好诗，好诗，贵妃来看啊，难道是仙人下凡？果然是盛世好诗！"

皇帝在夸奖诗人的同时，也没忘记夸耀自己创建的"开元盛世"。

既然是盛世，更需要李白这样的奇才替自己广而告之。于是，唐玄宗颁布诏书，征召李白进宫。驿马将喜讯传到李白隐居的南陵（今属安徽）山村，他举杯高歌，乐不可支。告别儿女时，他即兴喊出了"仰天大笑出门去，我辈岂是蓬蒿人"的旷世豪言。

李白进宫那天，天蓝如碧，绿柳含烟。唐玄宗降辇步迎，"以七宝床赐食于前，亲手调羹"。唐玄宗问到当世事务，李白成竹在胸，对答如流。唐玄宗不禁大为赞赏，随即令李白供奉翰林。每有宴请或郊游，唐玄宗必然安排李白侍从，随时赋诗纪实。

在一般人眼里，作为皇帝近侍，他已经无限接近了帝国的心脏。

二

但近侍不等于重臣。李白在唐玄宗眼里，不过是应景附和的"文学弄臣"，这与李白所追求的出将入相有着云泥之别。况且，他在执着于现实政治理想的同时，又强烈地追求个人的精神自由，一个文学天才骨子里就有的孤傲与狂放，使得他与阿谀逢迎、尔虞我诈的官场显得格格不入。

他奉诏为唐玄宗所作的十首《宫中行乐词》和以唐玄宗、杨贵妃同赏牡丹为题的三首《清平调词》，因为纯属应付之作，所以味同嚼蜡，文采平平，就连唐玄宗也倍感疑惑："这个谪仙人的灵性哪里去了？"

据说，在一次应诏吟诗时，他居然让杨贵妃为其研墨。更令人乍舌的是，他奉诏起草《出师诏》时，借着酒劲，居然吆喝权倾朝野的宦官高力士为其脱靴。消息传出，朝野文人无不额手称庆，受尽了高力士压制的大臣们也都拍手称快。

自感受到羞辱的高力士，决定"摘其诗以激杨贵妃"。李白刚好有一首《雪谗诗赠友人》，其中有"彼妇人之猖狂，不如鹊之强强。彼妇人之淫昏，不如鹑之奔奔"，又有"妲己灭纣，褒女惑周。天维荡覆，职此之由。汉祖吕氏，食其在傍。秦皇太后，毒亦淫荒"之句，把后宫嫔妃视为误国祸水。

宋代文人洪迈在《容斋随笔》中揣测，定是李白不小心撞见了杨贵妃与安禄山在一起，有感而发。

虽然洪迈之言查无实据，但我们只知道，读了高力士送来的诗，杨贵妃伤心动容，沮丧竟日，于是向唐玄宗大吹枕边风，阻止唐玄宗重用李白。她的理论是"既然妾身是妲己、褒姒，那宠爱妾身的圣上又是什么？"

从此，唐玄宗不再召李白进殿。深知仕途渺茫的李白，只得知趣地"上疏请归"。唐玄宗也顺坡下驴，允诺"赐金还山"。

公元 744 年暮春时节，李白脱下朝服，戴上角巾，收拾行囊，作别长安，踏上了飘零四方的不归之路。

猛回头，长安恍若一梦。

受了如此大的挫折，李白也已人到中年，但他对仕途并未死心。天宝十四年（公元 755 年）冬，安禄山起兵反唐，次年派兵攻陷潼关，唐玄宗仓皇逃奔四川。途中下诏，以第十六子——永王李璘为江陵大都督、山南东路黔中江南西路节度使。

野心勃勃的李璘招募数万将士，以平定安史之乱的名义率师东进。期间，李璘征召在江南避难的李白为幕僚。李白以为，自己报效朝廷、建功立业的机会终于到了，他要"但用东山谢安石，为君谈笑静胡沙"，于是欣然应召，特意作《永王东巡歌》，称永王之举为"诸侯不救河南地，更喜贤王远道来"，认定靖难杀敌、重整河山非永王莫属，其结果一定是"南风一扫胡尘静，西入长安到日边"。

岂料，他的一片报国赤心，不仅没有为他带来预期的功名，而且使他被动地卷入了唐玄宗诸子争夺皇权的斗争。结果是，太子李亨即位，李璘兵败被杀，追随李璘的党羽受到严惩，五十七岁高龄的李白也以附逆罪流放遥远而荒凉的夜郎（今贵州桐梓）。

更令人慨叹的是，公元761年秋，史朝义降而复叛，太尉李光弼出镇临淮（今江苏泗洪县南部）。六十一岁的李白竟然再度请缨进入李光弼幕府，可惜途中染病，只得半路折回，并因此留下了"愿雪会稽耻，将期报恩荣。半道谢病还，无因东南征"的凄美诗行。

接下来，他只能继续漂泊，继续恓惶，继续潦倒。最终，病死在当涂县好友家中，时年六十二岁。难怪白居易感叹他："但是诗人多薄命，就中沦落不过君。"

李白的失败，是个人对历史的失败，个性对官场的失败，理想对现实的失败。

三

有人说，成功与失败，是单一价值观的世界施加于所有人的暴力。有人说，智慧和痛苦是孪生兄弟，上苍在给一个人绝世之才的同时，一定会分一份苦果给他。李白也不例外。

我要说的是，因为在仕途上一再受挫，李白常常感受到一种难以排解的郁闷和遗憾。如"大道如青天，我独不得出"，如"登舟望秋月，空忆谢将军"，如"白发三千丈，缘愁似个长"，如"古来圣贤皆寂寞，惟有饮者留其名"，如"人生在世不称意，明朝散发弄扁舟"，如"抽刀断水水更流，举杯消愁愁更愁"。

也就是说，因为经国济民、登堂入室的理想屡屡无法实现，他因而陷入了强烈的抑郁与深深的煎熬之中，而"蚌病成珠"，这种煎熬与抑郁恰恰成为那些天崩地坼、催肝裂胆的诗歌杰作的不竭源泉。

我还要说的是，也许李白感到遗憾，但我们不遗憾，文坛不遗憾，历史不遗憾，因为官场上少了一个粉饰太平的官员，文坛上多了一位光照千古的巨星。所谓文学是仕途的伤口，李白的经历就是最好的注解。

没有对仕途的幻灭，没有对官场的蔑视，哪来后世公认的"诗仙"之名？哪来杜甫眼里的"李白斗酒诗百篇，长安市上酒家眠。天子呼来不上船，自称臣是酒中仙"？

没有作别长安之后的归隐山林，哪来贺知章口中的"谪仙"之实？哪来"举杯邀明月，对影成三人"的静谧？哪来"两人对酌山花开，一杯一杯复一杯。我醉欲眠卿且去，明朝有意抱琴来"的安闲？哪来"问余何意栖碧山，笑而不答心自闲。桃花流水窅然去，别有天地非人间"的悠然？

没有归隐山林之后的纵酒狂歌，寻仙学道，特立独行，哪来"一生好入名山游"之称？哪有"五花马，千金裘，呼儿将出换美酒，与尔同销万古愁"的张狂？哪有"孤帆远影碧空尽，唯见长江天际流"的奔放？蛾眉、华山、庐山、泰山、黄山哪来那么多千年传诵的诗句？甚至我们压根就不知道什么凤凰台、天姥山、桃花潭。

没有归隐山林之后的超然脱俗，灵魂涅槃，哪来"中国最伟大的浪漫主义诗人"之誉？我们怎能感受"飞流直下三千尺，疑是银河落九天"的壮美场景？怎能见识"人生得意须尽欢，莫使金樽空对月"的冲天气度？怎能领悟"桃花潭水深千尺，不及汪伦送我情"的真挚情谊？又怎能展现出"笔落惊风雨，诗成泣鬼神"的艺术魅力？

他的诗，是含泪的笑，哀而不伤，他把自己的雄浑之气、超然之态、飘逸之姿，以跌宕的节奏、超人的才华、动人的激情，酿成了一首首酣畅淋漓的华章，凝成了一曲曲荡气回肠的绝唱，氤氲着江河般滔滔不绝的盛唐气象。

没有远离官场后的人生顿悟，他就不会在诗中痛快淋漓地藐视权贵与官场，就不会成为历史公认的厄运摧不垮、死神吓不倒、权贵亚不服的天纵英才。

他既然能吟出"官场不识君，君自走天下""耻将鸡并食，长与凤为群""安能与群鸡，刺蹙争一餐""松柏本孤直，难为桃李颜""手持一枝菊，调笑二千石""乍向草中耿介死，不求黄金笼下生""安能摧眉折腰事权贵，使我不得开心颜"的诗句，必然令千千万万受尽压迫的劳苦大众对他敬仰，为他叫好了。

四

中国是一个崇尚英雄的国度，既然李白如此藐视权贵，那么，后代便神话了他。

在去华山旅游的路上，至今有一个去处叫"李白骑驴处"。

传说一次李白骑着一头毛驴，经过华阴县城。他不仅没有下驴，而且径直进了县衙。县令十分恼怒，大声喝问："尔乃何人，胆敢骑驴闯我县衙，速把名字报上来！"

李白答："我一报名字，你或许会被吓死。"

"不见得吧?"县令根本没有把这个山野村夫放在眼里。

李白接着说："我就是——让陛下用手巾接我吐酒的那个人，让高力士为我脱靴的那个人，让杨贵妃为我研墨的那个人。"

话音刚落，县令一下从位子上跌了下来。

另一个故事，说的是李白拜访当朝宰相时，自报家门为"海上钓鳌客李白"。

在远古传说中，鳌是龙的第九个儿子，此人胆敢自称钓鳌客，不免让宰相一惊。不过，宰相经过大风大浪，尽管心中惊讶，脸上还是带着微笑，顺着这位"狂生"的思路问："先生临沧海钓巨鳌，以何物为钓线?"问话里藏着机锋。

李白回应："以明月为钩，以霓虹为线。"

宰相又被他吓了一跳：一介布衣，口气好大！于是，进一步追问："那么，以何物做诱饵?"

李白高声回答："就用天下最无义气的士大夫做诱饵！"

此话一出，宰相不禁毛骨悚然。

这一番气吞山河的钓鳌论，把李白蔑视权贵的胆识、桀骜不驯的气质、豪迈奔放的个性表现得淋漓尽致。难怪宋代文豪苏东坡评价李白："戏万乘若僚友，视俦列如草芥。"

就连李白的死也被诗化。

民间传说有一天夜里，李白喝醉了酒，一个人驾着小船，荡到长江采石矶边。一轮圆月高挂在天上，也亮堂堂地映在水里。

李白想，天上有一个月亮，怎么水中还有一个月亮，那我就把水中的月亮捞起来吧。于是，他翻身入水，去捞月亮。

就在此时，人们远远望见，一条鲸鱼游到李白入水的地方。然后，李白潇洒地跨上那条鲸鱼，一下子飞上了深邃的天幕。

在百姓心中，李白是被贬到人间的仙人。他的死，不再是悲剧的结尾，而是飞升的开端。

关于李白的这类传说还有很多。因为他诗仙，他的乐府、歌行、绝句始终无人超越，他是伟岸傲立在唐诗这个文化顶峰之上的巨人，是中国文化中最让人引以为豪的符号，是普照在代代中国人心中的皎洁月光。要知道，中国的孩子们是从背诵"床前明月光"开始学习说话的。我听说，月球上还有一座以他的名字命名的山脉。

写完此文，正是一个春雨淅沥的傍晚。我似乎看见，手执酒壶的李白，两颊桃花，一襟烟雨，赤着两足，一边狂饮一边吟咏着美酒一样的诗句，自由洒脱地向我们走来。嘴上笑着唱着，眼眶里却闪着点点泪光。

难道，他的遗憾至今未了么?

第十三章 书法名家——颜真卿

引子

公元 785 年，恰逢莲花盛开在美人手心

的季节，一位老人在一群叛兵的押解下，来到

蔡州（原名豫州，后避唐代宗李豫之讳更名蔡

州）汝南城北一座人工堆砌的低矮山丘前，用

狼毫大笔一挥而就三个大字：天中山。

一

老人名叫颜真卿，今山东费县人，中国历史上唯一能与王羲之比肩的书法家。他的书法兼收篆隶和北魏笔意，一反初唐书风，化瘦硬为丰腴雄浑，结体宽博且气势恢宏，骨力遒劲而气概凛然，展现了大唐帝国的繁盛风度，并与他的高尚人格相契合，在书法史上树起了一座巍峨的丰碑。他的"颜体"与柳公权的"柳体"并称"颜柳"，如今仍是万千书法爱好者临摹的蓝本。

他还是一位叱咤风云的将军。唐开元年间，颜真卿高中进士，初任县尉（从九品下，县令之下主管治安的官员），后迁升监察御史（掌监察百官、巡视郡县、纠正刑狱等，正八品上）、殿中侍御史（掌纠察朝仪等，从七品上）。公元 753 年，因得罪了权臣杨国忠，四十岁的颜真卿被贬出朝廷，到平原郡（今山东德州）任太守（郡的长官，正四品下），"颜平原"之名由此而来。

大自然说：埋没对于种子，那是一种新的崛起。带着满腔的不甘离开京城的"颜平原"，很快就感受到了作为一方诸侯的乐趣：如果不能浩荡为一方大海，那就流淌成一条小溪，潺潺而歌，为大地演奏纯净的音乐；如果不能站立为一棵大树，那就葱茏为一株小草，迎风摇曳，为春天增添些许绿色；如果不能巍峨为一座高峰，那就锻炼成一枚石砾，与日月为伴，替大山堆砌微薄的高度。如果没有大唐的生死劫难，这位书法家的一生也许会平凡、舒缓而快意。是"安史之乱"的烽火狼烟，照亮了这位忠勇之士的一捧丹心。

安禄山刚刚显露谋反的蛛丝马迹时，颜真卿就未雨绸缪，以雨水太多为借口，组织民众加高城墙，挖深护城壕沟并增加粮食储备。表面上，他朝夕与好友泛舟水上，饮酒唱和。爪牙和耳目遍地的安禄山果然被颜真卿所迷惑。

公元755年，安禄山、史思明在范阳（今河北涿县）起兵发起"安史之乱"，黄河以北地区纷纷陷落，唯有平原城屹立不倒。颜真卿一边坚守，一边派司兵参军（掌军防、烽驿、门禁等）李平把安禄山反叛的消息火速报告朝廷。玄宗刚刚得知安禄山反叛时曾经感叹："河北道二十四郡，难道就没有一个忠勇之臣？"见到李平，唐玄宗大喜过望："想不到我不认识的颜真卿，竟然能有如此忠义之举！"为此，笔者想起一句格言："品格可能在重要时刻才表现出来，但绝对是在无关紧要时形成的。"颜真卿的行为也证明，对于皇帝而言，马屁精固然重要，但那些人是拿来消遣的，该干事的时候，还是需要有胆识有能力的人。

颜真卿将平原三千人的军队扩充到一万多人，在城西门饮酒誓师，全军将士群情激愤。平原郡大旗一挥，饶阳郡（今河北饶阳）太守卢全诚、济南郡太守李随、清河郡（今河北清河西）长史（郡守佐官，正六品下）王怀忠、邺郡（今河南安阳北）太守王焘等纷纷率军前来投奔，朝廷也派北海郡（今山东潍坊）太守贺兰进明率领五千精锐部队渡过黄河前来增援。

与此同时，颜真卿的堂兄、常山郡（今河北正定西南）太守颜杲（gǎo）卿率兵杀掉了土门（今河北井陉）叛将李钦凑。土门收复以后，河北十七郡二十万军队共同推举颜真卿为盟主，在同一天重新归附朝廷，并切断了叛军自范阳西进的道路。

闻听河北有变，安禄山派史思明挥师常山。孤军奋战的颜杲卿苦战三日被俘。颜杲卿的三子颜季明被斩首，颜杲卿被押解到洛阳凌迟处死。听到噩耗，颜真卿派出颜杲卿长子颜泉明暗中寻找亲人遗骸，只寻得颜季明的头颅。

面对侄子血肉模糊的头颅，义薄云天的颜真卿悲愤难抑，饱蘸浓墨以行书写下了《祭侄季明文稿》。那淋漓的墨迹、刻骨的线条、痛苦的笔触，勾勒出生命的张力、亲情的呼唤、人性的呐喊和人格的尊严。它刻印了一段历史，也记录了一颗伟大心灵的沉重跳动。此文被称为仅次于王羲之《兰亭集序》的"天下第二行书"，真迹现藏于台北故宫博物院。幸好有它，中唐即使破碎仍铿锵有声。

名满天下的颜真卿开始官运亨通，被新皇唐肃宗任命为工部尚书（工部主官，正三品）兼御史大夫（御史台主官），领河北招讨使。

二

官运亨通不代表官运长久，因为他没有城府，不会周旋，不谙为官之道，唯有一颗赤诚的忠君爱国之心，一身凛然不可侵犯的正气，一副中国文人的耿耿风骨。

正所谓，性格决定命运。他越是刚正不阿，越是疾恶如仇，越为朝廷奸佞弄臣所不容。满朝都认为他是"忠臣"，却很少有人为他讲情。

不久，他因耿直得罪了当朝宰相，被贬为冯翊（píng yì，今陕西大荔县）太守，转蒲州（今山西永济县）刺史，再贬饶州（今江西鄱阳县）刺史（正四品下）。

好不容易回到朝廷，当上了刑部侍郎（刑部次官，正四品上），结果赶上权倾朝野的太监李辅国住进了只有皇子方可居住的西宫。群臣皆敢怒而不敢言，唯有颜真卿当面质问李辅国。一怒之下，李辅国将颜真卿贬为蓬州（今四川安固县）长史。

唐代宗登基后，颜真卿受到重用，先后被任命为吏部侍郎（吏部次官，正四品上）、尚书右丞（掌六官之仪等，正四品下），封鲁郡公（爵位，正二品），人称"颜鲁公"，政治生命达到了辉煌的顶点。

按说，他应该吸取教训了吧。但时间可以凿去狂妄，磨出温润，却磨不去忠勇之士的侠肝义胆。一次，唐代宗从陕西回到京都，颜真卿犯颜直谏，恳请皇帝按照礼仪先祭拜陵庙而后入宫。新任宰相元载认为颜真卿多事而迂腐，断然否决了他的建议。想不到颜真卿当仁不让，愤怒地说："朝纲大事岂容你破坏！"

就因为这句话，颜真卿与元载结下了梁子。

如果元载是个君子，也就罢了。问题是，元载是个地地道道的小人。很快，颜真卿被调任为无足轻重的留知省事。

没有绝望的处境，只有绝望的人。面对宰相的公开打压，颜真卿反而愈挫愈奋。不久，他上书建议皇帝"要广听众议，不能塞绝忠谏"，矛头直指"要求大臣议事须逐级上奏"的元载。在公元766年的一次朝廷祭祀中，颜真卿又公开指责祭祀的礼器不够齐备，结果被元载以"恶意诽谤"的罪名贬为峡州（今湖北宜昌）别驾（刺史的佐官，正五品下）。

公元777年，专横跋扈的元载被唐代宗诛杀，杨绾（wǎn）被任命为新宰相。在整个中唐，杨绾是为数极少的公正无私的宰相之一。因此，他一上任，便推荐几度沉浮的颜真卿回到朝廷任刑部尚书（刑部主官，正三品）并掌管吏部。

似乎，颜真卿又迎来了他人生的第三度春天。

三

可惜，杨绾为相三个月就病逝了。不久，唐代宗随之驾崩。太子李适（kuò）继位，是为唐德宗。

大唐走过了初唐的蓬勃，盛唐的华丽，此时已经进入貌迈气衰、苟延残喘的暮年，深深潜沉到历史的一隅。突出的标志是：朝外节度使坐大，朝内奸佞者得势。

唐德宗先是起用杨炎，后又起用卢杞为相。奸佞与忠勇，向来势不两立。杨炎当国后，随即将"四朝元老"颜真卿撤去刑部尚书之职，换以太子少师（从二品，唐代多为虚衔）的头衔。到了"蓝面鬼"卢杞当政，又将颜真卿改为太子太师（从一品，虚衔），然后想尽办法将他外放。对付小人，就像对付没有烧透的煤，碰碰才会燃烧，晾着自然就灭了。但古稀之年的颜真卿不谙此道，居然当面质问卢杞："从前你的父亲被安禄山杀害后，首级传到平原，我以舌头舔去了面部的污血，又以蒲身葬之，今天相公为什么不能容我？"卢杞听罢，慌忙起身拜谢。

政治肮脏，是因为人们总是把政治搞成私欲。表面上，卢杞似乎服输了。但在内心里，卢杞却越发对颜真卿恨之入骨，必欲除之而后快。而且，他有可以置颜真卿于死地的机会，因为他手中掌握着国家公器。

卢杞终于等到了机会，这个机会就是李希烈叛乱。783 年，淮西节度使李希烈自称楚帝，公开叛唐。唐德宗问计于卢杞，卢杞趁机回答："李希烈年轻气盛，从不听部下谏阻。如果派一位儒雅重臣，代表皇帝向他陈说逆顺祸福，他必然革心悔过，可不劳军旅而降服也。颜真卿乃四朝旧臣，忠直刚正，名重海内，人所信服，是劝说李希烈的最佳人选。"

连七岁小儿都能看出，这分明是卢杞假借叛军之手杀害颜真卿，昏聩而幼稚的唐德宗却不假思索，下旨让七十四岁的颜真卿远赴许州（今河南许昌）宣慰李希烈。

诏书一下，满朝失色。颜真卿乘车来到东都时，河南尹郑叔苦苦告诫："此去不免一死，最好稍作停留，然后再听命令。"但颜真卿回答："此乃君命，岂能回避?"大臣李勉一面声称"失掉元老是国家的耻辱"，一面邀约颜真卿在路上面谈，也被颜真卿回绝。因为他深知此行是一条黄泉之路，他唯一的愿望是抱定必死的信念，去承受这早已该到的结局，一如苏格拉底的殉道，也如佛祖"我不入地狱，谁入地狱"的无畏。在中国传统伦理中，国家密不可分，国是家的放大，家是国的缩小。从这一点上说，他永远无法逃避国破家亡的历史沉痛和颠沛流离的人生磨砺。

一轮苍凉的残阳，落入斑驳而破旧的长安城。色彩变幻不定的晚霞，涂抹在浑浊的天幕上，浓处如酒，淡处如梦。东出长安的颜真卿满脸沧桑，老泪纵横。

四

这是他一生中无法扼住自己命运咽喉的日子。

抵达许州后，颜真卿利用一切机会，苦口婆心地规劝李希烈放下屠刀，悬崖勒马。但对于这个做梦都想当皇帝的李希烈来说，拥有连"芝麻"都叫不开的"洞府"，何况是只身入敌营的颜真卿了。

李希烈不仅对颜真卿的规劝置之不理，反而许以宰相高位，企图使名满天下的颜真卿为己所用。见颜不为所动，他便祭出极端措施：一是"坑颜"，在房前挖了一个大坑恫吓他，结果颜真卿自动走入坑内；二是"焚颜"，也就是积薪泼油，以焚身相逼，结果颜真卿纵身投入火中。颜真卿的忠义与刚烈，令李希烈无所适从。

李希烈不敢冒"杀天下名士"之大不韪，从许州把他押解到汝南（今河南汝南县，因位于豫州中部，别名"天中"），后又转至确山县北泉寺关押。其间，甚至给了他一定的活动自由。但是，由于唐德宗杀了李希烈的弟弟李希倩，丧心病狂的李希烈才将仇恨宣泄在了这位大唐书魂身上。

公元785年8月，就在颜真卿为"天中山"命名不久，李希烈利用最后的机会逼迫颜真卿投降。李希烈的部下拔光了颜真卿的牙齿，问他降不降？满口鲜血的颜真卿仍大骂不止。李希烈又命人割掉了颜真卿的舌头，问他降不降？口不能言的颜真卿仍怒目而视。此时的他已经不惧任何威胁甚至死亡。他清楚，死亡，是人生最后的也是最重要的试金石。对于自己来说，死亡不是终结，而是成全，他要让敌人成全自己完美的人格；是完成，他要通过死亡完成自己壮美的人生。

就这样，颜真卿这位真正的"天中山"，被叛军用绳索缢杀在确山北泉寺，时年七十六岁。这家小小的寺院，从此背上骂名。

闻听颜真卿遇害，三军将士痛哭失声。

半年后，叛将李希烈被手下所杀，颜真卿的灵柩得以护送回京。德宗皇帝痛诏废朝五日，举国悼念。

地上沧桑巨变，苍天千古如斯。千年过去了，名重一时的"天中山"是否还在？如果去河南，我真的该去看看那座不起眼的小山丘。

那是我的老乡颜真卿"真正"的坟茔。

第十四章 忠勇『无敌』将——杨业

这是一个在京剧舞台上传唱千年的关于陷阱的故事。上司挖好了陷阱,部下不得不跳下去。一个人做到了,而且做得撼天动地、气贯长虹。

——题记

一

　　梁启超曾形容自己：如果把"梁启超"身上所含的"趣味"元素抽出，那么所剩物质就无几了。借用这个比喻，如果把下面这个主人公身上的"忠信"元素抽去，那么他就变得平淡无奇了，因为要论战功，他既比不上卫青，也比不上班超，更比不上韩信。

　　人类最基本的一种心理倾向就是使自己变得完美，中国传统的人格设计为这种心理倾向提供了最为理想的释放途径。汉代之后的儒家学说认为，"仁义礼智信"是人的道德准则，"温良恭俭让"是人的传统美德，"忠孝勇恭廉"是人的最高品格。做到了这一切，就可以超凡入圣，成为一个受人崇敬的圣人。具备了这一切，就可以达到"立德立言立功"的最高境界，成为一个流誉四方的完人。即便不能完全做到这一切，只要具备了其中最根本的"忠信"二字，一个人仍旧可以成为让人尊敬的英雄。因为"忠"本意是为人正直,"信"本意为诚实无欺,司马光解释为"尽心于人曰忠,不欺于己曰信",这可是一个人最起码也最珍贵的原则和操守。苏武是如此,关羽是如此,接下来我们所要讲述的人物也是如此。

二

他叫杨业,本名重贵,又名继业,麟州新秦(今陕西神木北)人,大约出生于公元 932 年,是我们熟知的"杨家将"的开山鼻祖。

他的父亲名叫杨信,是一位麟州土豪,先后以刺史的名义臣附于后汉、后周。杨信有两个儿子,长子杨重贵,次子杨重训(先于其兄归宋,任宋保静军节度使,公元 975 年病逝)。杨重贵不仅重信诺,性任侠,而且善骑射,好畛(zhěn,田间小路)猎,获取的猎物常常多于同伴一倍。猎归途中,他对随从说:"他日我如能成为将军征战沙场,将如同鹰犬追逐雉兔一般轻松。"

公元 951 年,后汉河东节度使刘崇在太原建立北汉,弱冠之年的杨业成为刘崇的侍卫亲军都虞候。北汉帝刘承钧在位时,收杨业为养子并赐名刘继业,升任建雄军(今山西代县)节度使,将抵御辽军的北方重镇代州交给了他。他忠心耿耿地坚守着自己的职责,使风雨飘摇的代州成为难以逾越的钢铁防线。

勇冠三军的边将横空出世。

公元 979 年，宋太宗赵匡义亲率四路大军围攻北汉都城太原，内外交困的北汉国主刘继元无奈地出城投降。

接下来发生的事情，令所有北伐的宋将目瞪口呆，他们一起见识了一种亘古未闻的忠诚：皇帝都投降了，将军刘继业还在战斗，代州仍汉旗高扬。因为一天见不到皇帝投降的诏书，他就要为北汉战斗一天。

遇一人白首，择一国终老，这是所有人梦中的情怀。可当美人变心，当国家倾覆，你将如何寄托自己的心志？而刘继业遇到的就是这样的痛苦选择。直到刘继元亲自前来招降，刘继业知道自己效忠的北汉已经不复存在，这才北面再拜，号啕大哭，释甲开城。

久闻刘继业英名的宋太宗，立刻召见了这位叱咤风云、忠贞不贰的中年大将。见到威风凛凛的刘继业，一向爱才如命的宋太宗大喜过望，令其恢复原姓，赐名为业。不久，任命他为右领军卫大将军（正四品），授郑州刺史。

鉴于杨业"老于边事"，皇帝继而特派他为代州知州兼三交驻泊兵马都部署，负责扼守抗辽门户——雁门关。

公元 980 春，辽国十万大军兵发雁门关。而守将杨业只有几千人马。久经战阵的杨业知道硬拼不行,便把大部人马留在代州,亲率数千轻骑,抄小路神不知鬼不觉地绕到雁门关北部。

一路畅行无阻的辽兵正大摇大摆地向南挺进。突然,身后响起一片喊杀声,滚滚的烟尘中闪出一支骑兵,如猛虎下山般杀进大辽兵阵。北宋开国大将、开府仪同三司(从一品)潘美也如约率军出现在辽兵面前,两股宋军前后夹击,辽兵立时崩溃,掉头向北逃窜。杨业穷追猛打,杀死辽国驸马侍中萧咄李,活捉马步军都指挥使李重海。

战后,杨业被提升为云州观察使兼郑州刺史、代州知州。潘美则被封为代国公,三年后改封韩国公。

雁门关大捷,震慑了不可一世的辽国。辽兵一见"杨"旗便远远回避。从此,他有了一个虎虎生风的外号——杨无敌。

三

嫉妒不是女人的专利,也是男人的本性。只是女人将嫉妒表现在口上,男人将嫉妒深藏在心里。流言蜚语尽管可怕,但更可怕的是背后的黑手。

在杨业声名鹊起的日子里,许多朝臣与将军变着法子贬低他、非议他。深知人性弱点的宋太宗不以为然,仍一如既往地信任他、倚重他。一次，宋太宗将一沓告状信展示给杨业，杨业感激涕零。

一天，有位边将向宋太宗递上奏章，称辽景宗已死，十二岁的耶律隆绪刚刚即位，大辽执政者是一介女流——萧太后，大宋收复燕云十六州的时机到了。

所谓的"燕云十六州"，几乎囊括了整个帝国的北方边界，自从被五代十国时期的"儿皇帝"石敬瑭送给契丹后，一直未能回归中原，因此成为大宋皇帝永远的痛。

果然，宋太宗于公元 986 年初派出曹彬、田重进、潘美率三路大军北伐。西路军主帅为韩国公、忠武军节度使、云应路行营都部署潘美，副帅为云州观察使杨业，两名监军是西上　门使、蔚州刺史（从五品）王侁和军器库使、顺州团练使（从五品，类似民间自卫队）刘文裕。

宋太宗的如意算盘是，曹彬的东路军负责收复太行山东部的"山前七州"：檀、顺、蓟、幽、涿、莫、瀛州；田重进的中路军和潘美的西路军负责收复太行山西北的"山后九州"：寰、朔、应、云、蔚、儒、新、武、妫州。

战争初期，宋军一路高歌，曹彬的东路军攻克了辽国边境重镇涿州；田重进的中路军攻克了蔚州；潘美、杨业的西路军兵出雁门，很快便收复了寰、朔、应、云四州。大有黑云压城、山雨欲来之势。

但是别忘了，他们的对手——辽国主帅萧太后，是一位在苦劣、雄浑与苍茫的北方大漠成长起来的一代巾帼。她面临强敌，运筹帷幄，一面下令耶律休哥固守南京（今北京），阻止东线宋军主力北进；一面命耶律斜轸进军山西，阻击宋西路军；自己则亲率精骑实施机动策应，与休哥形成钳击态势，在岐沟关（今河北涿县西南）一举击溃曹彬统帅的十万东路军，然后在中路、西路实施了大规模反击，迫使宋军全线溃退，创造了中国古代史上内线机动作战的奇迹。

闻听东路军大败，赵光义迅速命令中路军和西路军实施战略退却。田重进毫不犹豫地领兵后撤，全军安然无恙地回到国内。但潘美却在一连串的大胜之后心有不甘，他要再碰一下辽军，看看到底谁是军中王者。

结果，蔚州、寰州相继失守，孤军深入的潘美、杨业只得掩护四州民众内撤。然而，在如何撤退的问题上争执又起。杨业力主兵进应州，将辽军诱向东方，然后在云、朔两州守将的配合下，保障民众沿石碣谷（今山西朔州南）南撤。但监军王侁却讥讽杨业胆小，逼迫他兵出雁门关北川大路，"鼓行"到马邑迎击敌军。

当你落寞时，可以测试你的信心；当你得势时，可以测试你的宽容。出于对杨业的妒忌，身为名将的潘美居然默认了王侁的决定，并因此与真正的小人王侁一起被中国民间百姓钉在了耻辱柱上。

杨业作为归降的武将，最忌讳他人的猜测；作为以国家利益为至高追求的人，早已将生死置之度外。于是，在明知前景不妙的情况下，只有硬着头皮出发。这使我想到了现代诗人北岛《回答》中的一句诗："如果海洋注定要决堤，就让所有的苦水都注入我心中。"

临行前，他流着泪对潘美说："我本是降将，早就该死。皇帝不仅没有杀我，还给了我莫大的信任。既然你们说我畏敌如虎，我只有以死报效朝廷了！"

然后，他指着前面的陈家谷（今山西朔县南）说："此去必然失败，望主帅派弓弩手在谷口两侧埋伏。当我败退到此，你们便带兵接应，我军两面夹击，或许还有反败为胜的可能。"

说这番话时，他态度至为谦恭，不是因为他怕死，是因为他不忍心部下们跟着自己白白送命。

叮嘱再三，杨业方才带兵进发。

四

得知杨业兵发朔州，辽西路军主帅耶律斜轸安排部将萧挞凛在杨业的必经之路上提前埋伏。不久，两军遭遇，杨业率兵攻击前进，耶律斜轸佯装败退。就在朔州十五公里外的狼牙村，杨业遭到辽军的伏击。看来，杨业的时间到了，他需要厮杀和荣誉，他不仅要证明自己是无敌将军，更要证明自己对大宋从无二心。

毕竟，辽兵人多势众。杨业军血战多时，直到再也支持不住，这才边战边退，把辽军引向了宋军设伏的陈家谷口。

接下来，就是一段黑白年代的残酷记忆。从凌晨出发，到正午交战，此时已是黄昏。一路鏖战的宋军伤亡过半，人困马乏，此时已经到达生理的极限。原以为借助伏兵可以反败为胜，谁知谷口居然空无一人。

原来，潘美、王侁从当天凌晨时分的寅时（3至5时），一直等到上午的巳时（9至11时），听不到杨业的任何消息，认为无敌将军已经大胜，为争杨业之功便一路冲杀过去。走到半路闻听杨业兵败，便不顾事先约定，引兵沿小路向内地仓皇退去。排山倒海的嫉妒的巨浪淹没了那句轻如云烟的诺言，只剩下一个宿命冷冷地高悬在天边。

杨业抬眼望去，那轮形同宿命的夕阳放射着肃杀的白光，蓄谋已久地坠落在积雪覆盖的山谷之间。立时，一种不祥的预感袭上心头——谷口变成了硕大的墓穴，寒风催生出低沉的哀乐，冰雪幻化成送葬的白纱……立时，杨业抚胸大哭，老泪纵横：这就是我的命运吗？苍天可鉴！陛下，杨业尽力了！

接下来，他只有率百余名部下与敌人死战。历史再无如杨业这般，杀翻于荣耀之巅，坚守在山谷之间，横亘于逆流险滩，表现出"猎犬终须山上丧，将军难免阵前亡"的悲壮和决绝，把自己当作一支利箭射向永恒。

在惨烈的遭遇战中，包括杨业长子杨延玉和岳州刺史王贵在内的全体将士悉数战死。而杨业身被数十处创伤，仍手刃近百人，在战马受伤的情势下，被迫孤身退入密林。一直紧追不舍的辽将耶律奚抵隐约看到了他的袍影，一箭射去，杨业受伤被俘。

在辽营里，拒不投降的杨业绝食三日而死，享年五十五岁。（一说杨业头触李陵碑而死，显然是后代文人的演绎）三日，在人的一生中何其短暂，但对于一个一心求死的人来说，却何其漫长。

定格在我们记忆里的，是他死后圆睁的双眼、飘飘的白须还有远处鲜血冷凝的大刀。

据说，绝食而死后的他，胡须还在生长，有如银粉色的西红柿被摘下之后，在夕阳中渐渐蔓延成浓烈的红色。

五

公元 986 年 7 月，宋朝轰轰烈烈的第二次北伐终于稀里哗啦地结束。从此，金戈铁马的汉唐余韵转为苍凉的传唱，绝美的湖山烟月流荡起凄婉的悲歌，"宋"这个"木"质帝国只能在长城以内的农田林网里徘徊。

杨业之死，是民族英雄的悲剧，是大宋王朝的悲剧，也是大宋万千百姓的悲剧。

事实上，大宋自诞生之日起，就为自己注射了无法排解的精神毒素。大宋历代皇帝都担心部下像开国皇帝赵匡胤那样功高震主、谋权篡位，从而派生出文官当主帅、武官做副帅，平时兵不见将、将不识兵的畸形军事体制。这种体制，牢牢束缚着大宋三百年的历史和大宋八千万臣民。因此，生于斯、长于斯的民族精英们的爱国情怀和强国抱负，只能蜕变为一个时代的梦想。这粒悲剧的种子在风雨飘摇的大宋破土而出，逐渐蔓延成一丛丛妖冶的曼陀罗，延伸成那个时代所有民族精英的凄厉悲剧。

此时的杨业，此后的狄青、李纲、韩世忠、岳飞、余玠都无法摆脱被嫉妒、排斥甚至清除的命运。所以，这个王朝只能是一个悲剧的王朝，这个时代只能是一个灰色的时代，这个舞台只能是一个阴柔的舞台——供想象里和戏剧里的杨门女将们纵横驰骋。

据说，潘美、王侁回朝后，为了逃避罪责，竭力掩盖事实真相。朝廷听信谗言，只给了杨业相当于五品官一半的抚恤。杨业之妻佘太君和六子杨延昭悲愤难抑，以陷害忠良之名将潘美、王侁告上朝堂。

　　水落石出，真相大白。宋太宗下诏旌表杨业"诚坚金石，气傲风云"，追赠他为太尉（正二品）、大同节度使，杨业的六个儿子全部得到重用：六子杨延昭由供奉官升任崇仪副使（从七品），二子杨延浦、三子杨延训由殿直（皇帝的贴身警卫）升任供奉官（从八品），四子杨延环、五子杨延贵、七子杨延彬任殿直。"杨家将"从此名扬天下。

　　王侁流放金州，永不叙用；本无责任的刘文裕也受到牵连流放登州，后来重新得到启用；而潘美仅仅被贬官三级，从检校太师（相当于名誉太师）降为检校太保，第二年就官复原职，后来还被加同平章事（全称为"同中书门下平章事"，相当于宰相）。朝野有识之士气不过，从此将潘美描述为一个无德无能、阴险狡诈的小人广为宣扬，以至于他的直系后代羞愧地改姓为冯。

　　杨业死后，六子杨延昭守卫边境二十余年，成为一块难啃的硬骨头，被辽兵称为"杨六郎"。之后，杨延昭的三子杨文广继承先辈遗志，继续书写着悲壮而瑰丽的抗辽诗篇。

　　杨氏"一门忠烈"的绚烂往事，激荡着历史也感召着后人，从此成为说书人长盛不衰的热门题材。

　　金沙滩、天门阵、七郎八虎、杨门女将的故事，杨令公、佘太君、杨六郎、穆桂英、杨宗保、杨排风一个个鲜活而悲壮的名字，几乎超越了汉武帝马踏匈奴的猎猎长风，唐太宗横扫突厥的大漠长征，铁木真纵横欧亚的血色狂飙。

哪些是真，哪些是假，已经没有意义，有意义的是她们诠释了平民百姓"慷慨赴国难、忠信高于天"的道德境界，倡树了华夏儿女宁折不弯、愈挫愈奋的耿耿风骨，寄托了中华民族反抗侵略、追求和平的美好愿景。这也是传说比历史更易在民间流传的终极原因。

终了，我必须告诉读者：过于曲折、神奇、瑰丽的，往往不是历史。

可这又有什么关系呢？

第十五章　十一世纪的改革家——王安石

——主人公的政治宣言

祖宗不足法，人言不足恤，天变不足畏。

一

有巍巍长城和杨业这样的战将作为屏障，宫廷里按说安心多了。但事实上，宫墙内的风力从来不小于边关。公元 1067 年，十九岁的赵顼（xū）登基，是为宋神宗。

十一世纪的北宋，应该算历代中原王朝版图最小的政权，用内外交困形容当时的形势毫不为过。一是官场臃肿。北宋的领土远小于明清，但科举人数却是明朝的四倍，清朝的三点五倍。二是军队庞大。每逢荒年，朝廷就把成千上万的流民纳入禁军（中央军）和厢军（地方治安军），致使北宋军队达到了创纪录的一百二十五万人，军费开支占据了国家财政收入的六分之五，难怪宋神宗哀叹："穷吾国者，兵也！"三是农民造反。为了弥补日益增长的财政亏空，朝廷和地方官吏不得不大量增加赋税。古代所有的刻剥之法，本朝应有尽有，走投无路的农民只有揭竿而起。四是军无斗志。北宋片面接受了唐朝藩镇割据的教训，把军官全部换成了手无缚鸡之力的文人，负责前线作战的军官也属临时委派，将不识兵、兵不识将。士兵缺乏训练，站不成行，行不成列，射出的箭往往只达一二十步。五是逢战必败。对北方的辽国，公元 979 年、986 年两次大败，只有不断地"进贡"银两，以屈辱换苟安。对西部的西夏，公元 1040 年、1041 年、1042 年连续三场惨败，只好大量"赠送"银绢，以金钱买和平。

宋神宗寝食难安。据说，登基之前，他全副武装拜见祖母曹氏："娘娘，我穿这副盔甲如何？"

之后，踌躇满志的宋神宗找来二十多年前庆历新政的急先锋、如今的老宰相富弼（bì）商讨变法事宜，想不到被兜头浇了一盆冷水。老宰相以教训的口味说："陛下即位之始，当布德行惠，愿二十年口不言兵！"这真应了柏杨在《中国人史纲》中的断论："宋帝国的立国精神是：抱残守缺，苟且偷安，过一日算一日，将就一天算一天。"

宋神宗叹了一口气，想到了"如雷贯耳"的王安石。

二

王安石，字介甫，公元 1021 年出生于抚州临川（今江西抚州东乡县上池里洋村）。他个性倔强，读书成癖，除了一天到晚地读书思考，别的什么都不会，什么都不管，进入官场后仍衣帽不整，蓬头垢面，一副不修边幅的乞丐形象，在礼仪至上、沽名钓誉的宋朝官场显得格外另类。苏轼的父亲苏洵只见了王安石一面，就写了一篇《辨奸论》痛骂之。文中说，"夫面垢不忘洗，衣垢不忘浣，此人之至情也。"而违背人之常情，"衣臣虏之衣，食犬彘之食，囚首丧面而谈诗书"，以博取超凡脱俗的声名，一定隐含着不可告人的狡诈，当属阴贼险狠大奸大恶之辈。

但王安石深知：无论奶牛多黑，牛奶总是白的。因而一直不肯在外表上花功夫。就是这样一个人，二十一岁考中进士第四名，被任命为淮南签判（朝廷派驻地方的判官）。

庆历七年（公元 1047 年），范仲淹改革失败，二十六岁的王安石改任鄞（yín）县（今浙江宁波鄞州区）知县（从八品）。知县三年，他冒险进行了一次改革试验，在农民青黄不接的季节，下令把仓库里的存粮借贷给农户，约定秋收之后加息偿还，这也就是后来"青苗法"的雏形。

之后，他开始了走马灯式的官场生涯，在朝廷与地方间调来调去，七年换了五个官职。

公元 1058 年，他就任度支使（户部下辖的三司使之一，掌管全国财赋的统计与支调）判官（度支使的助理）。文名大振的他，面对农民起义、外患威胁、财政困难、风气颓废等种种危机，终于挺身而出，献上了《上仁宗皇帝言事书》，要求立即实现对法度的变革。不然，汉亡于黄巾，唐亡于黄巢的历史必将重演。

王安石的改革意见书轰动了朝廷。而苟延残喘的宋仁宗并未回应这一建议，只是将他提拔为知制诰（为皇帝起草诏书）。但王安石婉言回绝了这一可能进身为宰相的肥缺，后来干脆借为母亲守灵之机，离开京城回到金陵讲学。

反常的举动，反而增加了他的神秘感和知名度，以至于许多人以王安石"不作执政为屈"。而王安石深知，通向幸福天空的路不止一条，而降低飞翔的高度，绝不意味着拒绝蓝天的邀请。重要的不是做什么，而是什么时候做。他之所以暂时回绝，是为在遇到明主后飞得更远更高。

王安石长达二十年一次又一次地谢绝朝廷的任命。闹到最后，从皇帝到百官，无不渴望见到王安石。

刚刚上台的宋神宗在富弼那里碰了一鼻子灰之后，将这个叫王安石的人上调朝廷，任命为翰林学士（负责起草朝廷制诰、赦敕、国书及宫廷文书，正三品）。

不过，就连下诏的宋神宗也怀疑：王安石能出山吗？

三

熙宁元年（公元 1068 年）初，白雪覆盖着无垠的原野也覆盖着一座驿站，天地一片琼瑶。一位眼睛细长、神色凝重的中年人拂去身上的雪花与征尘，在驿站昏黄的油灯下泼墨挥毫：

自古驱民在信诚，一言为重百金轻。

今人未可非商鞅，商鞅能令政必行。

这就是向京城进发途中的王安石。

时到花自开。这一天，王安石已经等了多年。对于王安石来说，敢说敢为的宋神宗是唯一可以帮他实现改革理想的君主。

宋神宗和王安石这两位神交已久的人终于见面了。据说，神宗对安石"一见奇之"，安石对神宗"如沐甘霖"。那一夜长谈的烛光，燃亮了干燥已久的史书。

王安石二十年的变法激情被迅速引燃，回家后就开始伏案草拟《本朝百年无事扎子》。文章大意是，宋朝立国五朝以来，吏治、军事、经济都存在着致命问题。本朝之所以百年无事，是老天帮忙，不然早就出事了。不变法，终将死。这篇文章恰如现代诗人顾城的那首诗：

　　我想在大地上画满窗子

　　让所有习惯黑暗的眼睛

　　都习惯光明

　　宋神宗于公元 1069 年任命王安石为参知政事（副宰相，正二品），公元 1070 年又任命他为同平章事（宰相，正一品），展开了长达十六年的"熙宁变法"。

　　革，本义是以皮铲剥制兽皮，将动物皮加工而得的制品。后因制革过程就是改变兽皮性质的过程，因而引申出"变革、革除、破旧立新"的意义。因此，任何一次被冠以"变革""革新"与"改革"之名的事件，都绝非细枝末节的修改和一般意义上的"量变"，而是推倒重来的体制变革和惊心动魄的"质变"过程。"熙宁变法"也不例外。

　　均输法。变地方供奉为中央采购。其初衷在于限制地方官员腐败，但后因中央官员大肆索取回扣，在变法开始两年后废除。

　　青苗法。将政府储备粮拿出来作本钱，在青黄不接时借贷给农户，半年后加百分之二十的利息偿还，全年利息为百分之四十，意在增加政府收入。由于中央下达贷款指标，地方官吏强行摊派，遇到荒年贷款者就将面临破产的命运，此法后来引起巨大争议。

市易法。为改变富商操纵物价的现状，朝廷设立了市易司，负责平价购买滞销商品，到市场缺货时按国家统一定价出售。此法一方面增加了国库收入，另一方面却破坏了市场秩序，毁誉参半。

农田水利法。规定各州县需要兴修水利的，小者自行解决，大者奏报朝廷实施。凡提出合理化建议或出钱募工兴建的，官府给予奖励。此法人气指数最高。

免役法。改无偿当差为用钱雇人，朝廷收入激增。

方田均税法。丈量土地、清查漏税、均定田税，以堵住地主隐瞒田亩逃避税收的漏洞，此法立竿见影。

免行法。由汴京的肉业行会向官府定期交纳一定数额的资金，称"免行役钱"，以此作为官府购肉的价格补贴。官府收钱后，随行就市自行购买，肉行不再直接向官府低价供应，属于典型的官府强权。

保甲法。十家为一小保，十小保为一大保，十大保为一都保。一户有两个男丁以上的，抽一人为保丁。同保内有犯法者，知情不报要连坐。发现来历不明者，不举报要惩罚。此法与商鞅的连坐法、蒋介石的保甲法一脉相承。

保马法。动员民间养马，官府对养马户减少赋税或予以补助。

军器监法。官方建设兵工厂，录用能工巧匠改良和制造武器。

将兵法。废除更戍法，要求将领常驻军中，忠实履行将领本应承担的训练和征战义务。

三舍法。在太学中设立三舍，学生初入学住外舍，名额两千人；从外舍的两千人中选拔两百人进入内舍；再经考试选拔一百人进入上舍，上舍的优秀学生不用考试直接授官。

科举新法。取消自隋朝开始的"明经科"（默写和解释经文），取消诗赋考试，进士考试内容一律改为"经义大意与时政议论相结合"。《诗经》《尚书》《周礼》三经，由王安石的儿子王雱、改革派大臣吕惠卿和王安石分别撰写解释，写成《诗经义》《尚书义》《周礼义》三本书，统称"三经新义"。朝廷规定，"三经新义"为全国学子必读书目，科举考试以此作为标准答案。

四

动物世界里有一句哲言，蜈蚣即使有千只脚，每次也只能走一步。变法既无舆论铺垫，又非循序渐进，而是一场急风暴雨式的革命性变革。况且变法的名目如此之多，出台的法律如此之严，损害的群体如此之广，推行的日期如此之急，因而受到的质疑、反对乃至抗拒也就分外强烈。

十六年的变法史，就是一部变法派和反对派的"博弈史"。

第一次博弈发生在变法初始的公元 1069 年。变法一开始，朝廷的五位宰相和副宰相呈现出"生老病死苦"五种状态："生"，指王安石生气勃勃，锐意改革；"老"，指宰相曾公亮年老体衰，言语含混；"病"，指宰相富弼反对新法，称病不朝；"死"，指副宰相唐介发现自己与王安石争吵时宋神宗明显偏袒对方，因而气火攻心，恶疮发作而死；"苦"，指副宰相赵抃（biàn）每见一个新法出台，就叫苦不迭。

继而，御史中丞（御史台次官，从三品）吕诲上书弹劾王安石，弹劾未果后自愿离开京城。范仲淹的儿子、知谏院事（谏院主官）范纯仁上书反对均输法，被宋神宗贬官成都。翰林学士司马光因为青苗法与吕惠卿展开辩论，废除青苗法的提议被宋神宗驳回。文豪欧阳修也上书反对青苗法，宋神宗不置可否。最后，就连与范仲淹齐名的老将、河北安抚使韩琦都上书反对青苗法。

看到老将言辞恳切的上书，特别看到是书中列举的害民实例，宋神宗终于下令暂停青苗法。

王安石开始称病不朝。在宋神宗眼里，王安石如同一块古灵精怪的顽石，体积不大，却很沉很沉，搬它费力，踢它脚痛。犹豫几天后，宋神宗终于没有拗过这块"又臭又硬"的石头，最终宣布恢复青苗法，请王安石重新上班。

第二次博弈，是弊病重重的青苗法恢复后，就连著名词人、一度主张改革的苏轼也对王安石的"顽固不化"无法理解，请求到地方任职。御史中丞吕公著上书质问王安石："韩琦、欧阳修、富弼都是庆历新政的改革派，口碑甚佳，连他们都反对青苗法，难道这些贤哲都是小人吗?!"结果，吕公著被罢职外放。宰相曾公亮和副宰相赵抃因与王安石无法共事，愤而辞职。司马光也愤愤难平，在主持翰林院考试时，出考题要求考生驳斥王安石的"三不足"论点，被宋神宗压下。在反对新法未果后，司马光请求到洛阳任闲官，利用十几年落寞的时光完成了辉煌的历史巨著《资治通鉴》。这也就是变法最终失败的三大原因之一：把变法上升到了道德层面，使政见之争演化为"党争"。

之后，京师的商人也群起攻击"市易法"垄断货源、哄抬物价、争夺民利。更有甚者，宋神宗的祖母曹氏和生母高太后闻听民间百姓痛恨青苗法，流着眼泪劝皇帝罢免王安石。宋神宗的两个弟弟也婉言规劝皇帝注意民间疾苦。

尤其意味深长的是，王安石亲自提拔起来的城门监守官郑侠，根据所见所闻，精心绘制了一张《流民图》，呈送皇帝御览。矛头指向变法的致命弱点：增加赋税，导致民穷。看了凄凉而悲惨的《流民图》，宋神宗潸然泪下，再度下诏暂停青苗法。见此，顽固的王安石坚决请求辞职。

没有哪个时代是属于一个人的。这一次，胳膊没有拗过大腿。经再三挽留，宋神宗于公元 1074 年春批准王安石外任江宁（今江苏南京）知府。

乌云遮住了湛蓝的天空，但遮不住满目的花红柳绿。坐在马车上的王安石，深情回望了一眼高大的开封城门。屈指算来，从指缝里流过的不是杨柳风，杏花雨，而是飞逝而过的岁月。记得六年前，四十七岁的自己正踌躇满志地走进这座城门。

猛抬头，见一只鹧鸪正在空中用长音散布关于下一个春天的童话。

五

博弈并未结束。

第三次博弈发生在王安石第一次罢相之后。为保持改革的连续性，王安石临行前推荐改革派人士韩绛（jiàng）为宰相，吕惠卿为副宰相。出乎意外的是，王安石一走，改革派内讧顿起，韩绛、吕惠卿、邓绾互不服气，像小盒子里的豌豆一样乱作一团。

变法派官员曾布、魏继宗也竞相揭发主持市易司的吕嘉问垄断市场，在客观上质疑了此法的可行性。

更可气的是，王安石一手栽培起来的吕惠卿落井下石，诬告王安石背着皇帝搞阴谋，并把他牵连到一个谋反案件中，企图永久性搬掉这块曾经压在自己头上的顽石。

听到消息，远在江南的王安石竟日叹息。对于变法者来说，最大的痛苦不在于反对者众，而是反对者中有自己人，特别是有自己亲自提拔、格外欣赏的人。

宋神宗当然也感受到了这一点，因此在变法阵容群龙无首、闹剧不断的情况下，只好再度启用王安石。时间是 1075 年 2 月。

最后的博弈，发生在王安石恢复相位后。一回到朝堂，他立刻向落井下石者开了刀：吕惠卿向富商借钱低价购买良田的腐败行为被追究，章惇因与吕惠卿沆瀣一气被贬出朝廷，韩绛的宰相职务被罢免。

曾经的欢乐已经如数找回。

但欢乐与忧伤，是人类前行紧紧相随的两行脚印。很快，坏消息就接踵而至。

哲人一再提醒我们，人永远不要和猪摔跤，双方都搞得一身泥，正是猪喜欢的结果。先是王安石的爱子王雱以不正当手段与吕惠卿恶斗的内情被曝光，失去了宋神宗的信任，最终因郁闷导致疽发身亡。

紧接着，困兽犹斗的吕惠卿将王安石变法初期写给自己的私信全部展示给皇帝，因为个别信件上有"勿使上知"的标注，因此宋神宗与王安石的关系迅速冷却。

天长日久，雨淋水蚀，曾经的顽石坚硬不再，日渐消沉的王安石于公元 1076 年二度辞职。

　　京口瓜州一水间，钟山只隔数重山。
　　春风又绿江南岸，明月何时照我还？

沐浴着凉凉的明月，这个落寞的政治家回到金陵，栖居在文学书屋"半山园"，闲看飞云横渡，卧对晨雾晚霞，过起了"生一盆火，燃一炷香，烤几枚干果，读几页书"的隐居生活，度过了一生中的最后七年。

山是凝固的波浪，水是流动的群山。然而，面对满目的流动，他已经心如死水：

　　终日看山不厌山，买山终待老山间。
　　山花落尽山长在，山水空流山自闲。

六

不管怎么说，经过十几年以聚财为主旨的变法，北宋发生了令人侧目的巨变。

在财政上，朝廷终于扭亏为盈。在农业上，各地兴修水利上万处，灌溉农田三十六万亩。据说，为了盛下变法聚敛的钱粮绸绢，朝廷被迫紧急兴建了五十二座府库。在军事上，为了斩断西夏右臂，宋将王韶于公元 1072 和 1073 年率军赢得了"熙和之役"，夺取了甘肃、青海五州，收获了北宋罕见且久违的胜利。

而且，在王安石回到江宁隐居后，宋神宗仍难得地继续推行新法，加强了军事训练，并于公元 1081 年对西夏形成了包围之势。

冰冻三尺，非一日之寒，北宋军队的战斗力毕竟太差了，十拿九稳的包围战居然一败涂地，军队伤亡人数达到了创纪录的六十万，此前宋神宗多年铸成的政治胆略和苦心经营的军事老本一夕尽丧。

天地寂寥，人微如蚁。从此，宋神宗萎靡不振，一病不起，于公元 1085 年 3 月去世，终年三十七岁。接着，宋神宗九岁的儿子赵煦（xù）继承皇位，宋神宗的母亲高太后临朝听政，反对派首领司马光东山再起，受命执掌内阁大权。尽管有些新法已经深入人心，但"以人划线"的新内阁还是将新法统统废除。

缠绵的江南雨,淋湿了远远近近的惆怅;温软的东南风,吹来了深深浅浅的忧伤;阴柔的秦淮河,荡起了层层叠叠的悲怆。公元1086年4月,还是春意盎然的季节,已经将"半山园"捐做佛寺的王安石,终于走完了他六十三年辉煌而坎坷的人生之旅,在秦淮河边一间租赁的寒舍中含恨而去。

这似乎是一个"赌徒"标准的一生,下注、然后等待,赢了一切,又输得精光,最后只能死去。

七

死亡是一道黑色的门槛。王安石死了,这个王朝再也没有了支柱,这个时代再也没有了灵魂。因为王安石的生命持续一天,人们就仰望他一天,即使不再发号施令,依然是一面旗帜,一种标志,一个震慑。

闻讯,就连王安石的死对头司马光都发出了一声叹息,当即提笔给另一位宰相吕公著写信:"朝廷宜优加厚礼。"反对变法的黄庭坚也评价王安石:"视富贵如浮云,不溺于才和酒色,世之伟人。"清末的梁启超甚至称他是"三代以下唯一的完人"。

而那位将新法统统废除的小皇帝赵煦,也追赠王安石为太傅(正一品），并命中书舍人（正四品）苏轼撰写《王安石赠太傅》的"制词"。

但是，这一切不过是表象。因为无人敢到王家祭吊，只有王安石的弟弟王安礼、王安上为胞兄选了块荒地做墓庐，在冷寂而低肃的气氛中举行了葬礼。

而朝廷一片安静，因为皇帝终于可以睡大觉了，满朝文武终于不再担心凶猛的变法会卷土重来了。只有王安石的几个朋友，躲在角落里默默垂泪。只有边陲虎视眈眈的契丹王和西夏王窃笑不已。因为列宁所谓的"中国十一世纪的改革家"——王安石死了，主战派大旗倒了，没人再试图富国强兵。春雨淅沥，像无声的抽泣。

又过了五个月，宋朝的另一块顽石——王安石的死对头司马光也突然病逝，享年六十八岁。

一个是"唐宋八大家"之一，一个是司马迁之后最伟大的史学家。两个曾经的文学密友，因变法而决裂，一生中像野兽一样互相撕咬，形同水火；像顽石一样互相碰撞，火花飞溅，最终又在一年内先后死去，不能不算是一个意味深长的历史巧合。

名人故事 下

高洪雷 著

长江文艺出版社
长江出版传媒

图书在版编目（ＣＩＰ）数据

名人故事：全二册 / 高洪雷著. -- 武汉 ：长江文
艺出版社， 2018.7
　　（百读不厌的经典故事）
　　ISBN 978-7-5702-0355-0

　Ⅰ. ①名… Ⅱ. ①高… Ⅲ. ①名人－生平事迹－中国
－青少年读物 Ⅳ. ①K82-49

　　中国版本图书馆 CIP 数据核字(2018)第 081040 号

责任编辑：田敦国　　　　　　　　　责任校对：陈　琪
封面设计：笑笑生设计　　　　　　　责任印制：邱　莉　胡丽平
──────────────────────────────

长江出版传媒　　长江文艺出版社

出版：
地址：武汉市雄楚大街 268 号　　　邮编：430070
发行：长江文艺出版社
电话：027—87679360
http://www.cjlap.com
印刷：武汉邮科印务有限公司
──────────────────────────────

开本：720 毫米×1020 毫米　　　1/16　　印张：33.5　　插页：2 页
版次：2018 年 7 月第 1 版　　　　2018 年 7 月第 1 次印刷
字数：275 千字
──────────────────────────────

定价：58.00 元（全二册）
──────────────────────────────

目　录

在世界历史上，号称最文明的国家都分别流放了最伟大的作家:英国流放了拜伦,德国流放了海涅,法国流放了雨果。但他们都没有为此沉沦,而是用流亡为"祖国"构建了巨大的精神殿堂。被宋朝流放的苏东坡也不例外……

岳飞死了,我们所有的石碑、庙宇、塑像、香火,都无法使他生还。秦桧死了,写一万本书责骂他,也不会惊动他不为人知的坟墓中的骨灰。这一点,过去是,现在是,将来仍然是一个民族的伤疤……

如此活生生的传奇,正如漆黑夜色中的萤火虫,丈夫衣领上的口红,凶杀现场的指纹,美人眉间的红痣,想不引人注意都不可能。他一战成名,意气风发地踏入了南宋官场。用苏东坡的词来形容就是:一点浩然气,千里快哉风……

出狱那天,杭州万人空巷争睹这位家喻户晓的爱国词人和敢爱敢恨的时代叛逆的绝世风采。她整了整散乱的裙钗,平静地穿过如潮的人流,铿锵而去。从此,她有了两本书,一本叫爱国,一本叫爱情……

他像流星一样划过长空,用璀璨换长生,以刹那为永恒,达到了哲学家海德格尔“向死而生”的人生境界。七百多年过去了,零丁洋潮涨潮落,惶恐滩春来冬去,一切如过眼云烟,唯有他的英名如日出日落一般照耀着我们……

第六章 一代天骄——成吉思汗 / 097

试想,没有经历过炼狱般的磨炼,怎能练出创造天堂的力量?没有流过血的手指,怎能弹奏出世间的绝唱?于是,他变得铁一般硬,钢一样强,开始成为一只凌空翱翔的雄鹰,在搏击长天的同时播撒烈烈扬扬的生命意志……

第七章 天地正气——方孝孺 / 109

正如姚广孝所预言的,方孝孺一死,读书人的种子就绝了。方孝孺之后,明朝再无一人称得上政治思想家。与此形成鲜明对照的是,斯时也,文艺复兴的朝阳升起在欧洲上空,驱赶着中世纪的黑暗,疾步迈进蓬勃发展的近代……

第八章 远洋之歌——郑和 / 127

我们只有发出一声叹息:郑和下西洋就这样成了一个传奇,也仅仅是一个传奇。这一声叹息,是萦绕在无数曾经盛极一时的帝国心头的噩梦。难怪梁启超说,郑和之后,再无郑和……

第九章 要留清白在人间——于谦 / 143

于谦的一生像岳飞一样被画上了一个悲怆的句号。同样被画上句号的还有余玠、袁崇焕。巧合的是,以上四人姓氏的第一个字母都是"Y"。这个字母和句号在中国历史册页中悬垂,让人心冷如冰,触目惊心……

第十章 大明最后的"长城"——袁崇焕 / 155

此时的袁崇焕,才真正感到了几分后怕:因为他十分清楚,明与后金力量对比,早在萨尔浒之役之后就已发生逆转。防守已属不易,遑论收复失地?"五年复辽"的豪言壮语简直就是梦呓……

第十一章 气壮河山——史可法 / 177

就因为"扬州十日",这个隋炀帝梦里的"琼花江都"从此成为亿万民众心中的"大写扬州",也让"扬州十日"这个红色的"历史疤痕"开放成灿烂的"气节之花"。

那么,该如何使用这个既有个性又有才干的人呢?咸丰帝犯了难。因为这个人已经接近五十岁,这个岁数对于一位将军而言,本该是解甲归田的时候了。就在这个当口,左宗棠"踢人事件"发生了……

与此同时,东方中国也出现了一位"卢森堡"式的男装丽人,短发齐耳,腰插短剑,足蹬战靴,英姿勃勃地奔走在血雨腥风中……

第一章　铁板铜琶——苏东坡

荷尽已无擎雨盖，
菊残犹有傲霜枝。

——主人公的诗

一

公元 1056 年，一位满脸沧桑的中年人，带着两个刚刚成年的儿子，从眉州眉山（今四川眉山市）启程，沿江东下，辗转抵达宋朝京城汴京。

这个中年人，名叫苏洵，就是《三字经》里提到的"二十七，始发奋"的苏老泉。他尽管读书较晚，但几十年如一日，青灯黄卷，面壁苦读，可参加科举考试却屡试不中。心灰意冷之下，他把希望寄托在两个儿子身上，并在他们身上下足了功夫。这一次，他就是带着两个儿子来参加明年的会试的。他这两个儿子，一个名叫苏轼，字子瞻，世称苏东坡、苏仙，十九岁；一个名叫苏辙，字子由，十七岁。

第二年，苏轼和苏辙同时应试。这次会试的主考官是翰林学士、文坛领袖欧阳修，小试官则是诗坛宿将梅尧臣。由于这两位考官正在倡导诗文革新，所以，当看到一篇名为《刑赏忠厚之至论》的策论时，文中那清新洒脱的文风，流畅严谨的表述，一下子抓住了他们的心。按说，这是一篇可以排在首位的策论，却因欧阳修误认为是弟子曾巩所作，为了避嫌，只评了个第二。名次揭晓，苏轼、苏辙兄弟二人成为同榜进士，名动京师。

苏轼在文中写道："皋陶为士，将杀人。皋陶曰杀之三，尧曰宥之三。"欧阳修、梅尧臣既叹赏其文，却不知这几句话的出处。等到考中进士的苏轼前来谒谢，他们就这个问题问起苏轼，苏轼答道："何必知道出处！"欧阳修闻言，对苏轼不拘一格的做派更为赞赏，而且预言："此人可谓善读书，善用书，他日文章必独步天下。"

欧阳修说得没错。大概有些人，生来就不是做路人甲、跑龙套、当走卒的，他们是浩瀚银河中心最耀眼的星光，是迢迢远山深处最清冽的甘泉，是无垠沙漠尽头最丰美的绿洲。苏轼就是这样一个人，做事情，要么不做，要做就要做到最好，达到极致。他的散文，位列"唐宋八大家"（韩愈、柳宗元、欧阳修、苏洵、苏轼、苏辙、王安石、曾巩）之一；他的词，被称为宋代三大词人（苏轼、陆游、辛弃疾）之首；他的诗，与黄庭坚并称"苏黄"；他的书法，为"宋四家"（苏轼、米芾、黄庭坚、蔡襄）之一，他的《寒食帖》被称为"天下第三行书"（前两位是王羲之的《兰亭集序》、颜真卿的《祭侄季明文稿》）；他的画，在描绘墨竹、怪石、枯木上别有风致。可以说，他是有宋一朝公认的一号文人。

但在进士及第之后，他的好运气似乎用光了，他人生的大部分时间，不是奔丧，就是在家守孝；不是被贬，就是在被贬的路上；偶尔有点惊喜，随后必是更重的打击。就在苏轼蜚声京师、正要大显身手时，家乡传来母亲病故的噩耗，父子三人赶忙回乡奔丧。

时光荏苒，一晃就是三年。公元 1061 年，苏轼回京参加了制科考试（由皇帝亲自出考题，宋朝只进行过二十二次，成功通过的只有四十一人），入第三等（最高等，有宋一朝唯有苏轼），授大理评事（大理寺名誉职位，正八品）、签书凤翔府判官（凤翔府文书），终于在二十四岁的青春韶华，走上了万千学子梦中的仕途。

四年后，苏轼好不容易回到京城，被朝廷任命为判登闻鼓院（接受百姓和官员申诉的机构）。然而不久，他的发妻王弗撒手人寰，年仅二十六岁。隔了不到一年，父亲苏洵也在京师病逝，苏轼、苏辙只得放弃官位，带上父亲和王弗的灵柩一起还乡。

三年守孝期满之后，苏轼终于可以重新入仕，一身轻松地大展宏图了。但前面等待他的，会是光明的坦途吗？

二

熙宁二年（公元 1069 年）早春二月，一场震惊朝野、规模空前的变法拉开序幕。由于这次变法由参知政事（副宰相）王安石主导，所以史称"王安石变法"，又称"熙宁变法"。变法以挽救宋朝政治危机为目的，以"理财""整军"为中心，涉及政治、经济、军事、社会、文化各个领域，是继商鞅变法之后又一次规模巨大的社会变革运动。变法充实了政府财政，提高了国防力量，但由于内容过于超前和激进，加上实际执行中的不良运作，因此自始至终遭到了部分持不同政见的官员特别是既得利益集团的强烈抵触甚至公开反对。变法从一开始就形成了两大阵营，史称变法派与保守派。

当苏轼埋葬了父亲和发妻，结束了丁忧，带着新婚妻子王闰之（王弗的堂妹）和弟弟苏辙兴冲冲地回到京都之后，发现京城刮起了一场历时八年的名为"朋党之争"的政治风暴，自己的恩师欧阳修因为批评青苗法，开罪了王安石，已经被迫离京远赴蔡州（今河南汝南县）。自己的许多师友，也因为直言新法之不足，被划入了守旧派，或被外放，或被免职。在生性强硬的王安石看来，即便是新法有技术上或执行中的瑕疵，也绝不允许说三道四。说不说新法的好话，就成了划分变法派与保守派的唯一标准。并且，他推行了一条党同伐异的路线，只要拥护新法，无论其人品怎样，口碑如何，是否有实际经验，都是他重用的对象；反之，无论能力再强，名声再好，经验再丰富，也坚决弃而不用。

俗话说，识时务者为俊杰。因此，面对王安石的铁腕政策，随声附和者有之，噤若寒蝉者有之，闭门谢客者有之。而作为文坛上冉冉升起的巨星，苏轼的表现就显得尤为引人注目。

在宋朝这个讲道学、讲理学、尊孔子、千篇一律的年代，敢于冲破传统思想的束缚，进行有可能使自己身败名裂的社会变革，的确是需要巨大勇气和胆识的，从这一点上说，苏轼对王安石是佩服的。而且，苏轼从根子上说，也是一个勇于创新的人，否则也就不会对词进行诗化与散文化改革，更不会创建与婉约派诗词相对立的豪放派诗词。在变法初期，苏轼和弟弟苏辙也是提倡改革的，他们还写了一些变革文章和奏疏，有的观点比王安石还要激进。苏辙甚至已经被拉进了变法班子——三司条例司。

问题在于，他太正直，太无私，太有"治国平天下"的责任感了，因此，当他发现变法太激烈、太急躁、太过头，不合实际，对百姓不利时，他沉不住气了。

公元 1071 年，苏轼开始为新法的不足进言，他说："孟子说过：'其进锐者其退速。'孔子也说过：'欲速则不达，见小利则大事不成。'变法应该循序渐进，不能操之过急。"继而，他向皇帝建议："不要太重财政，不要与民争利。"他还用九个字概括了自己的想法："结人心，厚风俗，存纪纲。"

在后人看来，苏轼这些话，既谈不上反对变法，也算不上多么犀利，还没有什么错，而且还很有见地。但在变法派与保守派剑拔弩张、水火不容的当时，对变法赞颂得不到位都要受到冷落，况且是对变法"不恭"的文字了。于是，当王安石看到苏轼那秀美的字体时，脸涨得通红，立即安排御史谢景在宋神宗赵顼面前攻击苏轼。

很快，苏轼被外放为杭州通判（州府副长官）。公元 1074 年调任密州（今山东诸城）知州；公元 1077 年调任徐州知州；公元 1079 年春再调任湖州（今属浙江）知州。

按说，八年被换了四个地方，折腾来折腾去，他也步入了四十二岁的中年，再大的棱角也该磨平了，再偏的性格也该平和了，但苏轼与父亲为他取名的初衷（"轼"原意为车前的扶手，取默默无闻却扶危救困，不可或缺之意）一直背道而驰，他率性而为，不谙世故，油盐不进，绝不低头，后人形象地说他是"铁板铜琶"。

他不仅不低头，还令人吃惊地做到了随遇而安，自得其乐。在杭州通判任上，他曾专门赶赴湖州，见到了致仕（辞官退休）回乡的词人张先。两人畅叙别情，把酒言欢，话越来越投机，也越来越放肆。听说年过八十的张先娶了一房十八岁的小妾，苏轼问他滋味如何。张先赋诗说：

我年八十卿十八，卿是红颜我白发；

与卿颠倒本同庚，只隔中间一花甲。

苏轼也兴致大发，合了一首《戏张先》：

十八新娘八十郎，苍苍白发对红妆；

鸳鸯被里成双夜，一树梨花压海棠。

就在他稍稍放松的时候，更大的风浪正向他袭来。

三

引来这场风浪的，居然是他的一封上表。

抵达湖州后，他给宋神宗写了一封《湖州谢上表》。这封上表其实只是例行公事，略叙为臣过去无政绩可言，再叙皇恩浩荡，但在最后，作为文人的苏轼还是没忘了在官样文章中加点个人色彩："陛下知其愚不适时，难以追陪新进；察其老不生事，或能牧养小民。"

让他万万想不到的是，恰恰是这点个人色彩，不仅给他带来了牢狱之灾，而且引发了株连多人的"乌台（御史台，因此处的柏树落满乌鸦，所以别称乌台）诗案"。

当时，正值熙宁变法失败，朝廷重整旗鼓，推行元丰改制的关键时刻。变法派对来自朝野的言论特别在意，甚至在意到了神经质的程度，他们正想找一个守旧派开刀。找谁开刀呢？

就在此时，变法派官员早于宋神宗看到了苏轼的这封上表。苏轼，不正是那个反对过青苗法，被誉为天下第一才子的落魄文人吗？诸位来看，上表的最后一段有问题，有大问题。

监察御史们首先下了手。这些以挑刺、整人为业的人，生肖都是属狐狸的，嗅觉极其灵敏，擅长见风使舵。

六月，监察御史里行（里行是指见习官）何正臣摘引"新进""生事"等语上奏，说苏轼"愚弄朝廷，妄自尊大"。他的理由是，"其"为苏轼自称，苏轼以自己同"新进"相对，说自己不"生事"，就是暗示"新进"人物"生事"。早前，保守派领袖司马光在给变法派领袖王安石的信中就有"生事"二字，"生事"早已成了攻击变法的习惯用语。"新进"则是苏轼对王安石引荐的新人的贬称，他曾在《上神宗皇帝》书里说王安石"招来新进勇锐之人，以图一切速成之效"，结果是"近来朴拙之人愈少，而巧进之士益多"。

仅凭《湖州谢上表》里的一两句话，显然不足以给苏轼定罪。偏偏凑巧，当时出版的《元丰续添苏子瞻学士钱塘集》，给御史台的新人们提供了收集材料的机会。监察御史里行舒亶（dǎn）在对苏轼的诗潜心钻研之后，上奏弹劾说："至于包藏祸心，怨恨朝廷，诽谤谩骂，从而缺少为人臣子节操的人，没有超过苏轼的。陛下发青苗钱给乡村民户，他说'赢得儿童语音好，一年强半在城中'；陛下以法律考核郡吏，他说'读书万卷不读律，致君尧舜知无术'；陛下兴修水利，他说'东海若知明主意，应教斥卤（盐碱地）变桑田'；陛下禁止食盐私营，他说'岂是闻韶解忘味，迩来三月食无盐'；其他触物生情之作，随口道来，无不以讥讽诽谤为主。"

御史中丞（御史台长官）李定，这个曾因母丧之后不服孝而引发世人唾骂的高官，对苏东坡的攻击最凶。他说，苏轼最初不学无术，居然滥得时名，偶尔高中制科，实在让人难以理解。又说苏轼急于获得高位，心中不满之下，便一再讽刺当权者。再次，皇帝对他宽容已久，希望他改过自新，但他拒不从命。最后，虽然他的诗荒谬浅薄，但在全国影响甚大，因此应对他处以极刑，以正朝纲。

令苏轼极度伤心的是，就连他的好友——科学家沈括，也拿着两人分别时苏轼送给他留作纪念的近作检举了对方。

检举者中，甚至还有许多他从未见过面的底层官员。

四

有人偷偷告诉苏轼，他的诗被检举揭发了，他先是一怔，然后潇洒地说："今后我的诗不愁皇帝看不到了。"

当这种坏消息越来越多时，他就潇洒不起来了。尽管他的好友驸马王诜通过苏辙将朝廷即将派人捉拿他的消息提前通报了他，他也有了一点思想准备，并把公务交给了助手。但是，当公元1079年7月28日钦差皇甫遵带着一队士兵来到湖州时，他还是慌乱得像尾巴着火的老鼠，干脆躲在后院不出来。他的助手说："钦差已在前面等着了，躲是躲不过的。"他正要出来，又犹豫了："穿什么服装面见钦差呢？已经犯了罪，还能穿官服吗？"助手说："什么罪还不知道，还是穿官服吧。"

苏轼着官服出来，赶忙向钦差谢罪。但钦差坐在座上，板着脸，半天不说话，只是用一双眼睛盯着他。

气氛越来越紧张，苏轼越来越慌张，说："我自来疏于口舌笔墨，看来把朝廷惹恼了，今日必是赐死，请允许我回家与家人告别。"

钦差这才慢吞吞地说："不至于此，只是传唤进京而已。"

话虽说得轻巧，但这哪里是传唤进京的阵势呀?! 太守官衙的人全都吓得手足无措，个个躲躲藏藏。

至于苏轼，全部遭遇还不知道半点起因，他只怕株连亲朋好友，因此在途经扬州江面和太湖时，几度试图跳水自杀。假若不是钦差看管得严，那江湖淹没的将是一大截明丽的中华文明。

二十天后，他直接走进了御史台监狱。又过了两日，他被正式提讯。苏轼先报上年龄，世系，籍贯，科举考中的年月，再叙历任的官职和有他推荐为官的人。他说，从为官开始，他曾有两次不良记录。一次是任凤翔通判时，因与上司不和而未出席秋季官方仪典，被罚红铜八斤。另一次是在杭州任内，因小吏挪用公款，他未报呈，也被罚红铜八斤。"此外，别无不良记录"。

最初，苏轼承认他的《山村五绝》诗里"赢得儿童语音好，一年强半在城中"是讽刺青苗法的，"岂是闻韶解忘味，迩来三月食无盐"是讽刺盐法的。除此之外，其余文字均与时事无关。

御史台审问他《八月十五日看潮》里"东海若知明主意，应教斥卤变桑田"两句的用意，他拖了两天才说是"讽刺朝廷水利之难成"。至于《戏子由》诗违抗"朝廷新兴律"的主旨，直到四天后才被迫承认。

李定向皇帝报告了案情进展，说苏轼面对弹劾全都承认了。宋神宗大惊，怀疑苏轼要么是受刑不过，要么是有更大的秘密要隐藏。于是，问李定可曾用刑。李定回答："苏轼名高当时，辞能惑众，为避人言，不敢用刑。"宋神宗大怒，命御史台严加审查，一定要查出所有人。

到九月份，御史台已从四面八方抄获了苏轼寄赠他人的大量诗词。有一百多首在审问时呈阅，有三十九人受到牵连，其中包括司马光、黄庭坚、范镇、张方平、王诜、苏辙等当朝名士。

在等待最后判决的日子里，大儿子苏迈每天去监狱给他送饭。由于父子不能见面，所以早在暗中约好：平时只送蔬菜和肉食，如有死刑判决的坏消息，就改送鱼，以便早做准备。一日，苏迈因银钱用尽，需出京去借，便将为父亲送饭一事委托一位远亲代劳，却忘了告诉远亲送饭时的暗号。偏巧这位远亲那天送饭时，给苏轼送去了一条熏鱼。苏轼一见大惊，以为凶多吉少，便以万分悲戚之心，为弟弟苏辙写下了"与君世世为兄弟，更结来生未了因"的诀别诗。

在判决的关键时刻，被保守派称之为"奸邪""小人"的多个变法派大臣，居然"奇怪"地上书为苏轼求情。已罢相退居金陵的王安石上书："安有圣世而杀才士乎？"王安石的弟弟王安礼也仗义执言，对皇帝说："自古大度之君，不以言语罪人"，如果严厉处罚了苏轼，"恐后世谓陛下不能容才"。左宰相吴充说得更直截了当："曹操猜忌心那么重还容得下祢衡，陛下为什么容不下一个苏轼呢？"连身患重病的曹太后也出面干预："昔日宋仁宗殿试回来，高兴地对我说，我今天又为子孙得到了两个太平宰相，名叫苏轼、苏辙，你如今能杀他们吗？"可笑的是，苏轼口中的"新进"章惇也积极营救了苏轼，并不惜与想置苏轼于死地的右宰相王珪翻脸。最终，鉴于宋太祖赵匡胤定下的"本朝不杀士大夫"的国策，加上一些重头人物的规劝，苏轼总算躲过一劫。

受到牵连的人中，驸马王诜被削除一切官爵，王巩发配西北，苏辙被降职，张方平等被罚红铜三十斤，司马光、范镇等各罚红铜二十斤。

五

"世事一场大梦，人生几度秋凉。"坐牢一百〇三天的苏轼终于活着走出了御史台，呼吸到了自由与甜蜜的空气。公元1080年初，苏轼就任黄州（今湖北黄冈）团练副使（从八品），职位仅相当于今县人民武装部副部长。朝廷还要求他：不许走出地界，无权签署公文。

种种迹象表明，苏轼在黄州过得非常凄苦，用"穷困潦倒"来描述当不为过。他写给李端叔（词人，进士出身，曾做过苏轼的幕僚）的一封信，就直观地讲述了此时的生活状态。信中说：得罪以来，深自闭塞，扁舟草履，放浪山水间，与樵渔杂处，往往为醉人所推骂，辄自喜渐不为人识。平生亲友，无一字见及，有书与之亦不答，自幸庶几免矣。

众所周知，当朝名士苏轼是个典型的乐天派，朋友众多。日复一日的应酬，连篇累牍的唱和，几乎成了他生活的基本内容，他一半是为朋友们活着的。但是，一旦出事，朋友们不仅不来信，而且也不回信。他们明知苏轼是被冤屈的，如今只是被贬了职，却依然敬而远之，唯恐粘上一丝晦气。试想，当寄托着苏轼无限期待、用光照千古的笔墨写成的书信，千辛万苦地从黄州带出去，却换不回一丁点儿回音的时候，苏轼心中的凄楚可想而知。总而言之，原来诗友唱和的日子已经成为过去，

015

一代名人只能混迹于樵夫渔民间不被人认识。日常生活，在家人接来之前，大多是白天睡觉，晚上独自外出溜达，见到淡淡的土酒也喝一杯，但绝不喝多，怕醉后失言。

其实，他从来就没有害怕过什么，他怕的是麻烦不断，怕的是株连无辜。经过"乌台诗案"他已经悟出，一个人一旦蒙受了诬陷，你找不到慷慨陈词的目标，你抓不住从容赴死的理由，到头来只能掉进"酱缸"，落得个不明不白的下场。对此，没有人不害怕。

正是这次宦海沉浮，这种难言的孤独，使他洗去了人生铅华，远离了世俗喧嚣，挣脱了名缰利锁，经历了一次整体意义上的脱胎换骨。从此，他变得坚定沉着了，变得明亮睿智了，变得成熟豁达了。他清楚地认识到，人能够做他想做的事，但不能要他所想要的，因为自己无法制造穿不透的铠甲来抵御命运之神的箭矢。为了忍受生活，他必须寻找缓冲的措施。而这一类的措施，弗洛伊德的总结是："强而有力的转移，它使我们无视痛苦；代替的满足，它减轻我们的痛苦；陶醉的方法，它使我们对痛苦迟钝、麻木。"苏轼没有总结得如此系统，但做得比弗洛伊德说得精彩。

利用公务闲暇，他在江边盖起一座小屋，门窗是他亲自油漆的，壁上画有雪中寒林和水上渔翁。他还带领远道赶来的家人开垦出城东的一块坡地，植桑种粮补贴家用。"东坡居士"的别号便是这时取的。

他多次来到黄州城外的赤壁山，面对"江上之清风与山间之明月"，写下了《赤壁赋》《后赤壁赋》《念奴娇·赤壁怀古》等名作，发出了"寄蜉蝣于天地，渺沧海之一粟，哀吾生之须臾，羡长江之无穷。""大江东去，浪淘尽，千古风流人物""人生如梦，一尊还酹江月"的旷古感喟。正是黄州和赤壁，使他的文学与人生得到了质的升华，由此奠定了他在中国文学史上的巨人地位。

他在《浣溪沙·游蕲水清泉寺》中表现出的旷达与放浪，令人拍案叫绝："山下兰芽短浸溪，松间沙路净无泥。潇潇暮雨子规啼。谁道人生无再少？门前流水尚能西！休将白发唱黄鸡。"就连一篇几百字的《记承天寺夜游》，也流淌着"乐天知命"的绵长韵味："何夜无月？何处无竹柏？但少闲人如吾两人者耳！"

他开始接受清苦而清净的日子，对简陋的江边小屋也不再抗拒。因"贵人不肯吃，贫人不会煮"而"价钱如泥土"的"黄州猪肉"，居然被他创出红烧的做法，吃得津津有味，以至于这道名叫"东坡肉"的名吃至今风靡九州。

期间，他收侍女王朝云（原为西湖名伎，后被苏轼赎身）为妾，这个女人与他生死相随，成为他一生的患难知己。一次，苏东坡洗澡后拍着大肚子问王朝云："里面装的是什么？"王朝云回答："一肚子不合时宜。"当王朝云生子满月，行洗儿礼时，他还写过一首《洗儿戏作》：

人皆养子望聪明，我被聪明误一生；

唯愿孩儿愚且鲁，无灾无难到公卿。

这就是他的与众不同之处，落寞贫病却自信乐观，即使在最阴暗的角落，也能时时发现阳光的温暖与灿烂。

这段时光，用他的话来说，是"也无风雨也无晴"。

六

公元 1084 年，苏东坡接到皇帝的手诏，将他从黄州调任汝州（今河南临汝）团练副使。从偏远的湖北，调到京城门口，着实是个好兆头。转任途中，他与友人同游庐山，写下了著名的《题西林壁》：

横看成岭侧成峰，远近高低各不同。

不识庐山真面目，只缘身在此山中。

但乐极往往生悲，由于一路奔波，幼子染病夭折，全家恸哭不已，他因此上书朝廷，备说种种饥寒苦楚，实在无力前行，请求就近到常州居住。宋神宗竟然痛快地答应了。当他准备南返常州时，一个令变法派黯然神伤、令保守派欢欣鼓舞的消息传出京都——宋神宗驾崩了。

次年，九岁的皇太子赵煦登基，是为宋哲宗，高太后临朝听政。高太后尽管被后人誉为"女中尧舜"，但在政治上却极为盲目和固执。神宗时代，高太后就是变法的主要反对者之一。高太后听政后的第一件事，就是召回反对变法最坚决、在洛阳隐居达十五年之久的司马光。司马光拜相后，立即打出"以母改子"的旗号，全面废除新法，史称"元祐更化"。不论新法受欢迎与否，一个不剩地将其废除，这不能不说带进了司马光强烈的个人情绪。然而，高太后不仅一味信任司马光，还在司马光死后，果断起用大批保守派官员如文彦博、吕公著、范纯仁、吕大防等，又将变法派官员吕惠卿、章惇、蔡确等逐出朝廷。

司马光上台后，苏东坡被起用为朝奉郎（文散官，正六品）知登州（今烟台蓬莱）。几个月后，以礼部郎中（礼部下属部门的长官，正六品）被召还朝，高太后赐给他"衣一队，金腰带一条，金镀银鞍辔（pèi）马一匹，被三品之服章"。仅仅半月，就被任命为起居舍人（负责记录皇帝所发命令的官员）。三个月后，升中书舍人（中书省官员，正四品）。不久，又升翰林学士知制诰（负责为皇帝起草诏书，正三品）、知礼部贡举（主掌贡举考试）。不到半年，连升四级，成为皇家近臣。按说，他应该对高太后和司马光感恩戴德才是。而感恩的唯一标志，就是无条件地支持司马光废除全部新法。

哲人者，宁肯舍其事而成其心。起初，苏东坡的确多次挑过新法的毛病。但是后来，他亲眼看见了新政实施的成果，认识到了某些新法的可行与有效，因而在《与滕达道书》中承认："新法推行初期，我们抱守偏见，以至于有了同党异党之说，虽然出于耿耿忠心，抱持忧国之情，但所说的话错误百出，很少有符合道理的。当今皇上威望崇高，大众人心顺服，回顾当时自己的观点，越来越觉得有疏漏啊！"

他说这些话时，保守派还没有上台，他的那些所谓的"同党"尚且能够理解，因为在人屋檐下，不得不低头嘛。

但如今，朝野党争愈演愈烈，怯懦与虚伪已成为安身立命的通行证。作为长期受到变法派打压，如今又身居高位的他，完全应该旗帜鲜明地支持保守派的决策，即便是对保守派的某些过分做法有些看不惯，也应该保持沉默，安享富贵。但他以"上益圣德，下济苍生"为座右铭，是一个坦荡如砥、表里如一的人，是一个"不为名所抑，不为利所驱"的人，是一个视富贵如浮云的人，是一个有着耿耿风骨的人，是一个顶天立地的人，是一个大写的人。他的心告诉他，伸张正义比明哲保身更有价值，说真话是一个文人的良心。就像他所说的"言发于心而冲于口，吐之则逆人，茹之则逆余。以为宁逆人也，故卒吐之。"也如弟弟苏辙评价他的"见善称之，如恐不及；见不善斥之，如恐不尽；见义勇于敢为，而不顾其害。"

因此，在"元祐更化"时，他再一次站了出来，公开反对废除免役法，说司马光"一心想废除熙宁之法，根本不懂趋利避害，也不采纳有用之法"。

由此，他又得罪了保守派，再次遭到诬告陷害。至此，苏东坡既不能容于新党，又不能见谅于旧党，因而再度自求外调。

七

汴梁风高

你只好来到江南

江南温婉 没有彻骨的冷

从南屏山到栖霞岭

你挖出一锹一锹的葑泥

筑泥为堤 再种上红的桃 绿的柳

这符合你的烂漫

也符合你的一次次重生

———当代诗人苏雨景《苏堤怀苏子》

公元 1089 年，苏东坡被外放，任龙图阁学士（从三品）知杭州。由于西湖长期没有疏浚，湖水逐渐干涸，湖中长满野草，几乎成为一座害湖。苏东坡来杭州的第二年，就率众疏浚西湖，动用民工二十余万，开除葑田，恢复旧观，并在湖水最深处建立三塔（今三潭印月）作为标志。他把挖出的淤泥集中起来，筑成一条纵贯西湖的长堤，堤有六桥相接，用以方便行人，后人名之曰"苏公堤"，简称"苏堤"。从此，苏堤春晓、三潭印月成为西湖最美的景致。

"东坡处处筑苏堤"，苏东坡一生修过三个西湖，筑过三条长堤。分别是杭州西湖与长堤、颍州（今安徽阜阳）西湖与长堤、惠州（今属广东）西湖与长堤。每一处，都是流誉千载的民心工程，他也因此成为当地百姓万年不变的口碑。

公元 1091 年，他被召回朝廷。不久，苏东坡又因对王安石变法的评价和对变法派官员的处理问题，与保守派同僚发生争执，并且得了个"顽冥不化"的恶评。其实，说他"顽冥不化"并没有错，只是他的"顽冥"，是对真理的坚守。在苏东坡看来，这不是一般的伦理原则和道德要求，而是对人类本体的根本追求。

那好吧，既然你"顽冥不化"，就让你付出代价。接下来，他被调来调去，反复戏弄。当年八月，他被调往颍州（今安徽阜阳）任知州；公元 1092 年初，任扬州（今属江苏）知州；公元 1093 年秋，任定州

(今属河北）知州。

八

就在他被保守派戏弄到定州时，高太后去世，宋哲宗亲政，新党卷土重来。按说，这个被保守派反复戏弄的人，应该得到新党同情了吧。但在新党看来，那是保守派内部的"狗咬狗"，在本质上他仍然属于保守派，只能把他整得更狠，踢得更远。绍圣元年（公元 1094 年）夏，他被贬到遥远的惠州。太过分了吧?! 再向前走几步，就是茫茫大海了。

在苏东坡眼里，再也没有比惠州更遥远的贬谪地了，你们还能把我怎么样？你可以让我远离京城，但无法剥夺我吟诗作赋的自由。你可以降低我的官位，但无法改变我在文学上被追捧的事实。你可以使我贫困无助，但无法剥夺我追求生命意义的权利。我知道自己的生命中有比权力和财富更高的价值，也相信自己在历史上有一个自己应该扮演的角色。这些价值，这个角色，与官职高低无关，与财富多寡无关，与家住哪里无关，只与自己的人格、才华和作品有关。因此，他的心定了下来，并继续苦中作乐，写出了"日啖荔枝三百颗，不辞长做岭南人"的豁达诗章。还有一回，苏东坡百无聊赖之下，写了一首《纵笔》小诗："白头萧散满霜风，小阁藤床寄病容。报道先生春睡美，道人轻打五更钟。"写的是病容满面的白发老翁，在春风吹拂的午后，一边甜美地躺在藤椅上酣睡，一边静听道人轻轻敲响的钟声。

名人头上有太阳，走到哪里哪里亮。尽管苏东坡远离了人们的视线，但仍然是天下文人追慕的对象，随便打个喷嚏都能流行，无意抖个包袱都能畅销。此诗一出，很快流传到京城。新党领袖——宰相章惇（苏轼曾经的好友，后因一言不合成为仇敌）发现苏东坡被贬到惠州还过得如此滋润，因此大动肝火，随即上奏宋哲宗，说苏东坡心怀怨恨，讽刺朝政，请求再加惩戒："惠州还不够远，必须把他罚到天涯海角！"

公元 1097 年，六十二岁的苏东坡沿西江而上，抵达梧州（今属广西），然后南转雷州半岛，继而被一叶孤舟送到了海南岛的儋州（今海南儋县）。鉴于渡海就是生离死别，苏东坡决定不让家人陪同。其实他哪里还有多少家人，妻子王闰之已死在京都，年仅三十四岁的侍妾王朝云也在惠州香消玉殒，最终只有小儿子苏过陪他到达海南。

那时的海南，是地地道道的荒凉、蛮夷之地。据说在宋朝，放逐海南是仅比满门抄斩罪轻一等的处罚。尽管他还挂着"琼州别驾（知州的佐官，正九品）"的头衔，但朝廷给他下了"三不"禁令：不得食官粮、不得住官舍、不得签公事。

在世界历史上，号称最文明的国家都分别流放了最伟大的作家：英国流放了拜伦，德国流放了海涅，法国流放了雨果。但他们都没有为此沉沦，而是用流亡为"祖国"构建了巨大的精神殿堂。被宋朝流放的苏东坡也不例外。

初到儋州，苏东坡感觉到的是无尽的荒凉。晚年再度贬谪的打击以及海南自然人文的巨大反差，使苏东坡心情非常低落，无边的孤独和落寞包抄而来。但是，如果让这种低落和痛苦永远延续下去，那他也就不是苏东坡了。他很快做出了调整。他认为，世间最珍贵的，不是"得不到"和"已失去"，而是现在能把握的幸福。既然这些痛苦是自己"争"来的，那么自己凭什么后悔，何必要一蹶不振？

他早晨蘸雾气写诗，夜半以残月抒情。那声如呜咽的风，似开未开的花，月明星稀的夜，就连月缺和落叶都因为似玉块、如蝶飞而温暖着他的心。他开始与隐士陶渊明唱和，与海峡对岸的弟弟苏辙通信，带着一条海南种的大狗"乌嘴"在寺庙、道观和村街上闲逛，和当地的读书人、村妇匹夫席地闲谈，慢慢融入了当地半原始的生活。

尽管他"食无肉，病无药，居无室，出无友，冬无炭，夏无寒泉，气候炎热潮湿"，但过得越来越有兴致。《儋县志》记载：一次，他从学生黎子云家回来，下雨了，便借了路旁一家农夫的竹笠戴在头上，又按照农夫的指点，脱下了布鞋，换上了一双当地的木屐。由于不习惯，加上道路泥泞，走起来摇摇晃晃，跌跌撞撞，引得路旁的妇女儿童们哈哈大笑，连狗群也跟着凑热闹，"汪汪"地吠叫不止。他并不在意，一边走，一边自言自语地说："人所笑的，狗所叫的，都是笑我的怪样子吧?"

人的一生总要与许多人和事发生联系，其中绝大多数会成为过眼云烟，而有些东西却成为某些人的宿命，它会像血液一样渗透你的全身，对苏东坡来说，儋州就是如此。苏东坡把这里当成第二故乡，公开宣称"我本儋耳氏，寄生西蜀州"。他在这里办学堂，介学风，改旧俗，不但当地少年争相进入他的学堂，而且许多外地人也不远千里追到儋州师从苏东坡。一时间，东坡书院"书声琅琅，弦歌四起"。在此之前，海南没有出过一个真正的读书人。为此，他在遇赦北归时鼓励弟子姜唐佐说："沧海何曾断地脉，白袍端合破天荒。"他北归不久，海南就有了第一位举人姜唐佐、第一位进士符确。因此，后人感慨："东坡不幸海南幸"。

人们一直把苏东坡看作儋州文化的开拓者、播种人，对他怀着深深的崇敬和弥久的思念。东坡村、东坡井、东坡田、东坡路、东坡桥、东坡帽至今犹在，甚至把当地说的一种官话称为"东坡话"，戴的斗笠叫作"东坡笠"，吃的蚕豆名为"东坡豆"。

公元 1100 年春，朝廷大赦，苏东坡重新被提升为十五年前担任过的朝奉郎，允许回到京师。他北归途中，听说处处与自己作对的宰相章惇被贬逐到雷州，居然写信给章惇的女婿，表示慰问。

北归路过常州时，颠簸一生的苏东坡终于阖上了疲惫的双眼，享年六十四岁，这一天是公元 1101 年 8 月 24 日。一个阴雨绵绵的日子。

——美军生存准则

火。

唯一比敌方炮火还精确的是友军的炮

第二章 精忠报国——岳飞

一

在内臣的死掐与外敌的肆虐中，中国跌跌撞撞地步入了公元1130年。

这时的汉人王朝尽管还叫宋，但在严格意义上它已经不叫中原王朝，因为"靖康之变"后宋徽宗和宋钦宗被扣押在遥远的东北，宋朝只剩下宋高宗赵构一支血脉和半壁江山，而且王朝中心也被迫从豪放的北方迁移到婉约的江南。

吴宫粉黛，西湖歌舞，酒楼红袖，风雅酬唱，江南温柔乡，浸软了一个王朝的筋骨，使之变得质地柔媚，寿命蹒跚。高宗虽然也打起了"恢复""中兴"的旗号，但他一方面畏金兵如虎，另一方面更怕迎回二帝会危及自己的宝座，便萌生出放弃中原、苟安江南的念头。正如诗人林升在诗中描绘的那样：

山外青山楼外楼，

西湖歌舞几时休？

暖风熏得游人醉，

直把杭州作汴州。

　　起初，碍于帝国的情面，真心媾和的宋高宗并没有表现出明显的偏安意图。其实，他是在等待一位真正理解他的大臣。12月10日，这是一个令皇帝高兴得睡不着觉、令爱国者沮丧得捶胸顿足的日子，宋高宗破例接见了刚刚从金国"顺利逃回"的前御史中丞秦桧。

　　对于这样一位南宋大臣，金兵怎么会疏于防范？一个手无缚鸡之力的大臣还带着老婆，怎能闯过金兵的重重关卡？几乎每个人都在怀疑。但宋高宗却力排众议，急切而热情地接见了他。

　　听到秦桧"如欲天下无事，须得南自南，北自北"的著名主张，高宗喜上眉梢。原来，仅仅三年时间，秦桧就完成了从最坚定的主战派到最著名的议和派的人生蜕变。是被形势所迫？还是被"洗脑"了？人们在纷纷猜测，但高宗毫不在意。

　　很快，秦桧从试礼部尚书、参知政事，爬到了右仆射、同平章事（宰相）高位，授命与金人"解仇议和"。

第一次绍兴议和宣告成功。

但是，羊欲静而狼不休，这条规律仍支配着世界。公元1139年秋，金朝发生政变，主战的金兀术（wū zhú，即完颜宗弼，完颜阿骨打的四子，金国太师）掌握了军政大权。次年5月，金兀术撕毁了宋金和约，兵分四路，发动了暴风骤雨般的第二次南侵。

宋高宗不得不下令应战，主张和解的秦桧尴尬地退居幕后，一个中国人家喻户晓的常胜将军重新走上前台。

二

说他重新走上前台，是因为此前他已是南宋著名战将，而且在与金国的多次交锋中锋芒毕露。

他叫岳飞，比秦桧小十三岁，公元1103年2月25日出生在相州汤阴一个平民家庭。好在上天是公平的，它没有给岳飞一个幸福的童年，却给了他深明大义、富有远见的父母。即使在生活拮据的时候，父母也一直没有使他中断学业。

为了射击到位，弓箭手瞄准目标需要超过靶子很高。他最钟情的书籍是《左传》《孙子兵法》。他最喜欢的课外活动是武术。他有两个老师，一是周同，教给他射箭；二是陈广，教给他枪法。很快，他的技艺就达到了"一县无敌"的境界。

十九岁时，岳飞应募为"敢战士"，他的军旅生涯由此拉开了序幕。从此，在宋军的前锋部队里，一个年轻的士兵常常第一个跃马挺枪杀进金阵，活像第一滴血里的兰博，动作如闪电，杀人不眨眼。

岳飞一生四次从军，跟过七任军事长官，足迹几乎踏遍了黄河南北的每一寸土地。后来，他以收编的义军为班底，组织了一支以自己的名字命名的铁血军团——"岳家军"。这支军团制定了"冻死不拆屋、饿死不抢夺"的严明军纪，致使军队所到之处秋毫无犯。这支军团将崇高的爱国主义精神和收复失地、洗雪国耻的强烈愿望深深地根植于每一位将士的骨髓之中，致使所有将士以生命赌明天，虽九死而无悔。它一改宋军百年积弱、畏首畏尾的形象，表现出所向无敌、一往无前的气势，难怪对手发出了"撼山易，撼岳家军难"的哀叹。就是凭着这支铁血军团，他三十二岁就被任命为清远军节度使，成为终宋一朝空前绝后的第一人。就是凭着这支铁血军团，宋高宗高兴得夜不能寐，送给他了一面绣着"精忠岳飞"四个大字的锦旗。就是凭着这支铁血军团，他身经以一百二十六战从未打过一次败仗，成为名副其实的常胜将军。他的青春岁月如同满山杜鹃，在春风里怒号并带血绽放。

岳飞，还是一个立体的名字。当母亲生病时，他衣不解带，日夜守候在病榻旁，是其至孝的一面；面对秦桧等一批无耻之徒掀起的投降恶浪，他为了国家、民族、人民的尊严挺身独斗，是其至忠的一面；抓到敌人的俘虏却将其放归，抓到杀死自己亲弟弟的对手却劝其归降并任用不疑，是其至仁的一面；面对投降派的无耻主张，哪怕以生命为代价也决不妥协，是其至刚的一面；每当作战，必身先士卒、担当旗手，是其至勇的一面；在战争中见招拆招，屡出奇谋，是其智慧的一面。从此，一个集孝子、统帅、词人于一身，千古传诵、家喻户晓的民族英雄昂然出现在中华历史上。

他曾在一首壮行诗中写道：

号令风霆迅，天声动北陬（zōu，角落）。

长驱度河洛，直捣向燕幽。

马蹀阏氏血，旗枭可汗头。

归来报明主，恢复旧神州。

在金兀术于公元 1140 年发动第二次南侵初期，金兵如漫卷的乌云，滚滚而来，大有一举吞灭南宋之势。尤其是金兀术发明的"拐子马"（将三匹马连在一起，披上厚重的铁甲，冲锋起来有如现代的装甲车），令以步兵为主的宋军一退再退，吃到了不小的苦头。

所谓"拦路虎"，对于强者来说不过是一块跳板而已。岳飞及时发现了"拐子马"的马腿未包铁甲的弱点，针锋相对地祭出了用钩镰枪来破"拐子马"的绝招。所谓钩镰枪，就是在一根长杆前装上一把镰刀式的砍刀，作战时专砍"拐子马"的小腿，一马受伤，三马必翻，后果可想而知。

正是这个叫岳飞的将军，依靠自己的骑兵军团和诡异多变的战术，改变了宋军长于防守而短于进攻的状况。在宋军连续取得了和尚原（今陕西宝鸡西南二十公里处，从陕西入川的关口）、仙人关（今甘肃徽县东南的一处关隘，也是从陕西入川的通道）、顺昌（今安徽阜阳）、郾城（今河南漯河市郾城区）、颍昌（今河南许昌）五次大战的胜利，金国统军、金兀术女婿夏金吾阵亡之后，金军完全为"壮志饥餐胡虏肉，笑谈渴饮匈奴血"的岳飞所慑服，已经做好了从河南全部撤退的准备。

此时的中原好像一片熟透的庄稼，等待着南宋前去收割。

三

绍兴十年（公元 1140 年）盛夏，身在临安的宋高宗接到了岳飞的捷报，兴高采烈之际，立刻召见宰相秦桧商议下一步的计划。没想到，秦桧提出了"见好就收"的建议。这一不合时宜的建议，居然立刻触动了这位从登基至今没过上一天安稳日子的南宋皇帝的心弦。一来，这是和谈的最好时机，因为在战场上吃了亏的金人也想和谈；二来，远在金国的宋徽宗已死，宋钦宗尚苟活于世，按这种势头打下去，金国恐怕要真的送回钦宗。而到那时，作为弟弟的高宗只有让位。

于是，君权与相权在"见好就收"上达到了高度的统一。宋高宗连下十二道金牌，催岳飞迅速班师回朝。岳飞的先头部队尽管已经进抵开封以南十五公里的朱仙镇，但其他各路宋军都已奉命撤退。万般无奈之下，岳家军只好忍痛班师。面对满目疮痍的中原，听着滚滚黄河的涛声，退师时的岳飞心碎欲裂，涕泪满面："十年之功，废于一旦！所得州郡，一朝全休！社稷江山，难以中兴！乾坤世界，无由再复！"

此后，岳飞遭遇到了历史上几乎所有的英雄面临的诡异命运。这个问题已经困扰了我国政治数千年——英雄没有可能一边率领千军万马出入于血肉横飞的战阵，一边还能徇徇如也，远距离地揣摩皇帝的心思，时刻保持着谨言慎行、谦谦君子的形象。

波德莱尔说过："英雄就是对任何事都全力以赴，自始至终心无旁骛的人。"正因为心无旁骛，宋廷和金国都容不得岳飞。对于高宗来说，岳飞"迎二圣归京阙，取故地上版图"的宏愿正好扎在了他的心上，因此他开始琢磨除掉岳飞；对于金国来说，有气吞山河如虎的岳家军在，他们休想有安宁之日，因此金兀术给秦桧写信说："尔朝夕以和请，而岳飞为河北图，且杀吾婿。（此仇）不可以不报，必杀岳飞而后和可成也。"

宋金一拍即合，秦桧再次登场。

既然和议提上议事日程，高宗便着手恢复"以文制武"的祖制，通过"明升暗降"的手法剥夺武将的兵权。在高宗的"中兴四将"中，刘光世已于公元1137年放弃兵权，剩下的是岳飞、韩世忠、张俊。公元1141年4月，高宗下旨："岳飞、韩世忠、张俊入朝，封韩世忠、张俊为枢密使（从一品），岳飞为枢密副使（正二品）。"撤销三个宣抚司，"遇出师临时取旨"。至此，高宗顺利完成了宋朝在赵匡胤之后的又一次"杯酒释兵权"。

面对皇帝昭然若揭的特别安排，一向趋炎附势的张俊不仅马上交出了兵权，而且跑到秦桧处大表忠心。经历过大风大浪的韩世忠则跪在高宗面前号啕大哭，脱下衣服给高宗看自己的满身伤疤，表示自己已经无法上马征战，从此闭门谢客，绝口不谈军事。而在三大武将中最年轻的岳飞，尽管也表示服从皇帝的调遣，但他既不会向秦桧卑躬屈膝，也不会公开表示远离军事，因为他的恢复中原的理想未灭，因为他还有足够的精力与智慧纵马驰骋，特别是他的身后还有十万忠诚的"岳家军"。这样一来，岳飞就成了高宗和秦桧眼中唯一的"藩镇"。

有人制造问题的本领，远比解决问题的本领大得多。7月，秦桧的死党——右谏议大夫（掌讽喻规谏，从四品）万俟卨（mò qí xiè）、御史中丞何铸、殿中侍御史（掌纠弹百官朝会失仪之事，正七品）罗汝楫弹劾岳飞居功自傲、日以颓惰，散布流言、动摇民心，行动迟缓、延误军机，身为枢密副使、充万寿观使的岳飞被罢官出朝。接着，秦桧又唆使岳家军将领王贵、王俊诬告自己的战友张宪图谋兵变。顺理成章，岳飞及其养子岳云作为"张宪兵变"的旁证被打入大理寺受审。

除了不可抗拒的自然原因外，人间灾难的核心就是人整人。对于岳飞入狱，我们没有必要大惊小怪，因为只要你向历史请教一下便可以明白，超然于众人之上的英雄被嫉妒与诽谤，几乎成为中外历史一道司空见惯的黑色风景。

在当时的南宋，对此表示明显质疑的人并不太多，同时被罢官的韩世忠就是其中的一位。一天，韩世忠为了岳飞之事当面质问秦桧，秦桧回答："飞子云与张宪书虽不明，其事体莫须有。"韩世忠愤慨地说："莫须有三字，何以服天下？"其实，韩世忠的愤慨毫无用处，因为历史上有一个规律，只有弱者才会去讲理，强者不需要讲理。

与岳飞同时代的"四名臣"李光、李纲、赵鼎、胡铨也还有些血性，李光因在高宗面前指责秦桧误国而屡遭贬谪，李纲因专主议战被贬，胡铨因请斩秦桧被罢官，赵鼎因反对和议绝食而死。

邪恶获得胜利的唯一条件，就是善良的人们保持沉默。在万马齐喑的年代，大臣们皆感到报国无门、请缨无路，只能任华发平添、宝剑生锈。

"如果一个人被狗咬了，说明这个人是坏人，这是狗的主观逻辑。"按照秦桧的逻辑，正因为有英雄存在，两国的和平才难以保障。岳飞进入黑暗的牢狱，宋金和议的道路就顺畅多了。公元1141年底，著名的"绍兴和议"浮出水面。和议规定，南宋向金称臣，金册封高宗为帝；宋向金每年缴纳银二十五万两，绢二十五万匹；宋金东以淮水、西以大散关为界，唐、邓二州和商、秦二州之半划入金国。金国同意送还宋高宗的母亲韦太后和已经死去的妻子邢秉懿、宋徽宗、郑太后的灵柩，并承诺继续囚禁宋钦宗和其他所有亲王。令人回味的是，以割地、称臣、纳贡为代价换回了母亲的高宗竟然赢得了忠孝的美名。更令人遐想的是，和议双方规定，南宋方面"不得辄更易大臣"，也就是保证秦桧终身为相（直到绍兴二十五年秦桧病死，南宋不仅没有更换宰相，而且不设次辅，这在两宋历史上实属特例）。

就在南宋公开宣布和议完成的第三天（此时金朝誓书还未签返），一个万家团圆的日子，即公元1141年阴历十二月二十九——除夕的前一天深夜，大雪纷飞，万籁俱寂，大理寺内外增加了不少卫兵，狱中悄悄走来一伙传达圣旨的官员，一个鲜为人知的重大阴谋随之发生：岳飞被迫喝下了一杯御赐的毒酒（一说被"拉胁而死"）。临死前，他在供状上赫然写下"天日昭昭、天日昭昭"八个大字。

绝代将星殒落在了黑暗的天际，一曲激越悲凉的《满江红》伴他走完了三十九岁的短促行程。这颗将星陨落时，悲壮得犹如浪花飞溅，伤感得又像落英缤纷。除夕那一天，日为之沉郁，月为之掩面，风为之轻狂，雪为之飞扬，杭州阴风怒号，西湖泣不成声，苏堤鞠躬招魂，吴山垂首举哀……见证这一幕的，不仅有灵隐寺的双塔，波光千年的西湖，凤凰山下的凤山水门，还有临安城头那如鬼魂般飘散的飞雪。

岳飞是一棵树，是一棵本可以参天的大树。可是他夭折了，因为南宋的天空没有太阳。

四

岳飞之死，是一个沉重而敏感的话题，因为涉及谁是真凶的问题。

按照孔老夫子"君君臣臣父父子子"的规矩，百姓是不允许对皇帝说三道四的，好像皇帝做的一切坏事都是身边的奸臣教唆的。臭的是脚，袜子要充当替罪羊。好在如今禁区开放了，人们可以相对自由地评价古代所有未被定义为"民族英雄"的人。

据记载，岳飞是在十月十三日因谋反罪被捕入狱的，但在直到十二月十八日的两个多月里，案情一直没有明显进展，胡编乱凑的那些谋反证据，明眼人一眼就能看出漏洞，按照这些已有的证据，岳飞只能勉强判两年流刑。其中因由，一来是岳飞本就没有什么罪；二来是主持审讯的御史中丞何铸尽管是秦桧的心腹，但后来发觉高层要置岳飞于死地，一种被称为良知的声音唤醒了他，他甚至在秦桧面前力辩岳飞无罪。对此，赵构一直"留章不出"，也就是不予定论。善于揣摩赵构意图的秦桧，便把负责案件审理的何铸撤了下来，换上了被岳飞处分过的万俟卨。可以说，十二月十八日之前，案件还在有罪与无罪上纠结；十二月十八日之后，案件就进入了杀与不杀的层面。

赵构之所以对岳飞动了杀心，原因有三：

第一，岳飞已经多次引起赵构的不满。赵构初登皇位时，被金国追得像没头苍蝇一般到处乱窜，自然希望手下将领有三头六臂，似关公下凡，能杀遍天下无敌手。所以，当岳飞横空出世，展示出一个军事家的杰出才能，屡屡重创不可一世的金兵之后，他对岳飞是器重的。每次岳飞入朝，他都单独召见，有时甚至把召见地点安排在"寝阁"，以示恩宠。但公元 1137 年的两件事，宣告了君臣之间蜜月的结束。先是赵构不肯让岳飞合兵北伐，岳飞一气之下跑到庐山为母亲守孝，有要挟君王之嫌。到了秋天，岳飞上书建议立赵构的养子赵瑗为皇储，又犯了宫闱大忌。从此，赵构对岳飞警觉起来，并将这位昔日"爱将"摆到了"对手"的位置上。

第二，岳飞是皇帝"以文制武"的最大障碍。赵构喜欢读史，他十分清楚，一代代王朝的更替，一顶顶皇冠的落地，不管是腥风血雨的逼宫，还是温情脉脉的禅让，其背后无不闪现着武将的身影，宋太祖赵匡胤就是作为禁军统帅黄袍加身的。所以，限制武将的权力和影响，是宋朝历任皇帝坚定不移的国策。在他们看来，"打败仗"与"被推翻"之间，他们宁可选择打败仗，因为打了败仗，最多丢点国土，输点钱财，失点面子，起码皇位还是自己的，这也是宋朝经济发达但军事落后的原因所在。对于赵构来说，如果岳飞仅仅能打仗、不怕死、偶尔闹点情绪也不可怕，可怕的是他还不好色、不爱钱。岳飞常常把"文臣不爱钱，武臣不怕死，天下当太平""冻死不拆屋，饿死不掳掠"挂在口头。他俸禄优厚，但一家人生活相当简朴，余下的俸禄全部补贴了军用。他不好女色，一生只有一名妻子，大将吴玠特地给他送来了一名四川美女，但很快便被退了回去。他爱兵如子，身先士卒，因此他所带的十万大军被称为"岳家军"。种种迹象表明，岳飞是个有理想、有抱负、敢当的人，是个干净的人，是个几乎没有缺点的人。自古以来，没有缺点的人是最危险的，因为他威望太高，一呼百应，手下将士对他的忠诚有可能超过对皇帝的忠诚，谁能担保他的雄心有朝一日变不成野心呢？

第三，岳飞"收复失地，迎回二帝"的宏愿戳到了皇帝痛处。对于古代社会制度来说，在效忠与效率之间，效忠总是排在第一位的。高宗所谓的效忠，无非就是对自己而不是对父亲和兄长的忠诚。因此，高宗所倡导的北伐，直接目的就是收复失地，从未明确提出过什么"迎回二帝"。可岳飞却大张旗鼓地宣传"直捣黄龙，迎回二帝"。"收复失地"本无可厚非，问题出在"迎回二帝"上。岳飞说说也就罢了，他还命令军中乐师谱曲，在岳家军中广为传唱。最让高宗抓狂的是，每攻下一个沦陷区，岳飞就让民众特别是儿童传唱这支歌谣，以至于这支歌到了家喻户晓的地步。赵构本来就是胸无大志、模棱两可的君主，但这种模棱两可，说穿了并非完完全全的昏庸。试想，倘若岳飞一直打到黄龙府，迎接原来的皇帝宋钦宗回朝，新皇帝赵构只能按照祖制退居幕后，继续当自己的亲王。秦桧正是看准了这一点，才帮助高宗害死了岳飞。

自古以来，君疑臣则诛，臣疑君则反，岳飞既然已经下狱，岂能再让他活着出去？

杀心既起，那就事不宜迟。主意已定，赵构便提笔下旨："岳飞特赐死。"

那么，张宪、岳云怎么办？在大理寺的奏状上，岳飞、张宪判的是死刑，岳云判的是流刑。依照大宋刑法，岳云应"以官当徒"，也就是以行政处分抵消刑事责任，只要革除官职，交上二十斤的罚铜，根本用不着服刑。但大理寺的上奏显然不称圣心，既然开了杀戒，那么留下一个勇武异常的岳云干什么？于是，赵构在圣旨上加了一句："张宪、岳云并依军法施行。"也就是将张宪、岳云一并杀掉。为了预防行刑时出事，心思缜密的赵构又提笔加了两句话："令杨沂中监斩，仍多差兵将防护。"

杨沂中，南宋战将，身形魁梧，力气超人，长了一副大胡子，却是个外表很爷们，内里如太监的人，人称"髯阉"，对赵构言听计从，恭顺无比，被赵构称为"我的郭子仪"，后来被赐名杨存中，官至三衙军司——实际上的三军统帅，拜少傅（排在岳飞的少保官衔之前，仅次于太师秦桧），封恭国公。赵构派这样一个人监斩，当然放心。

随后，岳飞在临安大理寺狱（今杭州小车桥）被秘密杀害。

岳云、张宪则被押赴临安戒民坊（后来的众安桥枣木巷口）公开处斩。岳云年仅二十三岁，张宪年龄不详。

接下来就是抄家了。按照大理寺判决中"岳飞家产籍没入官"的内容，岳飞的遗产由秦桧的小舅子王会负责抄没。这个著名的贪婪之徒，为了找出岳家的真金白银，充分发挥挖地三尺的攻坚意识、顺藤摸瓜的哲学思维、鸡蛋里面挑骨头的细致作风，对岳家从房舍到人员进行了无穷无尽的梳理与挖掘，所有的房舍被翻了个底朝天，不少岳家的下人被折磨致死，如此数年下来，才搜刮出一份清廉到令人扼腕的抄没清单：

钱：3322贯863文，相当于皇帝对他一年赏赐的一半；

田（指熟田）：7顷88亩1角1步，此乃皇帝的赏赐；

地（指荒山、草场）：11顷96亩3角，仍是皇帝的赏赐；

水磨：5所，田地必备的水利设施；

房廊草瓦屋：498间，其租赁费用都用于了补贴军需；

麻布、丝帛3000余匹，米麦5000余斛，据说这是为军队积累的

军粮与军衣。

悲剧还在延续，岳飞的部下于鹏、孙革、王处世、蒋世雄、黄彦

节、杨浩、王敏求被除名，朱芾、李若虚被革职，王良存、夏洪、党尚

友、张节夫被勒令停职。岳州也被可笑地改名纯州。

与此形成鲜明对照的是，以岳飞及其部下之死为砝码，赵构、秦桧

再也不必担心战火烧到自己的尾巴，宋、金之间保持了几十年的和平。

从此，这个偏安的小朝廷发生的故事，再也不值得人们为之注目。

如果有的话，那就恰如米兰·昆德拉所说：这里不会变得更好，也不会

变得更坏，只会变得更可笑了。

五

世事原是一场戏，有提线木偶，就有提线之手。岳飞被害，是一个

巨大的民族悲剧，秦桧只是这出悲剧中错步上前的小丑，真正的凶手无疑是幕后的导演赵构。

在中国几千年的官僚专制社会中，忠孝节义是不折不扣的意识形态语言。而实际上，中国历史上最不忠、不孝、不节、不义的恰恰又正是帝王本身。二十四史正是一部帝王家族连绵不断的叛乱史、血泪史和"相斫（zhuó）书"。南宋明明可以通过军事压力加外交谈判软硬兼施救回被俘的宋徽宗、宋钦宗，可是就因为赵构怕父兄回到中原将危及自己的皇位而一再拖延，甚至暗中急切盼望父兄早死，这难道就是皇家一再倡导的忠孝观吗？尽管如此，赵构仍口不离仁爱忠孝。特别是在多年后将生身母亲和装在棺材里的父亲要回后，还赢得了忠孝的美名。而具有讽刺意味的是，他的哥哥此时正在北方的牢房里望眼欲穿。

历史上忠君思想的干扰，使得史学家一直不敢非议高宗，而只是拿秦桧出气。当然，秦桧遗臭万年丝毫不怨，不说他"南人治南，北人治北"的主张和残害忠良、和谈卖国的行为，仅仅为了他能稳居相位、寿终正寝也足以让千夫所指、令人神共愤了。秦桧在君主面前最常用的伎俩是做出一副极其老实忠厚的样子，并不与人申辩，而是仔细地察言观色，在关键时刻以三言两语，给对方致命一击，将其置之死地。像他这类人，外表老实忠厚，似乎连句话都说不流利，因而给人造成一种绝对可靠的印象，当他撒着弥天大谎时，是绝不会有谁加以怀疑的。秦桧就凭这一手成为政坛"不倒翁"，真是对人类良知的莫大讽刺。在皇帝心怀鬼胎藏而不露，专心揣摩皇帝心意的奸臣受到重用的年代，刚正不阿、一心抗敌的岳飞的命运就可想而知、毫不奇怪了。

有一点笔者一直不以为然，那就是"坏人没有好死"这句老话。如果这句话具有普遍的规律，如果坏人一定会受到大多数善良和正义之士的声讨，为何秦桧之流能够至死仍荣华缠身呢？恐怕我们只能从人类本质上去解释。因为人类中的大部分是崇谎定律支配的人形动物，人类从本质上是趋利避害者，其主要的行动原则是现实原则。这一原则导引人们，在弱者面前要强悍，在强者面前要驯服，在朴实者面前要狡猾，在睿智者面前要朴实。人对人就像狼，打得赢就打，打不赢就跑。留得青山在，不怕没柴烧。认识到了这一点，我们就会对当时多数人对秦桧的恶行保持沉默、对日本侵略中国时出了两千万汉奸稍稍"理解"了。

还是美国黑人领袖马丁·路德·金说得好，历史上真正可悲的不是少数坏人做了坏事，而是大多数好人对这些恶事保持沉默甚至逆来顺受。正是这种情况才可能产生仅仅少数一群坏人就可以顺利统治一个国家和地区，并轻而易举地杀害或迫害数量上十倍、百倍、千倍甚至万倍于他们的好人。

我之所以用如此多的笔墨，来反思八百多年前南宋的一段悲剧历史，叩问高宗、秦桧及其帮凶还有那些保持沉默的人，是因为它直接影响了一个国家和民族的价值走向和是非曲直。一个国家和民族走向怎样的未来，很大程度上取决于它如何面对自己的过去。正是从这个意义上说，悲剧其实也可以是财富，而拒绝挖掘这个财富则往往导致一个国家在历史的死胡同里原地踏步。拒绝反思，"过去的就让它过去吧"，导致的往往是苦难的循环。

六

岳飞死了，我们所有的石碑、庙宇、塑像、香火，都无法使他生还。秦桧死了，写一万本书责骂他，也不会惊动他不为人知的坟墓中的骨灰。这一点，过去是，现在是，将来仍然是一个民族的伤疤。

好在，南宋尚有仁人。岳飞被害后，按照大理寺狱规，其尸体将被随意掩埋于荒野。但一个小人物——大理寺狱卒隗顺冒着生命危险，将岳飞的遗体连夜背出钱塘门，偷偷埋葬在北山脚下九曲丛祠荒地里，在坟前种了两棵橘树，并为其立了一块小小的墓碑，上书"贾宜人坟"。贾，意为假；宜人，是官员命妇的一种名号。这样一来，这个小小的坟茔既不引人注意，又便于日后辨认。从此，他从大理寺辞去公职，来到北山之麓看守这座不起眼的坟茔，不论严寒酷暑，不论风吹雨打。说起来，一个人一辈子坚守这个秘密并不难，难的是这个秘密的长度超过了他生命的长度。临终前，他只能把这个秘密传给儿子："岳飞腰间系了一只玉环，他生前一直佩戴着，他的亲属与部下应该认识；岳飞的棺材上有一个铅桶，上面有大理寺的勒字，那是我为他下葬时所做的记号。天理昭昭，朝廷迟早会为这位民族英雄平反的……"

好在，历史是公正的。历史也许会以进两步退一步的方式螺旋式前进，某个人可能会在倒退的一步中倒霉地倒下。但在所有的进程中，时间是最权威的那一个。当一个人不小心被强权或世人所误会甚至冤枉，而时间总是不徐不疾地将误会与冤枉澄清。二十年后，也就是赵构驾崩后，宋孝宗赵昚（shèn，宋太祖七世孙，赵德芳的后人，原名赵伯琮，后更名为赵瑷、赵玮，被立为皇太子后改名赵昚）为岳飞平反，岳飞被谥"武穆"，恢复官职，岳飞遗骨移葬于杭州西湖栖霞岭下，秦桧改谥"谬丑"。公元 1195 年，宋宁宗赵扩追封岳飞为鄂王，修建了岳王庙。公元 1475 年，明朝浙江布政使周木重修岳飞墓，并首次用生铁铸造了秦桧夫妇的跪像。从此，岳飞被害的地方成为所有热爱自由胜于热爱生命的人们屏息瞻仰的神殿，他得到的崇拜仅次于三国时代的关羽，就连作为金人后裔的乾隆皇帝也称赞岳飞"伟烈纯忠"。后人敢对岳飞说三道四者惟有近代汉奸汪精卫和周作人。晚节不保的汪精卫不说也罢，而作为娶有日本妻子、曾在日本留学、后来甘心为日本侵华摇唇鼓舌的周作人，这位以杂文见长的著名才子，为奸佞之人翻起案真有些撒豆成兵、点石成金的魔力，他在《岳飞与秦桧》一文中，公然否定了主战的岳飞为忠义之臣、主和的秦桧为奸相的历史论断。进而，他又在《再谈油炸鬼》中大言不惭地说："秦桧主和，保留得半壁江山，总比做金人的奴皇帝的刘豫、张邦昌为佳，而世人独骂秦桧，则因其杀岳飞也。""关于秦始皇、王莽、王安石的案，秦桧的案，我以为都该翻一下。""这里边秦案恐怕最难办，盖如我的朋友所说，和比战难，战败仍不失为民族英雄，和成则是万世罪人，故主和实在更需要政治的定见与道德的毅力也。"好在，对此随声附和着，除了嘴上留着一撮日本小胡子的汉奸，也只有在天寒地冻的满洲国里任职的满奸。

我们应该庆幸，世上最公正最有情的就是时间，生时被误解、被冷落、被迫害，死后不能公开下葬，然而他却随着岁月之河晶莹四溅地流向未来。

岳飞不仅仅是汉族的英雄，岳飞是超越民族的，超越时空的，是世界的，永恒的，是永远拷问人类灵魂的勇士。

一个人不管官位多大，总要还原为人；一个人不管寿命多长，总要变为鬼魂；只有极少数人有幸被百姓擢拔为神，享四时之祀，得到永恒。因而，一个民族热爱什么，反对什么，想变成什么或追求什么，往往从他们的庙宇中就能够找到答案。如今，在风景如画的西子湖畔，耸立着巍峨的岳王庙。庙里最引人注目的是"尽忠报国"的墓阙和岳飞那气吞山河的塑像。在他的塑像前，有四个黑黑的生铁铸像反剪双臂向他跪列，这就是秦桧、秦桧的妻子王氏、秦桧的同谋张俊和万俟卨。为了防备如织的游人向四个跪像唾弃和撒尿，管理人员不得不用栅栏将他们圈起来。

据说，现代印刷中常用的一种字体，就是由悟性奇高的秦桧发明的，按理说应该称为"秦体"，就因为秦桧臭名昭著，后人不再称"秦体"而名之为"宋体"。后来，民间有人将秦桧和王氏捏在一起放在油里烹炸，发明了长盛不衰、风靡全国的大众食品"油条"（也叫"油炸桧"）。就连清乾隆十七年状元秦大士游览岳王墓后都感叹：人于宋后羞名桧，我到坟前愧姓秦。

我以为：断头台上，一刀铡下，头滚得多远，血流得多少，已经无关紧要。可绑在耻辱柱上，公开示众，任人唾弃，那才是永恒的惩罚。

第三章　醉里挑灯看剑——辛弃疾

——题记

记着几十个没有名气的游客。

杂草丛生，人迹罕至，残破的到访记录本上只非凡的身世。稍显遗憾的是，这里年久失修，丛挺拔正直的幽幽竹林，都彰显出故居主人剑的人物雕塑，三重威严依旧的古典院落，一南遥墙机场附近的一处古迹——一座挑灯看一个可以填一阕好词的午后，我来到济

一

故居主人名叫辛弃疾，字幼安，号稼轩，是宋词豪放派代表人物。

公元 1140 年，岳飞被冤杀的前一年，辛弃疾出生在今济南市历城区遥墙镇四风闸村。

此地已沦入金国之手十余年。辛弃疾的祖父辛赞尽管被迫在金国为官，但骨子里无时无刻不期盼着大宋北返。少年辛弃疾常常跟随祖父登上高山，眺望辽阔而壮美的祖国。

如果机会不来敲门，那就自己做一道门。

公元 1161 年，金主完颜亮大举南侵，北方空虚。年方二十一岁的辛弃疾拔剑而起，率领四风闸父老两千人，投奔了山东地区最大的义军首领耿京。鉴于他的文韬武略，耿京委任他为"掌书记"——起义军中地位最高的"文官"。

一桩意外事件差点毁了他的声誉——经他劝说带领一千多人马归属耿京的义端和尚，竟偷了耿京的帅印投奔金兵。

随即，他向耿京立下军令状，率领一哨人马一直追入金营，直至斩下叛僧头颅夺回帅印，因此被耿京誉为"上马擒贼寇，下马草军檄"的儒将。

不久，率军南侵的完颜亮在内讧中被杀，金军引兵北撤，北方的义军面临着被各个击破和分化瓦解的严峻形势。扮演"军师"角色的辛弃疾建议耿京归顺南宋。

公元 1162 年，辛弃疾和义军副首领贾瑞奉命南渡联络归顺事宜。在抵达建康后，他们不仅见到了至高无上的赵构，而且拿到了封耿京为"天平军节度使（从二品）"的圣旨，像《水浒传》上的宋江一样完成了接受"招安"的程序。

北归途中，历史却与辛弃疾开了个辛辣的玩笑：耿京被叛徒张安国刺杀，义军被胁迫投降金人，而张安国已经成为拥有五万兵马的金国济州（今山东巨野）知州。

到了这个地步，血性是最重要的。好比在狭长山谷里的两军厮杀，最终能够高擎胜利旗帜的，永远是那支更为血性的军队。

于是，辛弃疾翻身上马，带领五十骁骑直入金军大营，生擒叛贼张安国，号召万余将士反正，然后长驱渡淮，献俘于赵构的行宫。

如此活生生的传奇，正如漆黑夜色中的萤火虫，丈夫衣领上的口红，凶杀现场的指纹，美人眉间的红痣，想不引人注意都不可能。难怪时人说："此举壮声英概，儒士为之兴起，圣天子一见三叹息。"

辛弃疾一战成名。这位二十三岁的青年意气风发地踏入了南宋官场。

用苏东坡的词来形容就是：一点浩然气，千里快哉风!

二

鲁迅曾劝郁达夫不要搬家去杭州，理由之一，是那里的湖光山色消磨人的志气。辛弃疾所投奔的，就是这样一个被青山绿水消磨了胆气、王气与复兴之气的南宋朝廷。因此，带领一万余人的部队归顺南宋的辛弃疾，只被封了个江阴（今江苏江阴）签判（由京官充当的判官）的低级官职。这一点，的确出乎辛弃疾及部下们的意料。

但他毕竟年轻，有着从基层一步步做起的时间和本钱。于是，辛弃疾默默地接受了这个寒酸的任命，将一腔热血倾力挥洒在抗金大业上。

在无仗可打的日子里，他开始埋头撰写军事论文，先是向宋孝宗赵昚进奏《美芹十论》，又向宰相虞允文上《九议》，再上《议练民兵守淮疏》，解析了南北政治军事形势，提出了加强实力、适时进兵、恢复中原的宏图大计。

然而，温柔的江南像一位绝代佳人，以温暖而芬芳的怀抱化解着无数伤心人的痛苦，销了剑锋，雌了男儿。

南宋皇族逐渐表现出放弃中原、苟安江南的真正意图，偏安一隅成为他们人生的主旋律。因此，不管辛弃疾如何一而再再而三地上奏论文，都无一例外地石沉大海。

机会面前人人平等，但机会并不平均分配。

南归的十余年间，从江阴签判，到建康通判，再到司农寺主簿，始终无法实现光复山河的理想的他，手里失去了钢刀和利剑，只剩下一支羊毫软笔，只能笔走龙蛇，泪洒宣纸，也只有携友唱和，对酒当歌，面对长天、碧水和无边的落木，尽情抒发自己的一腔愁绪：

　　楚天千里清秋，水随天去秋无际。遥岑远目，献愁供恨，玉簪螺髻。落日楼头，断鸿声里，江南游子。把吴钩看了，阑干拍遍，无人会，登临意。

　　休说鲈鱼堪脍，尽西风、季鹰归未？求田问舍，怕应羞见，刘郎才气。可惜流年，忧愁风雨，树犹如此。倩何人唤取，红巾翠袖，揾英雄泪？

三

　　有山谷必有高峰。一个人政治上的颓废，往往伴随着文学的喷发。在中国历史册页里，以武起事，以文为业，成为著名诗词作家的，辛弃疾乃第一人。

　　在宋金划淮而治，议和成为政治主旋律的岁月里，仕途不顺的辛弃疾像陆游、欧阳修一样，频频出入舞榭歌台、柳庐花巷，大踏步地走进各色美人，拥官妓、私妓、营妓入怀，用文人的浪漫去磨蚀临安和建康那漫漫的长夜。

　　于是，一向阳刚的他，突然冒出无边的阴柔；作为豪放词人的代表，居然写出了比李清照、周邦彦、姜夔、秦观还要婉约的艳词：

　　东风夜放花千树，更吹落星如雨。宝马雕车香满路。风箫声动，玉壶光转，一夜鱼龙舞。

　　蛾儿雪柳黄金缕，笑语盈盈暗香去。众里寻他千百度，蓦然回首，那人却在、灯火阑珊处。

　　这一阕《青玉案》，展现了他生命中深藏不露的柔情，感动了生命中苦苦追寻的红颜，更打动了千年后的今人。以至于王国维在《人间词话》里，把它作为艺术的第三层境界。可惜，历史没有记住这位女子的名字。

按说，辛弃疾作为一个身材高大、武功高强的战士、将军、乱世枭雄，根本不必去当一个词人，更不应该去写什么艳词，也就是说，白首穷经，青春填词，根本不是他的风格，也不是他的志向。但远离朝廷、赋闲在家的他，除了附庸风雅，又能如何呢？

更加缠绵的，是令红楼梦中的美人史湘云爱不释手的《粉蝶儿》：

　　昨日春如十三女儿学绣，一枝枝不教花瘦。甚无情便下得雨僝风愁，向园林铺作地衣红绉。

　　而今春似轻薄荡子难久。记前时送春归后，把春波都酿作一江春酎，约清愁杨柳岸边相候。

这句句入骨，字字漱玉的艳词，曾经沉醉了多少思春的闺妇和好色的男人。

是美人不一定天天涂脂抹粉，是英雄不一定非要胸膛长毛。如项羽将美人虞姬带在军中，韩世忠迎娶了妓女梁红玉，文天祥早年妻妾成群一样，偶然的温柔、风流、浪漫似乎无损于辛弃疾的伟岸与高洁。

四

天不可能久阴，人到中年的辛弃疾突然官运亨通。

公元 1172 年，宋孝宗在延和殿召见了三十二岁的辛弃疾，任命他为滁州知州（州长官，从五品）。作为边陲重镇的滁州，由于兵燹（xiǎn）天灾，早已十室九空。辛弃疾到任后实行"宽薄赋，招流散，教民兵，议屯田"的开明邑政，仅仅用了半年时间就结束了此地的无政府状态，滁州展现出久违的繁荣。

三年后，辛弃疾升任江西提点刑狱公事（提点刑狱司长官），负责节制诸路兵马清剿猖狂一时的"茶寇军团"。他一方面安排精兵卡死隘口、要道，一方面挑选地方乡丁深入高山密林，很快便擒获了茶寇首领，彻底解决了朝廷的心腹大患。

后来，他又升任湖南安抚使，成为独当一面的省级军政长官。期间，他创建了令金兵闻风丧胆的飞虎军。"军成，雄镇一方，为江上诸军之冠。"此后三十年，这支军队的实力被金人深深忌惮。

他主持创建飞虎军时，从招兵买马到营寨兵器，一切皆白手起家。此事虽然得到了皇帝的首肯，但一直有朝廷重臣从中掣肘，试图把事情搅黄。

为防朝廷出现变故，辛弃疾下决心在一个月内建好飞虎军营寨。时值秋天，阴雨连绵，建寨所需的二十万片瓦根本来不及烧制，凭借现有人工也无法采集到所需的石料。

困难吓不倒智者。于是，他发出通令，要求长沙城每户居民从屋头送来二十片瓦，现场付瓦钱一百文，居民们纷纷背瓦而来，仅两天就凑齐了所需瓦片。至于石料，就要求当地囚犯冒雨采集，然后根据囚犯交来的石料数目，减轻罪刑。很快，石料也凑齐了。

这样一来，也为朝中反对他的势力提供了口实，他们纷纷在皇帝面前诬告辛弃疾"搜刮百姓"，否则"哪来如此高效"？很快，朝廷飞马送来一道"御前金子牌"，命令停止飞虎军的组建。按说，辛弃疾应该立刻收手戴罪了吧？但他却把金子牌藏了起来，满脸含笑地对部下说："皇帝嘉奖，继续施工！"

军队组建完毕，他把经营过程、营寨详图及所有费用写成奏折，呈送皇帝。皇帝看完奏折，只有点头微笑。

壮年的辛弃疾，心如满月弓，志似穿云箭，一副睥睨天下、舍我其谁的姿态：

> 壮岁旌旗拥万夫，锦襜（chān，便衣）突骑渡江初。燕兵夜娖（chuò，整理）银胡，汉箭朝飞金仆姑。

追往事，叹今吾，春风不染白髭须，却将万字平戎策，换得东家种树书。

五

声高一定和寡。对此，辛弃疾也心知肚明："不恨古人吾不见，恨古人不见吾狂耳。知我者，二三子。"

辛弃疾的远大抱负与赫赫英名，果然遭到了主和大臣的妒忌和报复。公元1181年，他关怀百姓、严惩贪官、创置新军的政绩被人肆意歪曲，甚至有名谏官直接攻击他"花钱如流水，杀人如草芥"。最终，他被罢官去职达十八年之久。几乎同时，比他年长十五岁的主战派文豪陆游也被罢官，在浙江绍兴隐居达二十年之久。

欲问他身归何处？世外的世？山外的山？楼外的楼？天外的天？

除了有两年出任福建提点刑狱公事和安抚使外，辛弃疾大部分时间隐居在江西上饶的"稼轩"山庄，并自号"稼轩居士"。

公元2008年，我有幸从浙江西部进入风景如画的上饶。上饶位于今江西东北部的赣、闽、浙、皖四省交界处，东南北三面环山，西临鄱阳湖湿地，最著名的景点当属上饶集中营——国民政府发动皖南事变后关押新四军军长叶挺和新四军排以上军官的地方。也就是说，这是一个养精蓄锐的绝佳去处。

在这里，他以笔为戈，写出了一篇篇振聋发聩的抗战之词，从而把南宋词作推向了一个灿烂夺目的高峰。

透过那首著名的《破阵子》，我们仿佛听到了一位落寞英雄的仰天长叹：

> 醉里挑灯看剑，梦回吹角连营。八百里分麾下炙，五十弦翻塞外声。沙场秋点兵。
>
> 马作的卢飞快，弓如霹雳弦惊。了却君王天下事，赢得生前身后名。可怜白发生。

一个人有两个心房，一个住着快乐，一个住着悲伤。面对朝廷苟合势力，他用全部身心去倾诉、哭泣、呼号、鼓动：

> 郁孤台下清江水，中间多少行人泪。西北望长安，可怜无数山。
>
> 青山遮不住，毕竟东流去。江晚正愁余，山深闻鹧鸪。

器大者声必宏，志高者意必远。辛弃疾悲愤却不消沉，苦闷中依然保持着昂扬：

事无两样人心别，问渠侬，神州毕竟，几番离合？汗血盐车无人

顾，千里空收骏骨。

正目断，关河路绝。我最怜君中宵舞，"道男儿到死心如铁"。

看试手，补天裂。

六

公元 1203 年，执掌朝政的外戚韩侂胄（tuō zhòu）筹措北伐，大量

起用主战派人士，六十四岁的辛弃疾被任命为绍兴知府（从五品）兼浙

东安抚使。

第二年，他在会晤宋宁宗之后，亲临前线任镇江（又称京口）知

府。一时，朝野为之振奋，把他比作张良、诸葛亮，期望他画戟北扫，

完成统一大业。

然而，欲建不世之功以自固的韩侂胄，容不得这位四朝元老大展雄

才，辛弃疾再度被挤出朝班。

之后，岁月落寞得似寒夜的月亮。面对残破的江山，面对腐朽的朝

廷，满腹韬略的辛弃疾已经无能为力。他念念不忘的，是"壮岁旌旗拥

万夫"；耿耿于怀的，是"竟须卖剑酬黄犊"；痛心疾首的，是"长安父

老，新亭风景，可怜依旧"；心驰神往的，是"金戈铁马，气吞万里如虎"；梦寐以求的，是"他年再遇刘使君，愿为白袍虎将讨逆贼"；壮志未竟的，是"了却君王天下事，赢得生前身后名"；万般无奈的，是"廉颇老矣，尚能饭否"。

一天，心力交瘁的他信步登上京口北固山巅。天高地迥，宇宙无穷，只有楼下的滔滔江水，把过去的故事从千年前说到如今：

何处望神州？满眼风光北固楼。千古兴亡多少事，悠悠，不尽长江滚滚流。

年少万兜鍪，坐断东南战未休。天下英雄谁敌手，曹刘？生子当如孙仲谋！

他的词，不是用笔写成的，而是用刀剑刻就的。时隔千年，我们仍能从这些作品中感受到金属声响和磅礴之势。他的词，不是用墨写成的，而是用血泪写就的。

时至今日，我们仍能听到一个爱国志士一遍遍的哭诉、一次次的表白，一声声的呐喊。

说到辛弃疾的笔力，刀刻也好，血泪也罢，其实他的追求从来不是什么词人。郭沫若说陈毅"将军本色是诗人"，我要说辛弃疾"词人本色是将军"。他始终在出世与入世之间纠结，在被用与被弃之间反复。

对待国家民族，他有一颗放不下、关不住、比天大、比火热的心，他有一身坚如钢、韧如丝、憋不住、使不完的劲，既然这股能量一不能化作刀剑之力，二不能化作庙堂之策，便只能注入诗词。终于，他被修炼得连叹一口气，也是一首好词。

七

公元 1205 年，辛弃疾再次归隐上饶。

英雄迟暮，美人白头。

昔日那马上旋风般的英姿，千里走单骑的气概，如今只剩下疲态尽显，步履蹒跚。他常做的一件事就是坐在流水潺潺的瓢泉边，看着天上的白云苍狗独自发呆，有时候甚至像一条刚刚上岸的鱼一样大口大口地喘气。

公元 1207 年，六十八岁的辛弃疾身染重病，朝廷再次起用他为枢密都承旨（掌枢密院内部事务，从五品）。诏令到达江西上饶铅山，卧床不起的辛弃疾只得上奏请辞。

一株古树老去，还有根系可刨。一艘老船破了，还有钉子可捡。一个英雄老了，只有宣布谢幕。农历九月初十，一个风雨如晦的秋日，铅山松涛呜咽，瓢泉涓涓垂泪。弥留之际的辛弃疾高呼数声"杀贼"，溘然长逝。

一个传奇戛然而止。好似一座灯火辉煌的大剧院里，上万观众正屏神静气地观看一位绝代佳人翩翩起舞。突然，灯灭了。

第四章　婉约词宗——李清照

山，近之，愈觉其高。她是一部书，读之，愈觉其深；她是一座

——题记

一　玉女金童

成群的喜鹊，叽叽喳喳地飞进了公元 1102 年的春天。北宋汴京（今河南开封）一座深宅大院里张灯结彩，贺喜者络绎不绝。

新娘名叫李清照，山东章丘人，生于公元 1084 年，她的父亲是进士、"后四学士"之一、现任礼部员外郎李格非，母亲王氏则是宋神宗年间的宰相王珪的长女，而她自己不仅笑靥如花，并且内秀如竹，其词作已经不胫而走，传遍了京城街巷、太学课堂，连小儿都能随口背出她的《如梦令》：

常记溪亭日暮，沉醉不知归路，兴尽晚回舟，误入藕花深处，争渡，争渡，惊起一滩鸥鹭。

新郎名叫赵明诚，山东青州人，比新娘大三岁，是吏部侍郎赵挺之的儿子。作为太学生的他不仅生得一表人才，而且以收集金石书画为乐，是京城小有名气的金石专家。他就像一缕初夏的阳光，将她坠满心事的珠帘，涂上了一层欢快而明亮的颜色。

新婚之夜，云飞、雨落、浪涌，相爱如欢。一对旷世男女走在了一起，成就了一副门当户对的绝配，一个金童玉女的童话，一段才子佳人的传奇，在北宋末年暮气沉沉的深潭里激起了一片亮光闪闪的涟漪。

"枕边发尽千般愿，要休且待青山烂。"接下来，是一段无忧无虑、卿卿我我的温柔岁月。一对璧人懒洋洋地躺在玫瑰色的新房里，醉心于金石收集与研究，甚至传出了"赌书斗茶"的雅事，其中的得胜者往往是绝顶聪慧的新娘。难怪数百年后的清朝文人纳兰还在词中感叹"赌书消得泼茶香，当时只道是寻常"。

即使后代的好事者考证出，新郎婚前曾到过花柳巷，婚后因新娘不生育曾与丫鬟有染，但在那个以狎妓为风流的年代，这应当算是可以原谅的。问题是，李清照需要一段平等丰满的爱情，来释放她的才华和美丽；需要一个温和厚道的男人，来包容她的娇气与高傲，而赵明诚无疑是最佳人选。

一夜风雨，落红满地。在与丫鬟一问一答之后，李清照随口吟出那首著名的《如梦令》：

昨夜雨疏风骤，浓睡不消残酒，试问卷帘人，却道海棠依旧。知

否？知否？应是绿肥红瘦。

第一个喝彩的，当然是丈夫赵明诚。

一天傍晚，红烛高照。玉体横陈、风情万种的李清照填出一首含羞

欲滴的《丑奴儿》：

晚来一阵风兼雨，洗尽炎光。理罢笙簧，却对菱花淡淡妆。绛绡

缕薄冰肌莹，雪腻酥香。笑语檀郎："今夜纱厨枕簟（diàn）凉"。

轻抚着烛光里的美人，赵明诚幸福得胜过神仙皇帝。

一年秋天，落木萧萧，赵明诚携友外出，依依不舍的李清照在锦帕

上写下一阕《一剪梅》，为丈夫送别：

红藕香残玉簟秋。轻解罗裳，独上兰舟。云中谁寄锦书来？雁字

回时，月满西楼。

花自飘零水自流。一种相思，两处闲愁。此情无计可消除，才下

眉头，却上心头。

赵明诚读了，人还未走，心已归家。

又是一年重九，大雁声声。远行在外的赵明诚接到了妻子寄来的一阕词。之后，他闭门谢客，绞尽脑汁地填了五十阕词，然后把妻子的词夹杂其中，拿给好友陆德夫品评。诵读再三，好友选出最为精彩的三句："莫道不销魂，帘卷西风，人比黄花瘦。"听完好友的评判，赵明诚不禁大笑起来："这三句是夫人的词作，看来我真的要甘拜下风了。"

有这样的丈夫，李清照别无所求。

二　国破山倾

风云突变。

公元 1102 年，艺术家宋徽宗上台执政，头戴"改革家"桂冠的奸臣蔡京成为宰相，以司马光、苏轼为首的元祐党人被列为奸党刻上御碑，苏轼的门生李格非被贬官出朝。而一直追随蔡京的赵挺之却步步高升，一直爬到了尚书右仆射（pu yè，右宰相）高位。

后来，赵挺之实在无法容忍蔡京的骄奢淫逸和胡作非为，于是借太学生陈东上书的时机，联合朝野势力弹劾了蔡京。但对方的根基毕竟太深了，而且昏庸的宋徽宗已经离不开这个见风使舵的幸臣，没过多久，蔡京就卷土重来，赵挺之被扫地出门。罢相第五天，赵挺之就一命归天。

两座靠山俱倒，赵明诚只得携妻回到家乡青州，过起了天高皇帝远的隐居日子。

塞翁失马，焉知非福？想不到赵明诚仕途上处于低谷的十年，反而成了这对神仙眷侣最安定、最悠然的十年。在远离了你死我活、尔虞我诈的官场之后，夫妻二人有了大把的闲暇搜罗书画古玩。赵明诚的《金石录》就是从此时开始纂集的。

赵明诚搜求金石书画达到了痴迷的程度。家中原有的一点积蓄，除了衣食必需，几乎全部用于搜求书画古器。李清照食不重肉，衣不重彩，首无明珠翡翠之饰，室无涂金刺绣之具，而每得一帖古书、名画或彝鼎金石，夫妇二人便关起门来校勘、鉴赏，整集签题，指摘瑕疵。其烦琐与精密的程度足以与法国历史学家尚博良研究埃及象形文字相比。如果丈夫是一本无字天书，那么她就是这部无字天书的注脚。

兴之所至，李清照在陶渊明的《归去来兮辞》"审容膝之易安"一句中截取"易安"二字，自号"易安居士"，表达出乐居陋室、随遇而安的超然心境。而且，夫妻二人把书房命名为"归来堂"，展露了"安能摧眉折腰事权贵，使我不得开心颜"的高洁情怀。

心如澄澈秋水，行若不系之舟。人到中年的李清照，多么想无限地拉长这种无忧无虑的日子，在清风艳阳中慢慢地老去。

林花扫更落，径草踏还生。屈指算来，赵明诚与李清照已共同走过了二十六个年头。期间，身为艺术家的宋徽宗赵佶一而再，再而三，以至于四地宽容奸臣蔡京，四次免其职又四次起用。朝廷被搅得乌烟瘴气，军队被搞得萎靡不振，只有艺术一花独放。宋钦宗赵桓即位不久就原形毕露，重新拾起了父亲"以金钱换和平"的黄历。公元 1126 年秋，金兵背弃盟约再次南侵，直接杀入了汴京。次年春天，金人囊括徽钦二帝、群臣、嫔妃、工匠约十万人返回北方，宋朝"二百年府库蓄积为之一空"，世界级大都市汴梁从此辉煌不再。5 月，漏网的赵构在应天府（今河南商丘）登上皇位，是为宋高宗。

8 月，在淄州任上的赵明诚接到了宋高宗任命他为"江宁知府"的诏书，不得不轻装快马赶赴江宁（今江苏南京），只留下李清照一人带着十五车收藏品辗转南下。不久，被金兵攻陷的家乡传来消息，那排满十几间房屋的书册被金兵付之一炬。

晃叶无风自落，秋意无语缠绵。她过淮河，渡长江，昼夜兼程赶往建康。此时的李清照，再也不是那位久居深闺、扭捏作态的小女人，而是一位栉风沐雨、愈挫愈奋的巾帼女杰。

逃亡途中，她的诗一洗此前的婉约、阴柔与铅华："南渡衣冠少王导，北来消息欠刘琨。"

三　丧夫之痛

身为考古学家、手无缚鸡之力的赵明诚在和平年代尚且可以在官场上滥竽充数，而在血肉横飞的战争年代让他运筹帷幄、冲锋陷阵显然有些勉为其难了。1129 年，也就是南渡的第三年 2 月，江宁城内发生兵变。赵明诚的同事、江东转运副使李谟在半夜领兵击退了叛军，等天亮后李谟四处寻找赵明诚时，却得知身为知府的赵明诚已经在半夜兵变时和两名手下缒城逃走。

赵明诚被朝廷罢官。

在低沉与压抑的气氛中，夫妻两人乘船离开江宁到洪州（今江西南昌）投奔妹夫。船只进入和州（今苏皖交界地），李清照面对滔滔西去的乌江和风雨飘摇的大宋江山，想起沦入敌手的亲切故乡和狼狈南逃的大宋官兵，禁不住击楫放声吟道：

生当作人杰，死亦为鬼雄；

至今思项羽，不肯过江东！

尽管李清照声讨的是贪生怕死的南宋官员，但身旁的丈夫刚刚因临阵脱逃被朝廷罢免。面对豪气冲天的妻子，赵明诚心中的懊恼和羞愧可想而知。

时隔两月，正值三伏。驾临建康的宋高宗起用赵明诚为潮州知府，并诏令他火速赶往建康聆听圣谕，逃难途中的夫妻只得再次分手。分手时的赵明诚目光灿烂照人，李清照分明感到了一种从未有过的不祥。

果然，日夜兼程的赵明诚因中暑病倒在建康。等李清照从池阳（今安徽贵池县）赶到建康时，丈夫已病入膏肓。

《圣经·旧约》里说：生有时，死有时，聚有时，散有时。8 月 18 日，一个无比吉祥的日子，四十九岁的赵明诚永远离开了相伴二十九年的爱妻。此时的李清照多么渴望追随丈夫而去啊，然而她还必须艰难地活着。她把哀怨而失神的目光投射在床头一卷卷书册上，一个意念愈来愈鲜明地在心头升起，为赵明诚整理金石彝器的考证文章，因为这些金石彝器是夫妇两人二十九度春秋共同欢乐的源泉。

四　血性女子

之后，洪州、建康相继沦陷，金兵对丧家犬般的宋高宗穷追猛打，宋朝如画的家园被大金的金戈铁马撕成了碎片。李清照带着残存的书画、金石、碑帖和丈夫的手稿盲目地追随着南逃的御驾，东躲西藏，四处漂泊，靠变卖留存的文物及亲友的援助度日。先后历经越州、台州、温州、衢（qú）州，出逃一百天，踉跄三千里，最后来到了南宋的行在（临时都城）临安（今浙江杭州）。

即便是在亡命天涯的日子里，她那超越男人的血性仍波涛汹涌。据说，就是在海上，她写下了平生最为豪放的《渔家傲》：

天接云涛连晓雾，星河欲转千帆舞。仿佛梦魂归帝所，闻天语，殷勤问我归何处。

我报路长嗟日暮，学诗漫有惊人句。九万里风鹏正举，风休住，篷舟吹取三山去。

痛心疾首的是，她寄存在担任洪州守将的妹夫那里的两万卷书和两千卷金石刻，在金兵占领洪州后散为云烟。后来，她在南逃途中随身携带的准备敬献给皇帝的古铜器，又在官军收编叛军的过程中被抢夺一空。当她带着不足十箱金石书画赁居在会稽时，又被一位名叫钟复皓的邻居凿墙窃走五箱。

丈夫辞世的第三年，这位被哀恸笼罩的四十九岁的孤身女子终于病倒了。国破、家亡、夫死、己病，没有子嗣，这位几近绝望的女子赌注般地选择了再婚。

人总是在感情与思想的迷惘中迷上一些东西，譬如暗恋一个美人，钟情一个歌手，或者像她一样一不小心搭上张汝舟这条贼船。按说，她不应该这样仓促，应该留出一点时间考察一下这个男人真正的品行与价值。但是，要求一个拥有浪漫特质、深陷爱情漩涡的寡妇讲求逻辑思维，有点像在漆黑的午夜寻找太阳。因为，爱情所分泌出的多巴胺，会让任何聪明绝顶的人瞬间失去理智，陷入深深的难以自拔的沉溺。况且是一个感情出现空白、春心一触即发的女诗人了。

她万万想不到的是，婚前甜言蜜语、柔情似水的张汝舟居然是一位彻头彻尾的骗子。他娶李清照的目的除了借助她的名声抬高自己，就是贪图她那价值连城的金石书画。当他得知花言巧语骗来的女人已经没有多少收藏，并且仅存的一点文物也无法到手的时候，便肆意辱骂，拳脚相加。从此，庭院里，绣房中，雕窗内，玉榻上，李清照云鬓散乱，欲哭无泪。

作为一个女人，受辱最深的莫过于匆匆委身于一个不值得爱的人。一个真正的女人，绝不会原谅自己所犯的错误，也不会原谅那个罪人。爱情与欲望的熊熊火焰一旦熄灭，便会弥漫起怨恨与蔑视的滚滚毒烟。谁深深地侮辱了这个刚烈的女子，谁就会付出惨重的代价。为了实施报复，这种女人哪怕牺牲自己也在所不惜。这就是所谓的"爱起来感天动地，恨起来天诛地灭"。果然，再婚一百天之后，刚烈的李清照为了争得本属于自己的宁静与高洁，宁肯坐牢落下"万世之讥"，也坚决要求离婚并向朝廷告发张汝舟骗官的累累罪行，因为按照宋代的《刑统》，"妻告夫虽属实亦应判徒刑两年"。结果，张汝舟被免去职务流放柳州，李清照也因此锒铛入狱。

此时的李清照完全可以向秦桧求助。李清照的外祖父王珪共有五个儿子：仲修、仲山、仲嶷、仲琥、仲煜。秦桧之妻王氏就是李清照二舅父王仲山的女儿，王氏比李清照小几岁，是李清照的嫡亲表妹。那时，秦桧已是位高权重、权倾一时的右相，处理李清照这样的官司可以说小事一桩。

但李清照并未求助于他，一方面，表妹王氏为人狡诈，险恶不在秦桧之下，李清照对她一直敬而远之；另一方面，李清照"生当作人杰，死亦为鬼雄"的爱国情怀，与秦桧残害忠良、苟安江南的所作所为水火不容。

李清照只得求助于赵明诚的远房亲戚、时任兵部侍郎兼直学士的綦（qí）崇礼。綦崇礼借皇上召见之机代李清照陈述了冤屈。仅仅受了九天的铁窗之苦，李清照就被特旨释放。出狱那天，杭州万人空巷争睹这位家喻户晓的爱国词人和敢爱敢恨的时代叛逆的绝世风采。她整了整散乱的裙钗，平静地穿过如潮的人流，铿锵而去。

从此，她有了两本书，一本叫爱国，一本叫爱情。

五 化为星辰

幸福生长于会痛的心田，感动源自于有爱的灵魂。尽管离婚诉讼风波耗尽了她的力量，但她并未被步步紧逼的命运之神击垮。在潦倒的境遇中，她依然关心国事。

她离婚的第二年，也就是公元 1133 年，稍稍缓过气来的赵构突然"良心发现"，准备派人北去金国探望"北狩"（皇帝被俘称作狩猎）的父兄，顺便与金国议和。在满朝文武避之不及的时候，唯有名将韩琦的曾孙韩肖胄自告奋勇前往。消息传出，贫病交加中的李清照饱蘸血泪，为韩肖胄送上了一首豪气干云的壮行诗：

> 子孙南渡今几年，飘零遂与流人伍。
>
> 欲将血泪寄山河，去洒东山一抔土。

之后，她又在《打马赋》中发出了"打过淮河，恢复中原"的苍凉呐喊："木兰横戈好女子，老矣不复志千里，但愿相将过淮水。"可惜，柔弱的南宋根本无法将她的期冀化为现实。韩肖胄出使金国的次年，金兵再次大举南侵，赵构又被迫狼狈逃亡。而李清照也不得不逃往金华，在浙江度过了最后的风烛残年。

黄昏的江南，秋风荡荡，暮云低垂。历经多年辛劳，李清照将赵明诚的金石研究遗稿做了精心的校正、誊录、增补，全文用细宣工楷誊写完成，在封面上工工整整地写下了"金石录"三个大字，并郑重署上了丈夫的名字。明天，她将把这部渗透着他们夫妻共同心血的传世经典献给朝廷。她恋恋地抚摸着用血泪摞起的厚厚手稿，纹沟深深的脸上默默地流下两行清泪。

窗前，一队归雁呼唳声声地掠过长空。不多时，淅淅沥沥的秋雨随风而至。无限的孤寂、悲凄、痛楚从她心头涌出：

寻寻觅觅，冷冷清清，凄凄惨惨戚戚。乍暖还寒时节，最难将息。三杯两盏淡酒，怎敌他，晚来风急。

雁过也，正伤心，却是旧时相识。满地黄花堆积，憔悴损，如今有谁堪摘？守着窗儿，独自怎生得黑。

梧桐更兼细雨，到黄昏，点点滴滴。这次第，怎一个愁字了得！

公元 1155 年 4 月 10 日，这位将婉约词风推向极致，拥有"一代词宗"美誉的女人，走完了千回百转、跌宕起伏、浮花浪蕊的传奇一生。

"蚕不知自己会化成蛹，蛹不知自己会化成蝶"。她走了，但一个叫李清照的名字填补了女性在文学史上的高端空缺，在父权社会生成了一道靓丽而独特的风景。基于此，国际天文学会在公元 1987 年用她的名字命名了一座水星上的环形山。能与她同享这一尊荣的中国女性，只有女史学家班昭（金星的火山口以其命名）。

　　每当夜幕笼罩，我们抬头向天，眼望满天的璀璨星辰，定会感叹她的光辉与永生。

第五章　零丁洋壮歌——文天祥

在诸多的南宋武将纷纷投降的同时，一位文人出身的南宋丞相却逆流而上，拼死抗争，并最终兵败被俘。

——引子

一

　　他叫文天祥，公元 1236 年生于庐陵（今江西吉安）淳化乡富田村，十八岁获乡试第一名，二十岁被宋理宗钦定为状元。从公元 1259 年任承事郎到 1275 年的十五年间，由于他不与奸佞同流合污，他做官的时间只有五年，三分之二的时间是在隐遁和恬淡中度过的。

　　在民众心目中，文天祥是一个正气凛然、视死如归的民族英雄。因此，后人往往合理想象出一个正襟危坐、不苟言笑的古人形象。然而，年轻时代的文天祥却是一位不折不扣的花花公子。

　　《宋史》记载，文天祥不但"体貌丰伟，美皙如玉，秀眉长目，顾盼烨然"，而且文采斐然，当着皇帝的面能"其言万余，不为稿，一挥而就"。他"天性豪华，自奉甚厚，声伎满前"。家里养着戏班，怀里坐着美人，过着春上花开、明光晓映、杏花满头、偎红依翠、妻妾成群的逍遥日子。

清代全祖望的《鲒埼（jié qí，今浙江奉化境内）亭集》也说文天祥年轻时放浪不羁，"留情声色"。清代沈嘉辙、吴焯等人所著的《南宋杂事诗注》、明代朱国祯的《涌幢小品》还记载，文天祥一边在清清的溪流中沐浴，一边与好友对弈，常常把水面想象成棋盘进行象棋大战，时间愈久愈感到快乐。

清代潘之驷的《宋稗类钞》记载了一段轶事：

在元军南下、临安危急之际，文天祥问下属："怎么办？"

下属中有人回答："一团血！"

文天祥问："为什么？"

那人说："您死了，我们也一起赴死。"

文天祥笑着说："从前有一个叫刘玉川的文人，遇到了一位天姿国色的妓女，两人盟誓白头偕老。于是，妓女就不再接客。后来，刘玉川进士及第得到官职，妓女想与他一同赴任。刘玉川哄骗她说：'朝廷规定不能携带家眷，我不愿独自上路，不如我们一同自尽。'然后，准备了一杯毒酒，让妓女先行喝下，而自己却将剩下的一半倒掉。妓女一死，刘玉川就一身轻松地上任去了。今天你们这样，难道不是效法刘玉川吗？！"

危急时刻，文天祥尚能如此谈笑风生，倜傥与潇洒跃然纸上。

历史的经验告诉我们，真正的巨人，往往是一个有情有欲、有血有肉、真实自然的人。相反，那些平日一脸严肃、满口仁义的人，往往一到关键时刻就气节顿失、卑躬屈膝。理智上求真，意志上向善，情感上爱美，都属于同一颗高贵心灵的高尚追求。耶稣说，一个人得到了整个世界，却失去了自我，又有何益？

二

正如狄更斯所言："这是最好的时代，也是最坏的时代。"公元1273 年 2 月，元军攻克襄阳，一脚踢开了南宋的大门。

襄阳的失守宛如一声惊雷，滚过死水一般寂静的临安城，朝廷上下惊惶失措，度宗皇帝在惊噩之余加倍地纵欲，第二年就英年早逝，死时三十三岁。年仅四岁的太子赵显被扶上皇位，是为宋恭宗；七十岁的太皇太后谢道清临朝听政。

贾似道率领的十三万宋军被元朝击败，在革职流放途中被押送他的人杀死。元军兵临临安，谢太后不得不发出"哀痛诏"，号召天下"勤王"。

国有危难时，高贵的懦夫一定望风而降，真正的义士必将挺身而出。时任赣州知州的文天祥，散尽家资招兵买马，数月内组织起三万义军，以"正义在我，谋无不立；人多势众，自能成功"的信心和勇气，开始了救火队员般的戎马生涯。

途中，文天祥受任兵部侍郎，获令屯军隆兴（今江西南昌）待命，几经阻挠才得以入卫临安。不久出任平江（今江苏吴县）知府，奉命驰援常州。在常州，义军拼死苦战，而淮将张全率官军先是隔岸观火，继而临阵脱逃，致使义军五百人除四人脱险外全部壮烈殉国。

入冬之后，文天祥从平江奉命火速增援临安门户独松关，他离开平江仅仅三天，平江守将就开城投降。而他尚未到达目的地，独松关已经失守。当他匆匆返回临安准备死战时，却见满朝文武纷纷弃官而逃，文班官员仅剩六人。

公元 1276 年正月，元军兵锋距离临安只有三十里。宰相陈宜中逃走，留梦炎投降，谢太后任命文天祥为右丞相兼枢密使，派他出城与伯颜讲和，结果据理力争的文天祥被扣押在元军大营。眼见大势已去，太皇太后和赵显向元朝无条件投降。

元军占领了临安，但两淮、江南、闽广还在南宋手中。于是，伯颜企图诱降文天祥，利用他的声望尽快收拾残局。文天祥宁死不屈，伯颜只好将他押解北方。二月，文天祥被押送大都（今北京），行至京口（今镇江），在义士的帮助下逃离虎口。

由于元军实施反间计，诬说文天祥已经降元，南返是为元军赚城取地，因此文天祥屡遭猜疑戒备，颠沛流离两个月，至少有十六次幸免于死，最终辗转抵达南宋残余势力聚集的温州。

临安沦陷后，不肯就范的陈宜中、陆秀夫、张世杰先是在温州拥立宋度宗的庶长子、年方七岁的赵昰（shì）为天下兵马大元帅，然后于五月初一在福州拥立赵昰为帝，是为宋端宗。文天祥奉诏入福州任枢密使，都督诸路军马，在南剑州（今福建南平）建立督府，派人赴各地募兵筹饷，号召各地起兵抗元。秋天，元军攻入福建，宋端宗逃亡海上。

公元 1277 年，文天祥率军从龙岩、梅州（今广东梅县）挺进江西，在今江西南部大败轻敌冒进的元军，攻取兴国，收复赣州十县、吉州四县。一时人心大振，江西各地群起响应，全国抗元斗争呈现出从未有过的复兴迹象。

元军集中优势兵力疯狂地进攻文天祥的兴国大营，猝不及防的文天祥仓皇北撤，败退到庐陵（今江西吉安）、河州（今福建长汀）一带，妻子儿女也被元军掳走。

明天升起的，还会是南宋的太阳吗？

三

公元 1278 年春末，在海上漂泊百日的宋端宗病死在广州湾，留守重臣再次拥立赵昰八岁的弟弟赵昺为帝，朝廷迁至海中弹丸之地崖山。

此后，陈宜中再次逃遁。

为摆脱艰难处境，被小皇帝加封为信国公的文天祥要求率军前往崖山与朝廷会合。由于张世杰坚决反对，文天祥只好率军退往潮阳。同年冬，元军大举进犯，文天祥在向海丰撤退途中遭到元将张弘范的攻击，兵败被俘。

文天祥服冰片自杀未遂，被张弘范押往崖山招降张世杰。在元军的押解下，一片巨帆云愁雾惨地颠簸在崖山海面。如墨的海浪呵，你倾翻了宋朝的龙廷也噬碎了孤臣的赤心。在生死关头，他坦然选择了与国家民族共存亡。但见一腔忠烈由胸中长啸而出，落笔化作了黄钟大吕的绝响，这就是那首光射千古的七律《过零丁洋》：

辛苦遭逢起一经，干戈寥落四周星。

山河破碎风飘絮，身世浮沉雨打萍。

惶恐滩头说惶恐，零丁洋里叹零丁。

人生自古谁无死？留取丹心照汗青！

张弘范一再强迫文天祥写信劝降张世杰，文天祥将《过零丁洋》抄录给张弘范。读毕，张弘范再也沉默不语。

随着丞相文天祥被元军逮捕，宋朝这驾破败的马车终于走到了历史的悬崖边。公元 1279 年 2 月，与公元十三世纪八十年代只隔着一场雪，宋军崖山海战惨败，张世杰突围后葬身海浪；走投无路的陆秀夫决心以身殉国，他先逼着妻子跳海自杀，然后将九岁的赵昺用匹练和自己束在一起，把黄金玉玺坠在腰间，在崖山从容跳入大海，完成了舍生取义的最后一个规范动作，立国三百二十年的大宋终于悲壮地消失在汹涌的波涛中。

文天祥被押送大都。从海丰到北京，文天祥走了将近一年。应当说，这一年中，春的热烈，夏的奔放，秋的丰腴，冬的坚韧，使得他内心持续强硬，精神不断净化。他一路被押，一路诗歌，一路凄楚，一路豪情：

几日随风北海游，回从扬子大江头。

臣心一片磁针石，不指南方不肯休。

同时，大宋舆论给他的内心注入了不竭的力量。他的战友、庐陵人王炎午在他被押往北方途中，张贴了数十份《生祭文丞相文》，敦促他舍生取义、保全大节。更有许多汉人在路边为他默默送行，眼里充满着对一位忠义之士的崇敬。

内心世界与社会舆论的双重作用，使得他走上了一个祭坛，一个代表大宋精神的祭坛。一路上，文天祥时而服毒，时而绝食，自称"惟可死，不可生"。

然而，日月还要从他的生命摄取更多的光华，社会还要从他的精神吸收更多钙质，盘古氏留下的那柄板斧需要新的磨刀石，长江和黄河渴求更壮美的音符。10月，他在一种求死不得、欲逃不能的状态下抵达大都。之后，是长达三年的牢狱生涯。正因为如此，他有时间思考生命的终极意义。

公元1281年夏末的一个晚上，牢房里恶臭扑鼻，一灯如豆。突如其来的滂沱大雨裂天而下，夹杂着摧枯拉朽的电闪雷鸣。汗如雨下的文天祥摊开纸墨，饱蘸着血泪与浩气写下气吞山河的《正气歌》：

　　　　天地有正气，杂然赋流形。

　　　　下则为河岳，上则为日星。

　　　　于人曰浩然，沛乎塞苍冥。

　　　　皇路当清夷，含和吐明庭。

　　　　……

四

考验他人格的，是比杀头更严峻的诱降。诱降决无刀光剑影，却能戕灭一个人的灵魂。在他被关押的三年中，各种身份的说客轮番登门：

先是留梦炎，从前的南宋状元丞相。文天祥一见留梦炎便怒不可遏、破口大骂，留梦炎只好悻悻而去。

继而是宋恭宗赵㬎，文天祥曾经的主子。一见宋恭帝，文天祥便请其在上，北跪于地，痛哭流涕地说："圣驾请回！"赵㬎只有怏怏而去。

然后，元朝中书平章政事（丞相）阿合马亲自上阵。趾高气扬的阿合马勒令文天祥下跪，文天祥扬一扬眉："我是南朝丞相，南朝丞相见北朝丞相，彼此彼此，哪有下跪之理？"

之后是元朝另一位丞相孛罗，这是一次说客与审讯兼而有之的对峙。孛罗强制文天祥下跪，文天祥始终不肯屈服。孛罗问文天祥："你对如今的处境有何感想？"文天祥回答："国亡受戮，历代皆有。我为宋尽忠，只愿早死！"孛罗恼羞成怒："你要死，我偏不让你得逞！"

一天，他收到女儿柳娘的来信，得知妻子和两个女儿都在宫中为奴。文天祥深知女儿的来信是元廷的暗示：只要投降，家人即可团聚。尽管心如刀割，文天祥却不愿因亲人而丧失气节。于是，他给妹妹回信："收柳女信，痛割肠胃。但事到如今，于义当死，乃是命也。奈何？奈何！泪下哽咽哽咽。"

后来，权臣阿合马被刺杀，元世祖忽必烈问议事大臣："如今天下谁是最优秀的宰相？"群臣回答："北人无如耶律楚材，南人无如文天祥。"于是，忽必烈下了一道命令，打算授予文天祥高官显位。文天祥的一些降元旧友立即向文天祥通报了此事，并劝说文天祥投降，但遭到文天祥的训斥。

最后的说客终于出场。12 月 8 日，忽必烈召见了文天祥，这是元朝最后的努力。忽必烈许以高官，宰相和枢密之职任他挑选，被文天祥断然拒绝。忽必烈最后又问："你有何要求？"文天祥回答："一死足矣！"然后，长出一口气，目光凛凛地直视前方。

其实，他并非什么圣人，他也是一个有血有肉有情有欲的人，也有求生的本能，但不是以投降的方式。因为在他心目中，天朝与异族，从来是水火不容的两个概念；投降，是一个无比肮脏的字眼；贰臣与叛徒，背叛的不仅仅是自己所服务的王朝，而且是自己所有的声誉，还有包括忠孝、信义、祖先、后代、民族在内的整个世界。对方给他的地位越显赫，他丧失的人格与名誉就会越多。与其在南人的白眼、敌人的不屑和历史的嘲弄中活着，还不如走向地下那个清静的世界。

每当我们徜徉于卷帙浩繁的史册中，总会惊异于历代忠烈的数量，他们总是在王朝更迭之际集中出现，史家总是不得不为他们近乎雷同的事迹留下大量笔墨。他们中的大多数人是在并无生命危险的情况下毅然自裁的，有的还同时杀死了自己的妻子儿女乃至贴身仆人。悬梁者、自焚者、投水者不一而足。他们用各种惨烈的方式为自己的人生画上了圆满的句号，并因此获得了精神上的升华与永生。这些前贤的传记，文天祥应该读过并感触至深。

在终极的劝降宣告无效之后，文天祥被下令处死。出于对忠义之士发自肺腑的尊敬，就连下令的忽必烈也一再长叹："好男儿不为我用，杀之可惜！"

公元 1282 年 12 月 9 日，天上没有太阳，地上没有绿色，空中阴风凛冽。文天祥被押赴柴市刑场，人们沿街为英雄垂泪送行。

本来，元朝设置刑场是为了震慑所有反抗的人，但在客观上，却为文天祥公开宣誓自己的意志、信念与不屈准备了一个舞台。借助这个最后的舞台，作为大宋的殉难者，他将为汉人树立一个义薄云天的榜样，为文人留下一个视死如归的形象，让叛卖者战栗，让苟活者猛醒，让反抗者激扬。他深知，要演好刑场上的最后一幕，任何一丝颤抖，一点胆怯，都将亵渎他的荣誉。于是，这个平时多愁善感的人，是如此平静、坚定地走向了死亡。似乎，他的死亡，是一次编排，一个盛典，一个节日。

监斩官问："丞相是否还有话说？回奏还能免死。"文天祥大声喝道："死便死，无话可说！"

因久居斗室而不辨方位的他问围观者："哪是南方？"围观者流着泪为他指了方向。他郑重地向曾经赴汤蹈火的南方跪拜三次，每一次跪拜都那么郑重，那么精心，那么从容，如果您不身临其境，根本不会想到这是距离死亡只有刹那的人。

全场一片沉寂，能听得到有人落泪的声音。

然后，他一脸平静地说："我事已完，心已无愧！"

文天祥引颈就义，时年四十七岁。死后，人们在他的衣带中发现了一首诗：

孔曰成仁，孟曰取义，唯其义尽，所以仁至。

读圣贤书，所学何事？而今而后，庶几无愧。

文天祥像流星一样划过长空，用璀璨换长生，以刹那为永恒，达到了德国哲学家海德格尔"向死而生"的人生境界。七百多年过去了，零丁洋潮涨潮落，惶恐滩春来冬去，一切如过眼云烟，唯有他的英名如日出日落一般照耀着我们。

天地茫茫，世事茫茫，我心茫茫。不止一次，我渴望穿过七百年的历史风烟，点一盏唐诗宋词里的夕阳读你，和你在晚霞的余晖里做一次心灵的对话和灵魂的交流，请不信神的你郑重地告诉我："肉体死后，灵魂是否一定会亡？"

第六章　一代天骄——成吉思汗

——引子

年里，世界上所有的名人都无法与之匹敌。

幅献给一位少数民族英雄了，因为在这个千

讲完了文天祥，直觉告诉我，我应该把篇

一　如铁

公元 1162 年秋，墨玉般晶莹的蒙古草原开始泛黄，泪花般闪亮的鄂嫩河缓缓流淌。随着一声响亮的啼哭，一位男孩降生在鄂嫩河边一座白莲花般绽放的穹庐中。

"给孩子取名铁木真（意为精钢）吧！"父亲说。就这样，这个被誉为"一代天骄"，被华盛顿邮报评为公元第二个千年头号风云人物的蒙古人，向我们迎面走来。

据说，他出生时手握着坚硬如铁的血块。

这是个被后人神话了的故事，和某些名人出生时或长虹贯日，或满室红光，或行星坠落相类似。其实，世上从来就没有什么天生的超人，是异乎寻常的磨难和荆棘丛生的岁月铸就了这些伟人的铮铮铁骨。

磨难好像就是专门用来对付伟人的。九岁那年，铁木真随同父亲到盛产美女的弘吉剌氏族去挑选妻子。目的达到之后，他的父亲一个人返回部落。在路上，父亲加入了一群塔塔儿人的野炊。铁木真兀格的儿子认出这位不速之客就是从前攻击他们的蒙古首领，便偷偷在他的食物中掺入了毒药。回家不久，父亲就毒发身亡。就这样，人生的第一次打击——"丧父之痛"无情地降临在他的身上。

父亲的支持者纷纷离去，只剩下母亲诃额仑带着他们兄弟四人在鄂嫩河上游自谋生路。其间，他真切地体味到了什么叫"世态炎凉"。

成年后，他不仅有了自己的私人扈从，还娶回了被誉为"草原美人"的孛儿帖。然而不久，他受到篾儿乞人的突然袭击，新婚妻子被敌人俘虏。为了报复当年铁木真的父亲抢走篾儿乞人赤烈都的新娘诃额仑，孛儿帖被赏给了赤烈都的弟弟——最窝囊、最懦弱、长得恰似车祸现场一般的赤勒格尔。之后的三年，"夺妻之恨"如一把利刃时刻点击着铁木真滴血的心脏。

在血与火的洗礼中渐渐成熟的铁木真开始走向成功，有了自己的地盘，自己的联盟，更重要的是有了一批生死相依的铁杆盟友。然而，人生对他的考验还没有结束。一天，他最信任的安答（结义兄弟）——札木合背叛了他。他差点命丧黄泉，他的数百名部下被札木合用七十口大锅活烹。"盟友背叛"，给他上了人生最残酷的一课。

正如西方学者尼采所言，受难是这个世界上的积极因素，它是这个世界和积极因素之间的唯一联系。试想，没有经历过炼狱般的磨炼，怎能练出创造天堂的力量？没有流过血的手指，怎能弹奏出世间的绝唱？于是，他变得铁一般硬，钢一样强，开始成为一只凌空翱翔的雄鹰，在搏击长天的同时播撒烈烈扬扬的生命意志；开始成为一匹信步草原的头狼，将正直、英武、狡猾和无情不可思议地集于一身。正因为如此，他才能在接下来的岁月里见招拆招，遇难呈祥，抢回妻子，杀死叛逆。

公元 1206 年，铁木真已经成为公认的蒙古部主人。他已经不缺权力和兵马，缺的只剩下公众的认可。于是，蒙古大忽邻台（即部落议事大会）在神圣的不儿罕山召开，会议宣布成立伊克·蒙高勒·兀鲁思（即大蒙古国），推举铁木真为大可汗（意为君主），尊称成吉思（原意为海洋，引申为强大或天）汗。

在野旷天高的草原上，一只雄鹰划出了一道穿透历史时空的金色弧线.

二　如血

有人说，历史书籍几乎都是用红墨水书写的，人类的历史说穿了就是一部血迹斑斑的战争史。蒙古也不例外。因为成吉思汗几乎就是征服者的代名词。据说他说过："人类最大的幸福在胜利之中：征服你的敌人，夺取他们的财产，使他们的亲人流泪，骑他们的马，拥抱他们的妻女。"

之所以没人怀疑他的话，是因为他拥有"大言不惭"的本钱——令人恐怖的"闪电战"。当时的蒙古骑兵一身轻装，只带用来盛水和渡河的皮囊。他们能在马背上假寐，必要时昼夜行军，环境许可就换马继续前进，有时没有食物，就靠牝马的乳汁和猎取的禽兽为生。他们惯以数个纵队将敌人包围，如果敌方拼死抵抗则迅速撤退，而在敌方稍有松懈时就卷土重来，攻城之后不惜屠城以警告此后借助城池顽抗的敌人，因此得以摧枯拉朽、望风披靡。

从公元 1205 年开始，成吉思汗亲率四个儿子和二十万"视战斗之日为新婚之夜，把枪刺看成美女之吻"的浩荡铁骑，先后击败了西夏、金国、朝鲜、喀喇汗国。接下来，蒙古人已经挥动着"上帝之鞭"接近花剌子模（位于今阿富汗、乌兹别克斯坦一带）边境。

成吉思汗并不想立即进攻这个远方邻居，他还派出一支和平使团于公元 1218 年春天出使该国。但意外发生了。一支四百五十人的蒙古商队被花剌子模讹答剌官员抢劫，商队成员全部遇难。成吉思汗派出使者要求归还货物，引渡罪犯。但外交使团正使被轻蔑地处死，副使被侮辱性地烧掉了胡须。要知道，两国交战不斩来使，是世界性的惯例。据记载，花剌子模国王做出这一无理的决定时，没有一位大臣表示异议。连普通的船夫都清楚，所有人都站在船的一边肯定不是好事。

成吉思汗被激怒了。第二年夏天，他率领的二十万蒙古大军，"车帐如云，将士如雨，马牛被野，兵甲赫天"，无情地横扫了高傲而无理的花剌子模。富饶且古老的布哈拉、撒马尔罕、巴米安惨遭屠城，花剌子模首府玉龙杰赤被彻底毁灭，只有熟练的工匠被押往蒙古草原充当劳役。

作为花剌子模国王摩诃末，在中亚可是个说一不二的人物。但是，不知天远就不知地阔，不知山高就不知水低。当成吉思汗光着膀子出现在擂台上，摩诃末方才意识到自己与这个蒙古人根本不是一个级别。于是，他选择了逃命，马不停蹄地逃到里海的孤岛上，并最终死在那里。摩诃末的儿子则向东逃入了印度，但在印度河上游又被无情的蒙古骑兵击溃，只得继续向德里逃窜。

据说，在蒙古骑兵血洗花剌子模时，一位老太太跪在马前为自己求情。她声泪俱下地说，你们不要杀我，我刚把一串珍珠吞进肚子，很快就会死的。我有很多钱财，你们放过我，我把财产都给你们。蒙古骑兵让老太太带路，找到了埋藏珍宝的地方，他们不但杀死了她，而且还剖开老人的肚子取出了她吞下的珍珠。之后，疯狂的蒙古统帅因此以为花剌子模人肚子里都藏有珍宝，于是命令将所有花剌子模人剖腹。任务分配下来，五万蒙古士兵每人必须剖杀二十四人，他们直杀得弯刀卷刃，尸骨成堆，血流成河，日月失色。就这样，花剌子模人在人类谱系上永远地消失了。

我仿佛看见，血红的夕阳点燃了成吉思汗身边的朵朵云霞，围绕着他放射出燃烧的美丽。按说，他该回家了。

但每个人的心中都有一个舞台，心有多大，舞台就有多大。成吉思汗并没有满足于在中亚和印度取得的惊人胜利，转而"西北望，射天狼"，大举进军高加索。在那里，蒙古人做了欧洲骑兵的老师，首先击败了格鲁吉亚人，随后于公元 1223 年打垮了数量占绝对优势的八万俄罗斯军团。除诺夫哥罗德因地处遥远的北方幸免于难外，基辅和其他俄罗斯城市均被夷为平地，用一句俄罗斯史学家略显夸张的话来说，就是"没剩下一个能为死者流泪的人"。

蒙古人那奔腾不息的铁蹄踏过的土地，是难以用公里数来测量的，它远远超过了亚历山大的长鞭、恺撒大帝的铁枪、拿破仑的大炮。"黄色狂飙"过处，整个欧亚大陆都为之战栗，前后共有四十多个国家、七百多个民族归顺了蒙古帝国。

据英国地理学家盖洛估算，成吉思汗"使整个人类流掉的鲜血达两千三百万加仑之多——如果把这些鲜血泵入新奥尔良的自来水管道中，可以供这个城市使用二十四小时；如果注入尼亚加拉河道之中，让红色的瀑布落下则需要十五秒。"

三　如诗

这是一位嗜血的壮士，也是一位机敏的智者。他曾告诫自己的子孙和部下："拼杀冲锋时，要像雄鹰一样；高兴时，要像三岁牛犊一般；在明亮的白昼，要深沉细心；在黑暗的夜里，要富有韧性。"进而，他豪迈地发布训辞，"越不可越之山，则登其巅；渡不可渡之河，则达彼岸。"

鲜为人知的是，成吉思汗还是一位浪漫的"诗人"。他的马队不仅长于杀伐，马蹄所到之处也给大地留下了一个个诗意盎然的名字——阿尔泰（金子）、可可托海（绿色丛林）、喀纳斯（圣洁之水）、布尔津（苍色之水）、青格里（美丽清澈的河流）、乌鲁木齐（美丽的牧场）、博尔塔拉（青色的草原）、布克赛尔（梅花鹿和马背一样的山）、雅玛里克（山羊之家）、达达木图（荆榛之地）、博格达峰（神灵）、呼图壁（高僧）、吉尔孠郎（幸福、平安）、塔尔巴哈台（旱獭）、巴音布鲁克（富饶的泉水）……

我一直认为，厮杀与携手，喧嚣与寂静，战争与和平从来都是一对孪生兄弟。成吉思汗不仅是世界的征服者，也是世界的庇护者。在他的庇护下，破碎的山河重新形成了辽阔完整的版图，城乡的废墟渐次恢复了生机与活力。一位外国人在书中写道："在成吉思汗的统治下，从伊朗到图兰之间的一切地区内是如此平静，以致一个头顶大金盘的人从日出走到日落之处，都不会受到任何人的一点暴力。"

或许会有人不解：成吉思汗既不是思想家与解放者，也不是一位和蔼的人，为什么《华盛顿邮报》会将他评为"千年风云人物"呢？我们还是听听他们的解释吧："历史并不是圣人、天才和解放者的传说，成吉思汗是拉近世界的最伟大的人，他最完美地将人性的文明与野蛮两个极端集于一身，至今还未找到一位比他更合适的人选。"

四 如梦

人生最难以面对的就是死亡。

即便是在陨落的日子里，成吉思汗仍然编织着令人震惊的童话，好像他已经不是一般人，似乎他已经参透了波飞浪卷的人生。听说附属国西夏不服征调，他便将长子术赤留在俄罗斯，自己率兵东归。已经六十五岁高龄的成吉思汗在落马负伤后仍带头冲锋，最终赢得了歼灭西夏主力的灵州战役。

鉴于西夏已经成为釜底游鱼、瓮中之鳖，成吉思汗留下部分军队围攻西夏都城中兴府，自己率军进入金国辖区作战。公元 1227 年 6 月，流火的艳阳、连续的征战令他前些日子在马上脱缰摔伤的旧病突然加重，不得不在清水县行宫——六盘山凉天峡停下来"避暑"（实为养病）。

生命的脆弱如碧荷上的露珠，轻风一拂便有跌落之虞。一个月后，成吉思汗一卧不起。自知死期临近的他，将三子窝阔台和幼子拖雷叫到枕边，面授了灭金和灭夏大计："可向宋借道伐金，宋与金是世仇，必定会应允，那就可以直指金都汴京。金都危急，必定征召驻守潼关的精兵，这时迎头痛击远来疲军，必能大胜。""我死后要秘不发丧，待西夏国主在指定时刻出城时，立即将他们全部消灭。"

一轮如血的残阳落下了，带着成吉思汗不死的梦。

战争的发展进程，与成吉思汗的设计惊人的一致。遵照他的遗嘱，金、夏被顺利灭亡。同样遵照他的遗嘱，他的遗体被送回蒙古故土。传说，成吉思汗在率军进攻西夏时，路过不儿罕山（肯特山脉最高峰）的起辇谷，被周边的景色所迷醉，失手将马鞭掉在地上，部下正要拾起时，被成吉思汗制止了，他自语道："这里是梅花鹿儿栖身之所，戴胜鸟儿育雏之乡，衰落王朝振兴之地，白发老翁享乐之邦。"并对左右叮嘱道，"我死后葬于此处。"说来也巧，当运送成吉思汗的灵车经过起辇谷时，车轮突然陷入了沼泽地里，套上许多牛车也拽不出来，护送灵车的将领这才想起成吉思汗当年的叮嘱，于是决定就地下葬。

由于蒙古人认为死去的大汗需要侍奉，便在诸将的女儿中精心挑选了四十位貌美如花、性格温和、举止优美、起坐文雅的少女，精心打扮后，和良马一起进入了辉煌的墓道。陵墓向北深埋，以万马踏平。据说，为了确保陵墓不被发现，护送遗体到现场的人全部被杀。来年，起辇谷春草绿遍，一望平川，已经没有任何踪迹可寻。

天远地久，史迹茫茫。多少年过去了，人们一直都在寻找他的陵墓。据一向自负的日本历史学家推测，他的陪葬品极其贵重和丰厚，足够现在的蒙古人坐吃上百年。看来，这是一个比赵佗墓、阿提拉墓、秦始皇墓还要玄妙的谜底。正是这种玄妙，给这个多彩的人生故事铺陈了云蒸霞蔚的神秘底色。

第七章　天地正气——方孝孺

的名士，而且这一空前绝后的罪名是他自己
在人类历史上，他是第一位被『诛十族』
『申请』来的。

——题记

一

中国有句古话，叫文无第一，武无第二。但有一个人被公认为明初第一文人，他叫方孝孺。

方孝孺，字希直、希古，号逊志，今浙江宁海（古属台州）人，与鲁迅的学生柔石是同乡。

年幼时以天资超群蜚声乡里，每天读书超过一寸厚，被乡人誉为"小韩愈"。

成年后，师从"明初诗文三大家"之一的宋濂，宋濂的门生无人能出其右，就连前辈胡翰、苏伯衡也自叹不如。

洪武十五年（公元 1382 年），大明开国皇帝朱元璋召见了年方二十五岁的方孝孺。尽管方孝孺的仁政主张与朱元璋偏重刑罚的施政理念相左，但朱元璋还是对这个不亢不卑的年轻人表现出极大的兴趣，并悄悄对皇太子朱标说："这是一个品行端庄的人才，你应当一直用他到老。"

可惜，朱标死在了朱元璋之前，没有运气用他。

朱标的长子朱雄英比朱标死得还早，更没有可能用他。

好在，朱标的次子——朱允炆（wén）也欣赏他。朱元璋晚年，太子朱标突然病逝，朱元璋本想立"勇武过人"的四子——燕王朱棣（dì）为嗣，但燕王之前还有二子秦王和三子晋王，加上朱棣并非嫡出（据说朱棣之母并非马皇后），他只能依照多数大臣的意见，立"仁明孝友"的孙子朱允炆为皇太孙。

朱元璋驾崩后，朱允炆顺利继承大统，年号建文，史称建文帝。

朱允炆即位后，先后任命方孝孺为翰林侍讲、侍讲学士、文学博士，国有疑难必要向他询问，使他实际上具有了"帝师"之尊。

方孝孺还受命主持修撰了《太祖实录》《类要》等典籍，并有《逊志斋集》《方正学先生集》传世。

"治人之身不若治其心也，使人畏威不若使人畏义也""君子有四贵，学贵要，虑贵远，信贵笃，行贵果""不安于小成，然后足以成大器；不诱于小利，然后可以立远功""将兴之主，惟恐人之无言；将亡之主，惟恐人之有言"。

方孝孺说过的这些话，字字句句闪烁着哲思的光辉。时人只要一谈到"方孝孺"，必用"如雷贯耳"来形容。

似乎，这个名满天下的文人应该有一个光明的前景。

二

但事实并非如此，因为方孝孺所服务的建文帝太年轻，太单纯，太急功近利了。

按说，一个年轻皇帝上台，最应该做的，是安抚四方，稳定局势，以时间换空间，以恩惠赢公认，待自己羽毛丰满，等藩王慢慢老去，再剪除异己不迟。但朱允炆显然不谙此道，屁股刚沾上帝座，就在几个近臣的鼓动下，开始向叔叔们下手——削藩。

燕王朱棣本就心有不甘，加上朝廷的削藩之刀即将落在自己头上，便以"清君侧、靖国难"为名，于建文元年（公元 1399 年）发起了历时四年的"靖难之役"。

闻听朱棣从北平（今北京）起兵南下，年轻的朱允炆立时变得手足无措，派人安抚不成，便无奈地诏令天下出兵讨伐。诏令、檄文皆出自方孝孺的手笔。

本来，这是一场毫无悬念的对峙。一方乃当今皇帝，国之正统，手上握有百万军兵；另一方乃一介藩王，手下只有近三十万兵力。

问题还是出在双方的统帅上，当今皇帝年仅二十二岁，是在宫廷里

113

长大的嫩苗，从没经历过战争考验，"仁柔少断"，朝令夕改；而燕王正值三十九岁的壮年，性格比父皇朱元璋还要刚毅，曾多次领兵征伐北元，生猛果敢，"智虑绝人"，堪称一代战神、旷世枭雄。

在成王败寇的年代，"以孝治天下"遇到"以武定乾坤"，几乎等同于"秀才遇到兵"，胜负的天平必然出现倾斜。

公元 1402 年初，攻守双方在山东德州形成拉锯。就连猎狗都知道，将啃不动的骨头吐出来，换个便于着力的角度，以便从容地把它吃掉。想当年辽军就是绕过杨延昭坚守的遂城，到疏于防范的其他城市大肆劫掠的。

于是，韬略过人的朱棣祭出辽人用过的奇招，绕过朝廷大军重兵驻防的山东，从朝廷军力薄弱的区域南下，迫使驻守长江的朝廷水军将领投降，然后直捣帝都应天（今江苏南京）。

燕军进京时，宫中火起，马皇后自焚而死，朱允炆下落不明。一说在宫中自焚，一说从暗道遁逃到云贵一带为僧，还有一说逃亡到了东南亚国家，据称这也是朱棣派郑和下西洋的初衷。方孝孺因拒绝逃亡，被俘入狱。

朱棣进京后，大肆杀戮曾为建文帝出谋划策且不肯迎附的文臣武将，大臣齐泰、黄子澄等被"灭三族"（父族、母族、妻族），被俘入狱的方孝孺也自知难逃一死。

岂不知，有一个人正试图救他。这个人不仅了解他，而且欣赏他，还是他的敌人。

<h2 style="text-align:center">三</h2>

这个试图救他的人，名叫姚广孝，今江苏苏州人，比方孝孺年长二十二岁，早年出家为僧，精通佛、道、儒、兵家之学，后来成为朱棣的第一谋士，素来追慕方孝孺的文名。

当初，朱棣率军从北平出发时，负责镇守北平的姚广孝曾跪求朱棣不要杀方孝孺，原话大意是，城破之日，方孝孺必然不肯投降，您千万不要杀他。杀了方孝孺，天下读书人的种子就绝了。

因服务的对象不同，姚广孝与方孝孺并无交集。但作为对手，姚广孝显然十分了解他的这个敌人兼偶像。他的这个请求，完全是发自肺腑的。因为宋朝灭亡时，文臣武将纷纷殉国，崖山一战十万人蹈海。大元一朝，把文人列为"臭老九"，天下文人一直难有出头之日。而明初，又有许多文人死于朱元璋的白色恐怖。如果当今天下第一名士方孝孺被杀，断了的不仅是读书人的种子，恐怕还有读书人最后的气节。

对此，朱棣"颔之"。朱棣之所以答应，并非仅仅是看在姚广孝的面子上，更多的因素是这个人还有点用处。

果然，朱棣在草拟即位诏书时，想到了方孝孺。

其实，这个诏书并非一定要方孝孺来起草，大凡举人出身的文官都能胜任。但方孝孺名声太大了，他不仅仅是读书人的领袖，作为建文帝的侍讲学士、文学博士，他还是文官们的偶像。他臣服了，朱棣的继位才算名正言顺，来自民间的非议才有可能平息。所以，这个诏书由他起草，既有权威性，也具号召力，意义非同寻常。

于是，朱棣命人将方孝孺从狱中召来。

一进大殿，方孝孺就当众号啕大哭，声彻殿庭。朱棣还算客气，亲自下殿，希望安抚一下，结果引出一段千古对话。

朱棣曰："先生毋自苦，予欲法周公辅成王耳。"意思是先生不要接受不了，更不必悲伤，我是在仿效周公辅佐周成王的古例。

方孝孺反问："成王安在？"此处喻指建文帝。

朱棣答："已自焚。"

方孝孺问："何不立成王之子？"建文帝不是还有儿子吗？

朱棣道："国赖长君。"国家应有成年人掌管。

方孝孺说："何不立成王之弟？"建文帝不是还有弟弟吗？也是成年人啊。

朱棣道："此朕家事！"并让人把笔硬塞给方孝孺，"此事非先生不可！"

一落笔，就是荣华富贵；一撂笔，就可能人头落地。对于常人特别是今人来说，这是个再简单不过的选项，答案不言自明。但这个文弱的中年书生偏偏临危不惧，当着满朝文武奋笔写下"燕贼篡位"四个字，然后投笔于地，且哭且骂："死即死，诏不可草。"

之后，《明史·方孝孺传》记载："成祖怒，命磔诸市。"翻译成现代文就是，朱棣大怒，命令将方孝孺在闹市凌迟处死。《明史·成祖本纪》则记载："丁丑，杀齐泰、黄子澄、方孝孺，并夷其族，坐奸党死者甚众。"

但《宁海县志·方孝孺传》《明史纪事本末》《方正学孝孺》《熹宗实录》等大量民间文献记载，两人的千古对话并未结束，见方孝孺投笔于地，朱棣强压怒火说："即死，独不顾九族乎?"意思是，你死也就罢了，难道你就不顾及你的九族吗? 恫吓与威胁之意溢于言表。

方孝孺用更大的声音答道："便十族奈我何?"

四

"便十族奈我何?"我们完全可以理解为一句反诘之辞，因为自古以来最严厉的刑罚莫过于"诛九族"（包括父四族、母三族、妻二族）了，史上从无"十族"之说，法典上也无"诛十族"之例。

但朱棣是谁？他是个连皇位都敢篡夺的人，是个敢冒天下之大不韪的人，而且是当时最有权势的人。在他眼里，记录就是要被破的，成例就是要被改的。于是，在盛怒之下，他答应了方孝孺的"请求"，创造性地把方孝孺的门生列作一族，连同宗族合为"十族"，总计有八百三十七人被凌迟处死，史称"瓜蔓抄"。

6月25日，也就是明成祖朱棣登上皇位的第八天，朱棣下令在南京聚宝门（今中华门）外公开诛杀方孝孺十族。

作为人类历史上第一个被诛十族的人，方孝孺就够惨了。但更惨的是，这些受到无辜株连的人，都是死在方孝孺面前的。

为了羞辱他，折磨他，朱棣把八百三十七人逐个押解到方孝孺面前，当着他的面杀戮。但奇怪的是，被杀的人没有一个在临死之际恳求方孝孺臣服于朱棣，以换取自己珍贵的生命。没有，一个也没有。

唯一庆幸的是，方孝孺没有看到自己的妻子儿女临刑。史书上说，他入狱后，他的家人对朱棣之残暴早有耳闻，自知厄运难逃，便提前做了了断。他的妻子郑氏及两个儿子中宪、中愈自缢身亡，两个女儿也投秦淮河自尽。

家人死了，方孝孺没哭；亲戚、门生被杀，他也没哭。直到他的胞弟方孝友临刑时，方孝孺方才泪如雨下。他的胞弟方孝友也是一位骨鲠之士，居然反过来作了一首绝命诗规劝流泪的哥哥：

阿兄何必泪潸潸，取义成仁在此间。

华表柱头千载后，旅魂依旧回家山。

方孝孺也作了一首绝命诗回赠胞弟：

天降乱离兮，孰知其由？

奸臣得计兮，谋国用猷。

忠臣发愤兮，血泪交流。

以此殉君兮，抑又何求？

史载，诛方孝孺十族，行刑七日方止。

四十六岁的方孝孺是最后一个死的。十族诛完，才轮到方孝孺。此时，方孝孺仍谩骂不止。朱棣恨其嘴硬，叫人将方孝孺的嘴角割开，撕至耳根。方孝孺血涕纵横，仍痛骂不止。之后，据《太宗实录》和《明史》记载，方孝孺被凌迟处死。还有一说，方孝孺是被腰斩的。

其实，是凌迟还是腰斩，就像鱼是红烧还是清蒸一样，并无实质性的区别。根据这一说法，被腰斩后，只剩上半身的他以肘撑地，用手蘸着自己的鲜血，在地上连书"篡"字，写了十二个半方才气绝倒地。

他死后，骨骸也被拆散，弃之荒野。他的门生、德庆侯廖永忠的孙子廖镛（yōng）与其弟廖铭冒险收集他的残骸，掩埋在聚宝门外的山上，兄弟二人因此丢了性命。宁海人马子同偷偷将他的残骸投入井中，后人称此井为义井。方孝孺的著作从此被列为禁书，永乐年间凡藏书者皆为死罪。

五

在实用主义、功利主义横行了几个世纪的中国，有人把方孝孺的行为定位为愚忠愚孝。从表面上看，此说似乎有些道理。朱棣也一再声称，谁当皇帝是"朕之家事"，与旁人无关。况且，朱棣这个皇帝当得也不差，仅拿得出手的政绩就有几项，如重修长城，编纂《永乐大典》，派郑和下西洋，尽管这些华丽的政绩是以劳民伤财为代价的。

暂且不说朱允炆的"仁政"与朱棣的"刑治"哪个更有益于万民，也无法设想前者不被推翻是否也有不凡的政绩，我们首先必须弄清楚，谁当皇帝，真的只是"朕之家事"吗？

众所周知，中国儒家一向认为："民为重，社稷次之，君为轻。""天下乃天下人之天下。"显然，在被奉为中国古代主流意识和正统观念的儒学思想中，皇权的传承并不只关乎皇帝一家人，而是天下兴衰、社稷存亡的大事，朝廷立储要名正言顺，皇帝废立应遵从纲纪，兴兵讨伐须师出有名，否则就是不忠不孝，就是大逆不道，就会人神共愤。

所谓"靖难之役"，不过是朱棣为篡夺皇权打出的一个幌子。朱棣与朱允炆之争，也绝不是什么叔侄间的纠纷，而是正统与非正统的斗争，是一个大是大非问题。而方孝孺恰恰就是传统儒家思想的坚定维护者，他坚持了那个年代所应该拥有的忠君爱国的理想，体现了一个士大夫心无旁骛、刚正不阿的品质。

有人还说，从为人处世的角度看，方孝孺对待朱棣的方式过于生硬。你想死也就算了，凭什么拿话"激"朱棣，连累那么多无辜的人？

明朝钱士升在《皇明表忠记》中就说："孝孺十族之诛，有以激之也。愈激愈杀，愈杀愈激，至于断舌碎骨，湛宗燔墓而不顾。"他的意思，朱棣的疯狂杀戮，是被方孝孺激出来的。言外之意，如果方孝孺保持沉默，朱棣未必会诛他九族，至少不会诛他十族。

想来，这个钱士升太高看、太善见这个朱棣了，这个由残忍性格与无上权力结合而成的专制君王，一向视生命如草芥，吃人不吐骨头，杀人不眨眼，仅杀戮建文帝的大臣及家属就达数万人，其中被肢解、油煎、剥皮的不在少数，你居然指望这样一个历史公认的暴君会放过拒绝起草诏书的方孝孺的那些无辜亲友，真是幼稚与天真得可爱。而且，这个钱士升逻辑也十分可笑，你不去追究施暴者的责任，反倒去责备一个被施暴者，这与一个妇女惨遭家暴，却将责任归结到她顶嘴上有什么两样？

的确，在一般人看来，世间最重要的是生命，人任何时候都不能漠视生命，更不能做无谓的牺牲，因为人死不能复生。但是，世上真的没有比生命更重要的东西吗？

哲学家、思想家和政治家们回答：有，它就是做人的底线，现代称之为价值观。

每个人都有自己的价值观。对于多数人而言，其价值观是"在人屋檐下，不得不低头""好汉不吃眼前亏""识时务者为俊杰""留得青山在，不怕没柴烧""中庸仁厚，明哲保身"。他们之所以读书，是因为"书中自有黄金屋，书中自有颜如玉，书中自有千钟粟"。

然而，也有一种人，通过读书来求知，又通过求知形成了理论自信，铸就了抵御世俗的铠甲，举起了逆风招展的旗帜，形成了誓死不移的忠孝观念和爱国情怀。

在他们看来，人不是一般的动物，不能把吃饱喝足、苟且偷生作为终极目的，人必须有所追求，必须拥有自己的信仰，必须维持做人的底线。如果谁触碰了这个底线，谁反对自己认定的信仰，谁危害了自己所捍卫的政权和国家，自己将据理力争甚至以死相搏，哪怕赴汤蹈火也在所不辞。

方孝孺就是这样的文人，一个不畏强权的文人，一个具有凛凛风骨的文人，一个大写的文人。为了践行自己的信仰，为了维护成宪、维系正统，为了防备篡位导致的生灵涂炭在历史上重演，也为了捍卫"仁孝治天下"的政治理念，在面对牢狱与铡刀的时候，他早已决定舍生取义，并像张廷玉所说的那样"视刀锯鼎镬甘之若饴"，心甘情愿地接受了悲惨的结局。

对于殉道者，死亡是他最大的也是最后的荣光。换句话说，你杀了他，其实是成全了他。

"天下有道，以道殉身；天下无道，以身殉道"是也，"三军可夺帅，匹夫不可夺志"是也，"临大节而不可夺"是也，"富贵不能淫，威武不能屈，贫贱不能移"是也！因此，明朝名士陈继儒称他为"浙中第一名儒，国朝第一忠臣"。民国大儒胡适评价说："方孝孺是杀身殉道的了不起的人物。""硬骨头"的鲁迅在评价被杀的柔石时，说他"有台州式的硬气，令我忽而想到方孝孺"。

也许您会问：价值观值得以生命为代价来捍卫吗？

我的回答是：如果捍卫的价值已经等同于或者超越了你认可的生命的价值的话，牺牲生命是值得的。换句话说，一个人的肉体无法永生，但一个人的名节可以永垂史册。

而且，人与动物的区别在于人的神性，在于人有精神追求，有思想支撑，有灵魂皈依。一个人的身体可以跪下，但灵魂不能跪下；一个人的肉体可以倒下，但精神不能倒下。

如果灵魂没有骨头，只剩下肉体的骨头，那就是贱骨头，那就是行尸走肉。为了尊严与名誉，一个人是可以放弃生命的。如同平庸而怕死的明英宗在"土木之变"中被瓦剌俘虏，瓦剌实际统治者也先以妹相许，但被明英宗断然拒绝。因为汉人天子做胡人女婿，史书上会留下"千古骂名"。

试想，方孝孺如果低头，恐怕只能被写进《贰臣传》，接受后人甚至是方氏后人的鄙夷与唾弃。

六

方孝孺死难的公元 1402 年，正值十五世纪的开始。正如姚广孝所预言的，方孝孺一死，读书人的种子就绝了。方孝孺之后，明朝再无一人称得上政治思想家。

与此形成鲜明对照的是，斯时也，文艺复兴的朝阳升起在欧洲上空，驱赶着中世纪的黑暗，疾步迈进蓬勃发展的近代。因此，胡适感慨万千地说："我国政治思想在十四世纪以前，决不逊于欧洲，但近五百年来何以不振，这是由于方孝孺被杀的惨剧造成的。"

更悲惨的是，方孝孺被杀后，许多读书人连气节也丢掉了。明朝灭亡时，变节者甚众，仅明朝重臣就有祖大寿、洪承畴（chóu）、耿仲明、尚可喜、吴三桂、孔有德、孙可望、孟乔芳、李成栋、郑芝龙、杨光先、冯铨（quán）、王铎（duó）、张缙（jìn）彦、阮大铖（chéng）、宋权、金之俊、党崇雅等上百人，明末文坛领袖钱谦益率领大臣在大雨滂沱中开城向清将多铎投降，更是丢尽了大明文人的脸；殉国者却屈指可数，有名的不过史可法、陈子龙、张家玉、金声、刘宗周、夏允彝、何腾蛟几人而已。

意味深长的是，尽管变节者为大清灭亡李自成、张献忠和南明立下了汗马功劳，但在用完这些人，也就是国家实现统一之后，当"忠君爱国"上升为核心价值观，对变节者的道德清算就开始了。乾隆当政时，为"崇奖忠贞""风励臣节"，下令将降清者逐一写入《贰臣传》，钉在了历史的耻辱柱上；而对于誓死抗清的史可法等人，乾隆却称其为"完人"。

延续到后来，就是第二次世界大战时期了。当时世界上有三大傀儡政权——伪南京国民政府的汪精卫、伪满洲国的溥仪、法国的贝当，中国占了两个。日本入侵中国后，卖国求荣、助纣为虐的伪军达三百万人，数量比侵华日军还多；认贼作父、寡廉鲜耻的官员如过江之鲫，著名的有陈公博、周佛海、梁鸿志、褚民谊、齐燮元、缪斌、傅筱（xiǎo）

庵、殷汝耕、陈璧君、林柏生、李士群、丁默邨（cūn）、褚民谊、梅思平、周学昌、李圣五、凌霄、彭年、江朝宗、孙殿英、马良、高冠吾、陈群、曹汝霖、温世珍。就连一部分宣称"达则兼济天下，穷则独善其身"的文人，也做起了日本"大东亚共荣"的吹鼓手，让我们记住他们的"芳名"：王克敏、周作人、张资平、胡兰成、龙榆生、陈器伯、陶晶孙。

庙宇，是历史的良心，是一个民族的道德风向标，也是一个国家的价值取向。时隔百年，皇权仍在朱棣直系后裔中传承，明神宗就下诏为方孝孺等建文帝时期的忠臣平反。紧接着，一座属于方孝孺的庙宇拔地而起，建庙的人也是一个有骨气的文人，名叫汤显祖，戏剧《牡丹亭》（又名《还魂记》）的作者。到了清朝，历代皇帝仍对方孝孺赞赏有加，康熙皇帝在巡幸松江时，专门为方孝孺祠题写了"忠烈名臣"的匾额。

一个人缺少什么，往往就会鼓吹什么。这座文人的庙宇在太平天国运动、日本侵略中国期间一再遭遇战火，但屡毁屡建。

在如今的南京雨花台风景区，如织的游人只知道这是一处旅游胜地，却很少有人知道，在烈士纪念馆北部绿树掩映的山坡上，有一座面朝西方的高大坟茔，那就是公元 1999 年重修的方孝孺墓。如果您有幸再次去到雨花台，一定别忘了瞻仰一下这座可能连方孝孺遗骨也没有的墓地，因为这里储存着一个民族的精神风骨。

第八章 远洋之歌——郑和

——题记

意志力和爆发力，他就是例证。

陷造成的自卑，往往能形成一种生命的张力、

深宫，而且走向了海洋。有人说，生理上的缺

宦官是不能走出深宫的，他不仅走出了

一

公元 1842 年 8 月 24 日上午十时，三声礼炮响过，英国皇家海军炮艇上的璞鼎查（英国侵华全权代表）等人，分乘四十多艘小船从长江登岸，然后坐上耆英（大清钦差大臣）为他们准备的轿子，大摇大摆地进入南京城西北狮子山下的静海寺，一个英国炮舰射程之内的所在。就在这里，大清被迫与英国"议"定了中国历史上第一个不平等条约——《南京条约》，历时一百五十五年的中国近代屈辱史拉开帷幕。

极具讽刺意味的是，这座见证了大清之辱的寺庙，建于三百多年前的大明永乐年间，乃为纪念郑和下西洋而建。朱棣赐额"静海寺"，意思就是"踏平海疆"。也就是说，三百多年前，海洋世界的真正霸主不是西方，而是大明。

更为幽默的是，也就是议定条约期间，顺便参观静海寺的英国人方才恍然大悟：世界最早的航海家，既不是发现美洲的哥伦布，也不是到达印度的达·伽马，更不是环球航行的麦哲伦，而是一位中国人。

他是一位宦官，名叫郑和。他本来姓马，名和，乳名三保（一说三宝），回族，公元 1371 年出生在四季如春的云南昆州（今晋宁）宝山乡和代村，据说是布哈拉国王穆罕默德的后裔——元朝云南平章政事赛典赤·瞻思丁的六世孙。他的父亲与祖父都从海路到过伊斯兰圣地麦加，所以他从小就对航海和探险情有独钟。

如同所有的元朝官宦之家一样，他的家庭也在明朝建立之后迅速败落下去，后来居然到了食不果腹的地步。他十一岁被掳入大明军营遭受宫刑，十九岁被选入燕王府。

做太监本身就够倒霉了，何况是在远离京城的藩王府了。但事情有时偏偏歪打正着，正如西方有位哲人所言，把走运的男人抛进大海，他也可能会衔着条鱼浮上来。马三保的主子燕王朱棣并不甘心做藩王，后来寻机发起了名为清君侧实为争天下的"靖难之役"。三保随同主子出生入死，并在北平郊区的郑村坝（今朝阳区东北部的东坝）一战中，率领一百多名骑兵突袭了李景隆的帅营，搅乱了明朝皇家军队的指挥系统，为朱棣大军顺利解除北平之围立下了头功。

夺取政权后，明成祖朱棣论功封赏，因为明朝有"马不能登金殿"的忌讳，有功的马三保被赐姓郑（可能与在郑村坝立功有关）名和，任内宫监太监，成为整个皇宫的太监总管，那一年他三十三岁。

为了向海外特别是伊斯兰教国家传播明朝的声威，据说也为了追捕神秘失踪的建文帝，朱棣开始组建远洋舰队。选来选去，有家庭航海背景和出使日本的外交经验、信仰伊斯兰教且对皇帝忠心不二的郑和，竟然成了航海舰队总指挥的最佳人选。

"郑和，正合我意！特命郑和为钦差正使总兵太监，筹划并领兵远航！"朱棣说。

二

作为一名有生理缺陷的人，能承担如此使命，无疑是无上的荣誉，但同时也是巨大的挑战。尽管他听到过前辈关于出海的故事，但毕竟那是遥远而模糊的记忆，况且远洋航海前无古人，没有成功的经验可以借鉴。因此，他以特有的缜密和开阔的视野开始了航海前的准备。

搞调查，绘地图，搞装备，造大船，夜以继日，睡得比狗晚，起得比鸡早。

出行的日子终于到了。

公元 1405 年 7 月，世称"海洋之襟喉，江湖之门户"的刘家港（今江苏太仓浏河）码头上人山人海，港湾里桅杆林立。三十四岁的郑和与副使王景弘肩负着大明帝国的神圣使命，即将开始伟大的首航。多少天来，这里汇聚了两百○八艘宝船、战船、坐船、粮船、水船、马船，还有两万七千八百名整装待发的将士。其中六十多艘宝船载重量多达一千五百至两千五百吨，供正副使乘坐的旗舰———号宝船长一百二十五点六五米，宽五十点九四米，排水量两千多吨，船有四层，船上九桅可挂十二张帆，桅杆长十余丈，每只铁锚重三千多斤，乘员达上千人，船上备有航海图、指南针等世界最前卫的航海设备，是十五世纪世界上最庞大最豪华的船。战船是专门用于护航的兵船，长约五十一米，宽约十九米，有五根桅杆，装备着当时世界上最先进的火器、火炮、火球等热兵器和标枪、刀剑、弓弩等冷兵器，吨位较小，水面作战机动灵活。坐船承载着将领军官，长约六十八米，宽约二十七米，有六根桅杆，主要用于防海盗袭击和水上、陆上作战。粮船长约七十九米，宽约三十四米，有七根桅杆，装载着将士们一年的口粮，按每人每天消耗一斤半口粮计算，每天耗粮四万一千斤，合四百一十七石，储备一年的口粮需要十五万三千多石。水船是装载淡水的，大小与粮船相同，按每人每天餐饮、卫生需要两千克淡水计算，每年需用水两万多吨。马船是快速的综合补给船，长约一百○五米，宽约四十二米，有八根桅杆，不仅装载着船队的油盐酱醋茶酒烛等生活必需品，还满载着西方奇缺的丝绸、瓷器、茶叶、金饰、银器等，而且还能参与快速水战。整个船队编为舟师、两栖部队、仪仗队三个序列。舟师即舰艇部队，所属战船按编队分为前营、后营、中营、左营、右营；两栖部队用于登陆行动；仪仗队担任近卫和对外交往时的礼仪。

"起锚"的命令下达后，在山呼海啸般的欢送声中，无数的桅杆徐徐升起了风帆。那一刻，天上洁白的云朵在流动，港湾里的船队也鱼贯而出。人们分明看见，那驶出港湾的，不是一支船队，而是由艘艘巨轮拼接成的一座流动的城市，一个缩小的王朝，一个漂移的岛屿。

船队行至福州闽江口五虎门内的太平港（今福建省长乐市）暂时停泊，然后伺风开洋。待东北风起，船队扬帆起航，途经近十个国家，先后到达占城（今越南）、爪哇、苏门答腊（今印尼）、满剌加（今马来西亚马六甲）、古里（今印度南部）。直到公元1407年，这支特混舰队才带着无尽的荣誉与疲惫返航。

郑和率领远洋船队共七下西洋，先后到达中南群岛、南洋群岛、孟加拉、印度、伊朗、阿拉伯地区，最远抵达非洲东海岸和红海沿岸。他为世界文明的交流与传播树立了光辉典范，是世界航海史上的空前壮举，是举世公认的海上巨人，是世界上的重量级航海家，是海上丝绸之路的开拓者，堪称"大航海时代"的先驱。可以说，用什么样的语言赞誉他，都不会过分。

因为在时间上，他比欧洲最早的航海家哥伦布公元1492年发现美洲早八十七年，比达·伽马公元 1498 年到达印度海岸早九十三年，比麦哲伦环球航行整整早了一百一十多年。在规模上，郑和船队每次下西洋都不少于两百六十艘，人员也都在两万七千人左右；而哥伦布首航只有三艘船，九十人；达·伽马首航只有四艘船，一百七十人；麦哲伦的环球之船只有五艘船，两百六十五人。在航程上，郑和在二十八年中七下西洋，航程近十万公里，绕地球三圈还多。

第七次航行时，老皇帝已逝，郑和也年逾古稀，精力不再。但他离不开家一般的舰队，舍不下自己为之奋斗了一生的航海。尽管有人以年事已高规劝他，但他初心不改，壮心不已。

公元 1433 年 3 月，二十八年的海上漂泊耗尽了他的全部精力，六十二岁高龄的郑和病逝于第七次航行返航途中的古里（今印度卡利卡特）。就这样，一位大内太监魂归大海，兑现了生为舰队人、死为舰队鬼的人生理想。

明朝的远洋壮举就此终止。是因为失去了郑和舰队便失却了灵魂？还是因为后任皇帝不事张扬？后人只能猜测。

三

郑和的武装船队以独步天下的恢宏气度穿行在"洪涛接天，巨浪如山"的海洋上，"云帆高张，昼夜星驰，涉彼狂澜，若履通衢"，轻松随意的程度如同泛舟于中国的内湖，它带给各国政治、军事和新闻上的冲击，绝不亚于如今的美国进攻南斯拉夫、阿富汗和伊拉克。

每当郑和与仪仗队在沿线国家登陆时，山呼海啸，彩旗飘飘，服饰灿烂，刀光剑影。对所到之国引起的视觉震撼，根本无法用语言表述。每到一地，他们便大肆弘扬明朝的国威，代表皇帝将中国的特产"赐"给当地的国王，并邀请他们在方便的时候回访中国。当然，郑和并未空手而归，他不仅收下了当地国王所"贡"的象牙、香料、珊瑚、珠宝，而且有时也直接将当地的使臣搭载到中国访问。仅第五次远洋带回大明的货物就达一百六十四种，包括五金十七种，药品二十二种，香料二十九种，珍宝二十三种，食品、木材、布匹多种，还有珍稀动物长颈鹿、狮子、大象、千里驼、金钱豹、花福鹿等。

正是由于郑和航海的感召和郑和船队的外交努力，才有众多的南洋、西洋官员络绎来访，形成了一股"中国热"。浡（bó）泥（今加里曼丹岛北部）、苏禄（今菲律宾苏禄群岛）、满剌加等国的国王、王后都在郑和的邀请下对中国进行了正式友好访问。而且，有三十多位非洲统治者的特使被邀请上船，承认大明皇帝的世界统治地位。摩加迪沙（位于今索马里）的苏丹，派出一个代表团，携带具有异国风情的礼物访问大明，礼物中包括一只长颈鹿。永乐大帝亲自在京城的大门口迎候这只动物。这只长颈鹿被盛赞为传说中的麒麟——是完美节操、完美政府及帝国和宇宙和谐的象征。

后人完全可以展开思绪的翅膀，想象一下自负的中国皇帝迎送外国元首时的威严和宴请他们时的排场。

如果你对航海有兴趣，说不定能有幸一览散发着岁月幽香的《郑和航海图》。此图原名《自宝船厂开船从龙江关出水直抵外国诸番图》，共二十四页。海图中共标注了五百三十多个地名，其中外域地名三百多个，包括东非海岸十六个。海图还标明了南沙群岛（万生石塘屿）、西沙群岛（石塘）、中沙群岛（石星石塘）等。它不仅有每次航海的图示，而且有航海行程的详细记录。

它所绘制的年代，既没有哥白尼的日心学说，也没有地球仪，更没有测量经纬度的办法，但郑和船队却把地文航海、天文航海、罗盘指向、航程测量等技术结合起来，绘制出这样一部航海图集，实在令人惊叹与折服。该图与同时期西方最有代表性的波特兰海图相比，虽然数学精度较低，但制图的范围更广，内容更为丰富，实用性更强。

建议大家都来看看《郑和航海图》吧！从那里面，你会深刻地感受到郑和作为一名世界级航海家的经验、毅力、胆略和非凡的应变能力，并会情不自禁地发出对这位回族优秀儿子的由衷赞叹。有人说，生理上的缺陷造成的自卑，往往能形成一种生命的张力、意志力和爆发力，郑和就是一个最好的例证。

从此，回族历史有了郑和一章。

郑和的成功也成就了他的主子。凭着派遣郑和下西洋和编纂《永乐大典》这两大杰作，朱棣得以昭彰史册。

四

正如上面所说，郑和第一次下西洋比哥伦布到达美洲整整早了八十七年，他的船队额定总船员为两万八千人，有两百多艘船只，船只最大载重量超过一千吨，其规模之大，是"一战"爆发前欧洲的任何舰队所不及的。它的密封舱设计，比欧洲早了五百年，直到公元 1905 年泰坦尼克号首航，西方人才掌握了这一技术。

按照这样一个真实的对比，当时的中国完全可以轻而易举地获得世界制海权，甚至可以独占非洲、南北美洲乃至大洋洲。这样的话，将不会有后来的海上霸主西班牙、葡萄牙、荷兰、日不落帝国、美国。英国学者李约瑟曾评价郑和船队："明代海军在历史上可能比任何亚洲国家都出色，甚至同时代的任何欧洲国家，以致所有欧洲国家联合起来，可以说都无法与明代海军匹敌。"

与阿波罗登月计划一样，郑和的远洋航行也极大程度地展示了财富和科技水准。公元 1416 年一位大明太监来到东非海岸，在很多方面堪比美国宇航员公元 1969 年登上月球的伟大壮举。

郑和下西洋证明，当时欧洲并未占有科技上的优势。真正让欧洲人胜出的，是他们无与伦比的"探索与征服"的欲望和野心。但在公元 1424 年，就连这种表面上的势头也被遏制了。这年夏天，永乐大帝在北征途中驾崩，大明的海外计划随风而逝，郑和的远洋事业被明仁宗朱高炽、明宣宗朱瞻基相继叫停。直到公元 1430 年，朱瞻基才发布诏令恢复下西洋——七下西洋的活动。其直接的原因，倒不是因为他可怜郑和，也不是仅仅因为前来朝贡的国家由永乐年间的二十个锐减到八个，皇帝脸上的面子有些挂不住了，还因为海洋贸易停滞导致了国家财政收入减少。

然而，七下西洋只是地地道道的回光返照。公元 1436 年，新皇帝朱祁镇"决定"不派造船者前往南京，那时他才九岁，应该是他的大臣们为他做了这个决定。大臣们冠冕堂皇的理由是，永乐期间郑和下西洋所费白银六百万两，相当于国库年支出的两倍，这还不包括造船等各地支出的费用。而建造和修补一艘船平均需要一千六百两银子，每次出航平均需船两百六十多艘，仅造修费用就需四十多万两银子。

之后，海禁法令确定无疑地禁止远洋航行。从公元 1500 年起，无论何人，只要被发现建造超过两个桅杆的船只，就要被判处死刑。而在公元 1551 年，就连乘坐这种船出海都是犯罪行为。有一个故事说，公元 1477 年，当大臣们重提宝船舰队航行这个想法时，以兵部职方司郎中刘大夏为首的阴谋家烧毁了郑和的航海日志，刘大夏的理由是："郑和前往西方的航海浪费了上百万的金钱和谷物，而且成千上万的人死于此……这是一个极其糟糕的行动，大臣们本应予以强烈反对。即使这些旧资料现在还保存着，也应该被烧毁。"对此，尽管兵部尚书余子俊大为愤怒，但皇帝朱见深没有任何反应。

就这样，曾经是新发明故土和造船业霸主的中国，逐渐沦为顽固地敌视其他民族创新与交流的"中庸之国"。

大明船队不再独霸海疆半个世纪后，葡萄牙、西班牙、荷兰、英国的船队才得以扬帆起航，绕过好望角，抵达印度洋，进而走遍世界，建立起一个又一个海上商业与军事帝国。与郑和远航只是为了宣扬大明的国威，并对拥护大明的各国君主提供协助大相径庭的是，欧洲人的每一次远航都带有诸多的政治、经济甚至军事征服和地理占有的目的。如 1768 年英国皇家派出的一支远航队，主要目的是派天文学家查尔斯·格林前往塔希提岛观察金星凌日，以便更准确地测出地球到太阳的距离。但随行的还有八位科学家和几名画家，船长则是地理和人种学家詹姆斯·库克。这次远航，不仅观察到了金星凌日，而且首次抵达了澳大利亚和新西兰，然后立即宣称这些新发现的岛屿全部归英国所有。就连公元 1798 年拿破仑进攻埃及时，都随身带着一百六十五名学者，其一大成就便是建立了一个新的学科：埃及学，长远目的就是为法国持续占领埃及奠定语言、文化、法理基础。

西方人认为，中国在十五世纪初放弃制海权是一个"千年之谜"。其实，答案很简单。永乐大帝派郑和下西洋，是专制君主"虚荣政治"（如今叫政绩工程）的典型症状，那不过是一场耗资巨大的政治巡回表演，凭借这一盛举既可以向世界各国耀武扬威，也可以消除朝野对他武力夺权的不满和蔑视。另外，在中国人的传统性格里，一向缺乏一种向外的张力，"守业"似乎占有更重要的位置。千年前的秦始皇虽然纵横六合，但他建造的长城，与农夫的篱笆没有什么两样，只不过他的院子更大一点罢了。因此我们看到，永乐除下西洋、编纂《永乐大典》外，还有一项同样引人注目的盛举——把国都从长江南岸的金陵迁移到靠近长城的北京并重修被冷落数百年的长城。此外，大多数知识分子目睹了方孝孺、于谦等人的悲惨结局，不再愿意冒着生命危险卷入政治斗争，也不再愿意将目光投向未知的世界，于是选择了安于现状。一些人设坛讲学，却拒绝为科举考试培养学生；一些人注重为村庄和家庭制定规则，女子裹脚的习俗随之形成；还有一些人倾向自省，通过静坐与沉思来完善自己，如十二世纪的理论家朱熹所倡导的："日省其身，有则改之，无则加勉。"

固守住疆界，笼络住人口，成为明清实行海禁的真正目的。世界上最大的洋在他们眼中，与世界上最高的山脉一样，不过是上天赐给他们免费的长城。那漫长的海岸线，是他们无法逾越的精神边界。直到坚船利炮逼近中国、好梦被无情震碎的时候，当英国炮舰"康华丽"号大摇大摆地游弋在南京下关江面，将大炮对准谈判中的静海寺的时候，中国官员们才猛然醒悟到：这大洋原来也是路，而且是最快捷最宽阔的路——当然只是洋人而非自己的路。

我们只有发出一声叹息：郑和下西洋就这样成了一个传奇，也仅仅是一个传奇。

这一声叹息，是萦绕在无数曾经盛极一时的帝国心头的噩梦。

难怪梁启超说，郑和之后，再无郑和。

在经历了十年"文革"后，中国开始了改革开放。一座座造船厂在滨海崛起，自此，人们又想起了郑和。1987 隶属于海军大连舰艇学院的"郑和舰"正式下水，1991 年大连海事学院将一艘实习船命名为"郑和轮"，2005 年国务院将郑和首次下西洋的 7 月 11 日正式确定为中国航海日。

如果有机会去南京，我建议您在参观完总统府、中山陵、雨花台、夫子庙、南京大屠杀纪念馆、桨声灯影里的秦淮河之后，别忘了去一趟

略显寂寞的郑和墓。位于南京牛首山麓的郑和墓已经整修一新，墓前的

二十八级台阶，暗示着郑和航海二十八年；每个平台七级台阶，则是他

七下西洋的象征。

第九章　要留清白在人间——于谦

——引子

得堪称神圣的人。

一个正直得接近无礼，无私得近乎透明，清白

与文天祥、岳飞、周亚夫、屈原一样，这是

143

一

公元 1449 年 8 月 3 日，大明王朝一个毁灭性的日子。

今河北怀来城外的土木堡。被太监王振怂恿来到前线的明英宗朱祁镇和他的数十万大军被瓦剌（蒙古分支）丞相也先统领的骑兵团团包围。明军全军覆没，明英宗也当了俘虏。这就是明朝中期骇人听闻的"土木之变"。

也先挟持明英宗经紫荆关兵临北京城下，以英宗为人质盾牌，迫使明朝做出让步。大明王朝处在了生死存亡的历史关头。

北京城内，立刻弥漫在了一片痛哭抱怨和争吵声中。皇后已经哭昏过去好多次了，受命监国的明英宗的弟弟朱祁钰也惶然不知所措。战吧，一来明朝最为精锐的军队已经在土木堡丧失殆尽，京城兵力严重空虚，结果有可能是玉石俱焚；二来，皇帝在敌人手上，如果哪个不长眼的将士在乱军中伤了皇帝，那可就是灭族的大罪呀！逃吧，明朝将肯定丢掉半壁江山，重蹈北宋南迁的覆辙，并会因此被后人钉在历史的耻辱柱上。守也守不住，打也不能打，逃又不能逃，于是，一场争吵在朝堂上展开。

一个叫徐珵（chéng）的大臣率先发言："我夜观天象，对照历数，发现天命已去，只有南迁才能避过此难。"话音一落，大臣们纷纷附和。

"建议南迁之人，该杀！"说话的人名叫于谦，当朝兵部侍郎，一个最为坚定的主战派。混乱的时局把于谦推上了历史的浪尖。

于谦，公元 1398 年出生在浙江钱塘县（今杭州）。二十三岁那年，于谦考中进士，被任命为御史。因为在痛斥叛乱的亲王朱高煦时表现优异，也因为连续审结了几宗离奇的案件，从此名声大振，平步青云，年仅三十二岁就被任命为兵部右侍郎，位居正三品。

他的仕途并非一帆风顺。据说，在他担任山西巡抚时，正值宦官王振当道，文武百官莫不阿附，每每拜见王振都用金钱和特产联络感情。而毕生以"清白"为信条的他，不仅两袖清风，而且每次进京从不趋炎附势。面对好友的规劝，他居然挥毫写下了《入京》诗：

手帕蘑菇及线香，本资民用反为殃。

清风两袖朝天去，免得闾阎话短长。

尽管是一首小诗，还是被王振听说了，结果先是品尝了两个月的天牢风味，继而被做了贬官处理。就是这个从小以岳飞、文天祥为偶像的少壮派官员，不留情面地痛斥并批驳了徐珵的逃跑主张，联合大臣王文等人，以太后的名义立朱祁钰为明景帝，遥尊明英宗为太上皇（因此在日后被英宗清算），使瓦剌以明英宗为人质迫降北京的"人质盾牌"阴谋彻底破产。本来准备安分守己做一生藩王的朱祁钰（yù）被突如其来的"幸福撞了一下腰"，因为"土木之变"一跃而成为皇帝，还因着他的年号景泰，中国精美绝伦的瓷器被命名为"景泰蓝"名扬四海。

接下来，伟大的北京保卫战拉开帷幕。于谦组织了二十二万兵力汇聚北京。然后，他断然否决了将军们坚壁清野的建议，令大军全部开出九门列队迎敌。最令人震惊的是，这位从未指挥过战争的文雅书生发出了三道军令：

一是"锦衣卫巡查城内，一旦查到有盔甲军士不出城作战者，格杀勿论！"二是"全体将士必英勇杀敌，战端一开，即为死战之时！临阵，将不顾军先退者，立斩！临阵，军不顾将先退者，后队斩前队！"三是"大军开战之日，众将率军出城之后，立即关闭九门，有敢擅自放人入城者，立斩！"

典型的破釜沉舟，真正的鱼死网破。对于这些肩负着保卫家国妻儿重任的明军将士来说，那些远路赶来的盗窃者首先在气势上输了三分。加上明军有装备着世界上最先进火枪的神机营助阵，结果蒙古骑兵军团一败涂地，也先无奈地撤回草原。第二年，在得到重臣于谦的同意后，失去利用价值的英宗被送回明朝。

如果没有于谦，也先或许会成为又一位"成吉思汗"。也先没有成为成吉思汗，于谦却成了又一位"岳飞"（被一些史学家称为第三位岳飞）。

二

时间永远分岔，通向无数的可能。

历史有时惊人的相似，明英宗兵败被俘恰似三百年前宋徽宗和宋钦宗被俘的情形。三百年前，宋高宗千方百计阻挠父兄回朝，"傻乎乎"叫喊着"直捣黄龙府，迎二帝还朝"的岳飞被暗中除掉。三百年后，历史又一次被复印，人性深层的悲哀被再一次定格：和岳飞一样顶天立地的于谦，没有吸取岳飞的教训，"光明正大"地把明英宗迎了回来。同样具有悲剧色彩的还有明景帝，他也许明白明英宗回朝后对他的威胁，但他不愿意落个不顾兄弟之情的骂名，因而在政权隐患和忠孝仁义之间选择了后者，结果，三百年前赵构最为担心的事情发生了。

太上皇回京后一直居住在所谓的南宫，即皇城东南角的崇质殿。太上皇真的知足吗？他对弟弟没有把皇位归还他满意吗？东南角的一举一动，都会引起明景帝的寝食不安。为了巩固帝位，明景帝废太子朱见深（英宗长子）为沂王，立儿子朱见济为太子。不幸的是，新太子不到一年就病死了。他再也无人可立，因为他只有一个儿子。

不安，一种极度的不安像一束藤蔓，悄然从后背攀援而上，冷冷地爬上脊背，爬过脖颈，钻进他的心里。这就好比朱祁钰在睡觉时，身旁就站着太上皇和一群彪形大汉，随时准备给他一刀。慢慢地，这竟成了一块心病。心病导致疾病，朱祁钰在执政的第八年——公元1457年正月病危。

此时，有四个人凑到了一起。他们是：徐有贞，原名徐珵，那个在建议南迁时受到于谦痛斥因此声名狼藉的人。尽管改了名，但毒蛇换了身上的花纹还是毒蛇。他一直等待着和于谦对决的机会。石亨，武将。在北京保卫战中以戴罪之身被于谦大胆起用，因成功解除北京之围得以加官晋爵。出于对于谦的感激，他上书皇帝为于谦请功并举荐于谦的儿子为官。于谦不仅不领情，反而上疏弹劾石亨举荐自己的儿子存有私心，使得石亨十分难堪。他从此认定磊落的于谦不可能成为自己的朋友，因此成为于谦暗中的敌人。张轨，将门虎子，石亨的铁杆同党。曹吉祥，宦官，土木堡之变的罪魁王振的同党，有着恨于谦的一切理由。

一个巨大的阴谋由四人在正月十四日夜里策划完成。

一切都在暗中进行，而于谦却浑然不知。正月十六日，于谦、王文经过仔细权衡，决定推举明英宗的儿子朱见深为太子，准备第二天朝会时提请皇帝同意。如果此举完成，那四个人的阴谋将宣布作废，太上皇只得与自己的儿子抢夺皇位。

阴谋提前实施。正月十六日四鼓时分，阴谋集团乘着夜色带兵潜入长安门，毁墙夺门进入南宫，将在南宫住了整整六年的朱祁镇扶上辇车，自东华门入宫进入奉天殿，登上了久违的皇帝宝座，历史上著名的"夺门之变"或者叫"南宫复辟"宣告成功。

等到早朝，文武百官才发现坐在金銮殿上的不是朱祁钰而是故主朱祁镇。刹那间，一种末日临头的感觉在许多重臣的头顶罩下。这个第二度上台的皇帝下达诏书：明景帝仍为郕王，景泰八年改为天顺元年。朱祁钰在病榻上听到消息，因悔恨和惊惧一命呜呼，死时年仅三十岁。

第二天，于谦和王文被以"迎立亲王之子"的罪名逮捕下狱。可是逮捕之后，又发现兵部并未发出马牌，专用来召唤亲王入京的金牌、符信仍在后宫。显然，这个罪名是很难成立的。王文还想辩解，于谦制止了他，因为他明白：许多时候解释是不必要的——敌人不信你的解释，朋友无须你解释。

没有办法，三法司只好请示阴谋集团首领徐有贞。徐有贞不假思索地回答："虽无显迹，意有之。"也许他没有想到，这句话会成为千古名句，与秦桧的"莫须有"一样为后人唾弃。就这样，于谦、王文的罪名被确定为"意欲迎立藩王"，坐《谋逆律》，斩首示众。

"有巍巍定难之功，有侃侃立朝之节，有孜孜及民之惠,有微微律贪之洁"的于谦行刑时，北京天气骤变阴霾，大街小巷一片哭声，暴风骤雨顷刻来临。流年至此，京城人还未经历过此番情景。在电闪雷鸣中，老天为它的不公平痛苦地闭上了眼睛。据说，在刑场上，于谦没有说过一句话，他明白，历史不是行刑者和看客们写就的，而他只能一默如雷，任凭世人毁誉。

于谦死后，他的妻子张氏被发配到山海关；他的长子于冕被充军发配到山西龙门，现代电影《龙门客栈》就是以此为模板展开的；他的小儿子于广由一位姓裴的太监带着逃到河南考城隐居起来。

于谦被抄家，结果多数房舍并未上锁，摆设简陋，橱柜中仅有书籍，根本没有出现许多落井下石者期待的金银满堂、富可敌国的情景。只有正室锁得严严实实，打开一看，全是皇帝所赐的蟒衣、剑器、圣旨。挖地三尺，连一个陶罐和银锭也没有发现。消息传到明英宗那里，他只是皱着眉头发呆，一句话也没有说。这也许就是后来明英宗对参与夺门之变的个别大臣痛下杀手的一大原因。

于谦死了，悲壮得如屈子赋，雄奇得如边塞诗，凄凉得如凉州词，落寞得如长恨歌，凄惶得如钗头凤。

三

看起来，宋朝南迁后赵构拒绝哥哥赵桓回国确实不无道理。没有人保证赵桓回国后不像朱祁镇一样发动政变。这也许是专制政体的一个死结，根本无法解开。这使我想起了米兰·昆德拉从尼采的"永劫回归"观里引申出的一个论述：一个事件如果一次次重演，它将变成一个永远隆起的硬块，再也无法归复自己原有的虚空。因此，要想不使伤口变成伤疤和硬块，办法之一就是不让历史重演，哪怕是采取传统观念难以接受的办法。

于谦没有能够避免历史重演，尽管他明明知道这样的事在南宋就发生过。但他太正直、无私、透明，脑子里装的只有江山社稷，唯独没有他自己。他不是清朝末年的袁世凯，不懂得也不会接受袁世凯"宁可犯罪也不要犯错"的流氓哲学。

这一点证实了部分历史学家提出的观点——历史不能给任何人带来任何启示，每一代人都是从自己的错误中重新获取教训的。可能有许多人认为这个观点过于悲观，可是事情明明摆在那里，我们无能为力。

于谦的一生像岳飞一样被画上了一个悲怆的句号。同样被画上句号的还有被称为第二位岳飞的余玠（南宋名将，后因受到奸臣的诋毁含恨自杀）、被称为第四位岳飞的袁崇焕（明末名将，后被多疑的崇祯帝冤杀）。而且巧合的是，以上四人姓氏的第一个字母都是"Y"。

这个字母和句号在中国历史册页中悬垂，让人心冷如冰，触目惊心。

如果方孝孺之死是明朝文人悲剧命运的序曲，那于谦之死就是其中最绝望的音符，前者代表大义，后者代表苍生。明朝前期的士人思想以于谦之死为分界线，于谦的遭遇直接导致了一种信仰的坍塌和对程朱理学的怀疑。伴随着这种绝望，许多用程朱理学包装起来的人开始追名逐利，黑白颠倒，记诵之广只是用来长其傲，知识之多只是用来行其恶，见闻之博只是用来肆其辩，辞章之富只是用来饰其伪。这也就是大明官场愈加昏暗，思想愈加混乱，疆域愈加局促的一大原因。

"赖有岳于双少保，人间始觉重西湖。"于谦无疑是不幸的，他为自己的正直与清白付出了高昂的代价。但正是这种代价，增加着中华民族伟大人格的厚度，也使他的英名和诗名一同提升，幻化为一道不死的风景——供后人顶礼膜拜的庙宇。这风景穿越了五百年的时光隧道，在今日西湖粼粼波光的映衬下依旧灿烂无比。如今杭州三台山上葱翠的林木，拥抱着这个被历史冤屈的英魂。高高的石牌坊上赫然题写着"血不曾冷，风孰与高"的楹联。他曾经被皇帝抛弃，被命运诅咒，却被中华民族永恒地铭记着。

他是蜻蜓，水里踏过，还会展翅；他是凤凰，火里死了，还能涅槃。

终了，我想说的是，如今在西湖上泛舟的笑靥如花的恋人们，是否还能记起于谦那首著名的《石灰吟》：

千锤万击出深山，烈火焚烧若等闲。

粉身碎骨全不惜，要留清白在人间。

第十章　大明最后的『长城』——袁崇焕

——题记

生都会被寻找到令人忘却真相的借口。

为一个民族惯常的秉性，那么任何悲剧的发

记忆与忘却是有选择的，而这种选择一旦成

一根随波漂浮的无名水草。中国人对历史的

场景在岁月长河里已经寂静无声，宛如河边

的旷世英雄。三百八十年过去了，他被凌迟的

真正的『千古奇冤』，是一位被千刀万剐

155

一

他叫袁崇焕，字元素，号自如。"焕"是火光，指明亮显赫；"素"是质朴，指自然本性。这一名字，似乎预示着他我行我素的个性、挥洒自如的作风和烈火熊熊的人生。

他于公元 1584 年阴历四月二十八生于广东东莞，十四岁随父亲迁至广西藤县，是典型的南方人。谁说江南只有百媚千娇，谁言江南只有粉裙罗带？若不信，你可以听听杜十娘，读读越王剑，问问周树人，看看袁崇焕。明史上说，少年时代的袁崇焕精武艺，善骑射，熟读兵书，个头不高但侠肝义胆，属倚马可待之才，有经国济世之心。

公元 1619 年，三十五岁的袁崇焕中三甲第四十名，赐同进士出身，授福建邵武知县。这一年，大明在萨尔浒惨败于后金。

在担任知县期间，他特别喜欢与退伍老兵谈论边塞之事，一有机会便研究辽东的山川形势和风土人情，史书中说他"好谈兵""以边才自许"就是从此开始的。

公元 1622 年，袁崇焕来到北京，接受三年一次的文官政绩考核。期间，御史侯恂（名士侯方域的父亲）发现袁崇焕"英风伟略"，才堪大用，便建议皇帝破格使用他。就这样，袁崇焕被留在北京，由从七品或正七品的知县破格晋升为正六品的兵部职方司主事。

职方司是兵部四个司中的一个重要部门，负责军政管理。袁崇焕到任不久，正好遇上明军广宁大败，明军放弃了辽西的大片土地，一口气撤进了山海关。未经兵部尚书允许，袁崇焕便单骑前往山海关明察暗访。兵部的同事不知道他去了哪里，家人也不清楚他的行踪。

过了数月，这位主事回来向尚书表示：给我军马钱粮，我可以守卫此关。就这样，正好无将可派的兵部把他荐举到了山海关，成为五品的山东按察司佥事兼宁前（宁远和前屯卫）道尹、山海关外监军。这一年，他三十八岁。

人生好比旅游，越是危险的地方就越有好风景。从此，在两任辽东边帅熊廷弼和孙承宗的庇护之下，他拥有了施展抱负的军事舞台。但对手努尔哈赤，堪称女真人百年一遇的英雄，二十五岁以十三副甲起兵，四十余年无往不胜，在横扫松辽平原后，又数次挥旄攻击山海关。

此时，山海关辽东主帅是阉党委派的庸人高第。高第认为关外难以守住，力主将宁锦之兵撤到山海关。袁崇焕据理力争说："锦右动摇，则宁前震惊，山海关也就失去了保障。守住宁锦，万事无忧。"高第仍执意撤兵。袁崇焕表示："我在宁前道为官就应与此地共存亡，我绝对不会离开。"于是，高第下令将山海关外两百多公里的土地全部放弃，所有关外军政人员、物资与汉人全部撤入关内。两个月后，军事要塞大凌河、锦州、松山、杏山、塔山等已撤得干干净净，只剩下袁崇焕和他的两万部属孤悬于山海关外一百多公里的宁远（今辽宁兴城县）。

有风浪的时候，才显出帆的价值。公元 1626 年正月，后金渡过辽河，很快占领了明军撤出的要塞。闻听此讯，袁崇焕不仅没有退缩，反而把老母和妻女接进宁远孤城，表达以死相守、不吝灭门的冲天气概。

努尔哈赤率领十三万八旗铁骑，把小小的宁远城围得像铁桶一样。宁远城外，兵马临城，盈野奔走，排山倒海一般。袁崇焕与总兵满桂、参将祖大寿、守备何可纲巍然屹立在宁远城楼上，召集一万余名守城将士共同誓师："置之死地而后生，誓与城池共存亡！"

攻防战开始后，努尔哈赤的骄兵整个进入了袁崇焕预先设计的遍布地雷的区域，并进入了红夷大炮的有效覆盖范围，结果遭到地下埋置的地雷和城头设置的红夷大炮的猛烈轰炸，后金军伤亡惨重。

事实上，宁远保卫战，很可能是中国历史上大规模使用西方进口的红夷大炮所进行的第一场冷兵器时代的攻防战。这种大炮，射程约两公里，一炮发出，即开出一条血渠，是当时世界上最先进的重型武器，其威力远远超出努尔哈赤的想象。

守城将士后来回忆：在猛烈的爆炸声里，土石飞扬，火光冲天，无数后金将士与战马被炸上了天空，曾经攻无不克、战无不胜的十几万后金大军被打得丢盔弃甲、死伤枕藉，连努尔哈赤本人也被城头的红夷大炮击伤，无奈地宣布草草收兵，几个月后郁郁而终。

原本决定放弃的宁远孤城居然取得了意外的大捷，成为晚期明朝对后金战争中空前的军事奇迹。相当于乞丐意外地捡到了藏在垃圾中的一沓钞票。天启皇帝论功行赏，只将袁崇焕提拔为辽东巡抚，赏银四十两；而与此战毫不相干的首辅与次辅得到了更高更多的奖赏；最为荒唐的是，太监魏忠贤居然被定性为此战的幕后策划，被加恩三等。

努尔哈赤死后，袁崇焕以"吊唁和议和"的名义派遣使者前往后金刺探军情，结果受到部分将领和朝廷阉党的指责。

公元 1626 年 9 月 1 日，在八位和硕贝勒（意为一方之主，八旗的旗主）的推举下，努尔哈赤的八子、镶白旗旗主、四贝勒、三十五岁的皇太极成为后金汗王，年号天聪。

皇太极上任后，率军渡过大凌河攻击锦州。锦州总兵赵率教一面凭借先进的炮火固守城池，一面派出勇士出城向各路明军求援。但袁崇焕以锦州"兵强炮多"为由拒绝驰援锦州，只有山海关守将满桂等出兵援助锦州。明朝援军在爪篱山与后金军遭遇后，退至宁远城外。

袁崇焕的判断是正确的。因为后金援兵一到，便把主攻方向放在了曾令皇太极的父亲折戟沉沙的宁远。于是，满桂等人与后金骑兵野战于宁远城外，袁崇焕指挥城内部众分路杀出，后金败退而去。后金从宁远撤回后再攻锦州，仍一筹莫展。当夜，皇太极以天热士兵难耐为由宣布撤兵。就这样，父子两代枭雄先后输在一个广东书生手下。

这就是所谓的"锦州大捷"。

参战明将悉数得到奖赏，连魏忠贤的孙子也被封为伯爵，惟有袁崇焕被冠以"暮气难鼓、不救锦州"的罪名受到弹劾辞职。其实，这也很正常，因为袁崇焕即便有一万个理由，也无法说服京城里那些视自己为眼中钉、肉中刺的阉党们。

被迫去职的袁崇焕，悲愤而无奈，他在给皇帝的信中，深深反思了官场之险恶："勇猛无畏地进击敌人，则敌人必然仇恨；奋勇当先地屡立功勋，则众人必定妒忌；任劳必定召怨，蒙罪才会有功；怨不深，政绩就不显著；累不大，功勋就不能成；对于那些功臣能臣，诽谤信装满了皇上的抽屉，毁谤他们的谣言充斥了皇上的耳边，这一切，自古亦然啊！"

假设此后天启皇帝一直活到六十岁，那么魏忠贤及其阉党就会继续把持朝政，而作为阉党深恶痛绝之人的袁崇焕就没有可能东山再起。这样，辞官回家的他就可能远离晚明的政治漩涡，在广东老家的灿烂阳光下，过起诗酒相伴的平淡而幸福的日子，当然也就不会有后来名垂青史的赫赫伟业和惨绝人寰的千刀万剐。

二

历史不容假设。

公元 1627 年，二十三岁的天启皇帝朱由校就被整日的花天酒地掏空了身子，一命呜呼。由于没有子嗣，朱由校十七岁的弟弟朱由检继位，定年号为崇祯，朱由检从此被称为崇祯帝。当这个理想主义者接过至高无上的权力时，面对的却是一个烂摊子，好比一个刚刚上岗的医生遇到了一个全身糜烂的病人。

这个自认为天纵英明、幻想"中兴"的年轻皇帝，首先干净利落地收拾了魏忠贤及其死党。继而，为实现扭转辽东战局的迫切愿望，任命远在广东赋闲的袁崇焕为兵部尚书兼都察院右都御史、督师蓟辽兼登莱天津军务。在家乡赋闲的袁崇焕，尽管体察了官场之险恶，心病未愈，但毕竟雄心未泯，因此，一接到新帝的召唤，便再次义无反顾地踏进了暗流涌动的官场。

公元 1628 年 7 月 14 日，崇祯帝在平台召见了长途跋涉赶来的袁崇焕和大臣们，十分谦虚地向袁崇焕征询平辽方略。其情景，恰似面临倒闭的企业董事长，急于找到能使企业起死回生的职业经理人。

面对皇帝的高度信任，袁崇焕激动地回答："臣受皇上知遇之恩，召臣于万里之外，倘皇上能给臣便宜行事之权，五年而辽东外患可平，全辽可复。"闻言，皇帝与内阁辅臣莫不欢欣鼓舞。

趁皇帝暂退便殿稍憩之机，兵科给事中许誉卿当面向袁崇焕请教"五年复辽"的方略。不料袁崇焕若无其事地吐出四个字："聊慰上意!"许誉卿听后大吃一惊："皇上英明至极，你岂可浪对？到时按期责功，你如何应对？"

历史上血的教训告诫人们，人的弱点不可轻易示人，如阿喀琉斯之踵，大力士参孙之发。在随后召开的御前会议上，自知失言的袁崇焕急忙对"五年复辽"之说提出了一揽子附加条件：第一是要户部保证钱粮，第二是要兵部保证武器，第三是吏部与兵部要保证给他用人自主权。皇帝马上让各部一一表态照办。接着，袁崇焕又提出："以臣之制服辽东而有余，调和朝廷众口则不足，忌功妒能之人虽不至于掣臣之肘，亦足以乱臣之心。"皇帝连忙回答："朕自有主持，卿不必以浮言介意。"直到袁崇焕再也无条件可提。

7月21日，袁崇焕给皇帝上表《督师袁崇焕奏对》，提出了"以辽人守辽土，以辽土养辽人。守为止著，战为奇著，款为旁著"的守土战略。显然，他这一持久战的主张，与前些日子许下的"五年复辽"的诺言格格不入。此时，袁崇焕已经陷入自己制造的矛盾怪圈之中无法自拔。因此，他在上表中着重提出"请皇上信任臣"，并在最后强调"臣故始终曰：战胜在于庙堂"。

为了让袁崇焕顺利实施平辽方略，皇帝择日又专门在平台赐宴款待袁崇焕及其部属，还特意钦赐给袁崇焕尚方宝剑一柄，御制锦袍玉带一条，并赋予袁崇焕统一节制和管辖辽东诸将诸军的特权，实际上就是享有先斩后奏的生杀予夺大权。临行前，还一再嘱咐他："愿卿早平外寇，以舒四方苍生之困。"

此时的袁崇焕，才真正感到了几分后怕：因为他十分清楚，明与后金力量对比，早在万历末年萨尔浒之役之后就已发生逆转。防守已属不易，遑论收复失地？"五年复辽"的豪言壮语简直就是梦呓。

人生岂能发行往返车票？走出朝堂的袁崇焕步履沉重。

此时的辽东就像宇宙中的黑洞，足以吞噬一切靠近它的天体。手捧尚方宝剑来到辽东的袁崇焕，为了"五年复辽"的承诺，只能破釜沉舟。

为了减少可能产生扯皮的环节，他将山海关内外的统兵权裁撤合并到三员大将身上，并与这三员大将——辽东前锋总兵祖大寿、宁远道中军何可刚、平辽总兵赵率教立誓：如五年不能平复辽东，他将亲手杀死这三员大将，然后砍下自己的头颅以谢天下。

上述情形报告给崇祯帝后，帝曰："可。"

袁崇焕到达前线不久，就以对宁远的粮草供应不足为由，下令逮捕正二品巡抚毕自肃，并当众侮辱他，造成这位高官含羞自杀。这是第一错。随后，他在未请示朝廷的情况下，想通过和议暂时中止满人的凌厉攻势。并且不顾部下的反对，在高台堡卖粮食给后金。这一做法，明显超越了一位边关将领"便宜行事"的范围。这是第二错。

当时，鸭绿江海口外的皮岛上驻扎着一支明军，习惯于从侧翼夹击满人，因此成为满人的心腹大患。但镇守皮岛的"平辽总兵"毛文龙系魏忠贤的义子，常常利用独特的海上优势从事商业贩运，桀骜不驯，骄纵不法。于是，袁崇焕乘上岛视察之机，以尚方宝剑诛杀了毛文龙。消息传出，朝野震惊。这是第三错。

并且，袁崇焕再一次在给皇帝的奏疏中夸下海口："臣五年不能平奴，求皇上以诛文龙者诛臣。"但是恢复辽东的军事行动尚未开始，就同室操戈、自去右臂，无异于把自己逼入了万劫不复的深渊。

毛文龙被杀，在客观上为后金军大举南下解除了后顾之忧。更严重的是，毛文龙的部下纷纷叛变投金，其中的尚可喜、耿精忠、孔有德不仅成为清军入关的急先锋，而且后来都受封"藩王"，构成了皇太极组建汉军八旗的主体，之后，他们跃马横刀杀进自己的故国家园，几乎所向无敌地一直打到惊涛拍岸的南海之滨，打到云贵高原的千山万壑。

己巳年（公元 1629 年）秋，皇太极率满洲与蒙古兵约十万人，避开袁崇焕在宁远、锦州一线的重兵，从沈阳向西北，渡过辽河、巨流河，经今辽宁彰武县、内蒙古科尔沁草原、青城、老哈河，分兵攻击守卫薄弱的喜峰口、龙井关、大安口、洪山口四处长城边隘。几乎没有遇到有效阻击，就抵达距北京不到三百里的军事重镇遵化城下，直接威胁大明京师。这就是所谓的"己巳之变"。

三

虽然按照朝廷分工，袁崇焕主要分管山海关外防务，而皇太极突破的长城地段，归蓟辽总督刘策管辖。而且，袁崇焕曾经专门就此防务严重警告过朝廷："蓟州地位至为重要，而兵力并不强，万一有人做向导，引后金军队由此进犯，则祸有不可知者。"因此，他建议崇祯帝："蓟州太过单薄，应该派驻重兵。"事实是，皇帝并未意识到问题的严重性，只是按照常规让有关部门研究研究，结果不了了之。

但是，袁崇焕作为蓟辽督师，对整个蓟辽地区的防务责无旁贷，况且后金铁骑正是从山海关外而来。于是，袁崇焕必须有所动作。令人遗憾的是，他没有采用围魏救赵之略，挥军直扑兵力空虚的沈阳，迫使皇太极千里回援，而是被皇太极牵着鼻子走，匆忙调集数万兵马，星夜兼程驰援京都。

按说，驰援京都也不算什么大错。只要袁崇焕采取堵截战略，把来犯之敌阻挡在蓟州至通州一线展开决战，确保京城安全，便可使恶化的局势得到缓解。但袁崇焕一味采取跟踪战略，先是急令平辽总兵赵率教率四千兵马驰救遵化，结果误入埋伏全军覆没。然后，亲自带领九千兵马急转南进，企图把后金军阻截在蓟州，但皇太极避开袁崇焕锋芒，从东北方向通过顺义转向通州，使袁崇焕的计划再次落空。而后，袁崇焕紧急率领军队向通州进发，很快到达北京一百二十里外的河西务。但皇太极转而取道顺义、三河，绕过通州直奔北京，袁崇焕设计的三次阻截都告失败。无奈之下，一错再错的袁崇焕被迫率领九千关宁铁骑日夜兼程一百二十里，抢在皇太极之前于19日抵达北京外城广渠门外。

此举引起了住在北京城外的皇亲国戚的极度不满，纷纷向朝廷告状：袁崇焕名为入援，却听任敌骑劫掠焚烧，不敢一矢相加，城外庄园村舍被敌骑蹂躏殆尽。

在袁崇焕统兵入蓟时，明朝官员中就传说他有引导后金兵进京之嫌，因此崇祯帝下令袁崇焕不得越蓟州一步，而他竟然毫无察觉。现在他又擅自率部进京。所以，从他抵达京师的那一刻起，已经处于腹背受敌的境地。

在袁崇焕抵达北京外城广渠门的同时，明朝大同总兵满桂、宣府总兵侯世禄也率兵来到北京城德胜门外扎营。

第二天，八旗军兵临北京城下，北京保卫战拉开大幕。战斗在德胜门外打响，皇太极亲自统领满洲右翼四旗及右翼蒙古兵发起猛攻。明朝卫戍部队在城上发炮，侯世禄、满桂在城外搏杀。天昏地暗中，满桂被自己人的大炮击中。与此同时，袁崇焕与锦州总兵祖大寿（吴三桂的舅舅）率九千骑兵在广渠门外结成"品"字阵，迎击满洲八旗左翼兵和左翼蒙古骑兵。袁崇焕横刀跃马，冲锋在前，身上中的箭像刺猬一样，只因身着重甲而没有被穿透。八旗军失利败退，明军乘胜追击，仓皇拥渡的上千八旗骑兵连人带马跌入冰冷的通惠河，死伤惨重。皇太极只得无奈地撤兵。

京城总算保住了，接下来的问题是，遍体鳞伤的袁崇焕还会受到奖赏吗？

这是一个连袁崇焕本人都忐忑不安的问号。早在皇太极未出兵前，朝廷内就因为袁崇焕"擅杀毛文龙和卖给后金粮食"炸了锅。在皇太极越过长城后，朝臣们又纷纷指责袁崇焕"一味跟踪而不迎前阻击，目的是把战火引向京城"。更可怕的是，皇太极兵临北京城下后，巧施离间计，散布谣言说与袁崇焕有密约在先，故意引满洲铁骑进入内地。这一由大汉奸范文程所设的计谋，类似《三国演义》中的蒋干盗书，尽管伎俩并不高明，但对于已经受到怀疑的袁崇焕来说，无异于薪上添柴、火上浇油。写到这里，我的脑海里突然跳出一行醒目的话："重视你的敌人吧，因为他们最先发现你的错误！"

12月1日，敌人还没有走远，崇祯帝就将袁崇焕叫到平台，连续发出了三个质问："你为什么杀毛文龙？""敌人为什么如此轻松就杀到京城？""满桂将军为什么会受伤？"不等袁崇焕解释，他就被捕入狱。

消息传出，袁崇焕的部下祖大寿率部逃走，皇太极大有卷土重来之势。含冤入狱的袁崇焕写信规劝祖大寿，信交到祖大寿手中，祖读信伏地大哭，率辽东铁骑卷土重来赶走了皇太极。

但这并未改变袁崇焕的命运，因为不久新的打击接踵而至。据《东华录》与《清史稿》记载，皇太极在广渠门战败后，嘱咐副将高鸿中与参将鲍承先，故意在被俘的明朝太监杨春隔壁，用唯恐别人听见的声调说："今日撤兵，乃是皇太极的计谋。刚才我看见皇太极接见了两个人，说了很久的话。听说皇太极与袁崇焕有密约，大事不久可成。"杨太监佯卧窃听，默记在心。第二天，杨太监"顺利"逃脱，回宫后立即密告崇祯。在"都人竞谓崇焕召敌"的气氛中，皇太极一招致命。

生命中的痛苦是盐，它的咸淡取决于盛它的容器。崇祯帝多疑而又偏执的性格、朝廷内部阉党与东林党之间的门户之隙，加上皇太极精心设计的反间计，最终酿成了袁崇焕含冤被杀这一曲悲歌和最后崇祯无奈自杀这一壶苦酒。

四

从国家治理的角度分析，崇祯帝是一个有太多的小聪明，却对全局战略缺少总体把握的帝王。从个人品格上判断，他则是一个"图虚名而受实祸"的典型。仅仅为了维护自己"天纵聪明而果敢刚毅"的名声，他根本听不进重臣、皇后乃至皇嫂的任何一句劝谏，容不得臣下有任何一点失误，一再怀疑朝廷的每一位重臣，因而给敌人成功实施反间计提供了可能。

然而，我们不能仅仅从崇祯帝的个性上找原因，因为袁崇焕事件和历史上一再发生的名将被戮事件一样，是历代君王因担心部下功高震主而难以解开的一个死结。

对任何一个皇帝来说，确保江山万代永不变色是至关重要的。因此，功臣们造不造反、通不通敌就顺理成章地成为皇帝们绞尽脑汁解决的问题。解决功臣们造不造反的问题的关键在于识别到底谁会造反，但这是一个信息经济学理论中信息不对称的格局：大臣们自己知道自己造不造反，皇帝却不知道谁是奸臣，谁是忠臣。既然无法从功臣集团中分离出忠臣和奸臣，又必须想尽办法保证儿孙顺利执政。在不能辨别忠奸时，只有把大臣分成两类：有能力造反的和无能力造反的。只要把有能力造反的杀掉，剩下的人即使有造反之心，也无造反之力了。

就这样，每一代皇帝都面临同样的困境，面临着对大臣同样的分类，都做出了几乎同样的选择，让后人见识了一幕幕令人性蒙羞的惨剧和闹剧。吴王夫差杀掉伍子胥、越王句践逼迫文种自杀是这样，汉朝的开国皇帝刘邦杀掉功臣韩信是这样，宋朝刚刚黄袍加身的赵匡胤"杯酒释兵权"是这样，明朝的第一任皇帝朱元璋"炮打庆功楼"是这样，就连太平天国天王洪秀全除掉杨秀清也是这样。

既然对皇帝无可奈何，功臣们自己的选择就显得举足轻重了。血的教训历历在目，为什么后来的功臣们却很少有人急流勇退呢？对此，历史老人显得十分无奈，因为就连近代文人胡适都公开宣称："宁鸣而死，不默而生！"

长夜如晦，屈辱如山。万家酣睡梦香时分，昨日的大明英雄袁崇焕还在镇抚司幽暗阴潮的诏狱里辗转反侧……死无疑是痛苦的，比死更痛苦的是等死。曾几何时，手握重兵的袁崇焕做梦也不会想到有朝一日他竟会被自己赤胆护卫的皇帝投入死牢……而且他的苦心孤诣和鞠躬尽瘁，不仅不被理解与同情，反而竟被唾骂为卖国汉奸，这种莫须有的诽谤诬陷令他悲愤交加。他低声吟咏起岳飞的《满江红》、文天祥的《正气歌》和于谦的《石灰吟》，之后含恨写下了同样慷慨激昂的《入狱》诗：

北阙勤王日，南冠就絷时。

果然尊狱吏，悔不早舆尸。

执法人难恕，招犹我自知。

但留清白在，粉骨亦何辞。

事实上，一个人，不论做出多大成就，总是得之于人者多，出自于己者少。认识到这一点后，他开始为自己的性格悲哀，只怪自己刚愎自用，不懂韬光养晦。许多场合，他执意挑战君臣的心理极限，明知不可为而为之。其结局几乎注定死路一条。因为，世间只有圆滑，哪有圆满？不怕困难的人，总有困难等着你；勇于舍身的人，总有舍身的机会；敢于失去一切的人，早晚会失掉一切。古往今来成功者获得成功的因素中，聪明通常排在最后一位。

梅凋鹤老，长夜漫漫。往日的悠悠记忆像支离破碎的残片零零星星地逐一还原……他从风温雨柔的故乡，想到了朔风怒号的边关，从战火烤灼的百姓，想到了妻儿老小。今后，全家老小在兵荒马乱中将如何生活下去？况且等待他们的将是颠沛流离的流放生涯……他含泪给妻子叶盈倩写下了《诀别诗》：

离多会少为功名，患难思量悔恨生。

室有莱妻呼负负，家无担石累卿卿。

当时自矢风云志，今日方深儿女情。

作妇更加供子职，死难塞责莫轻生。

公元 1630 年 8 月 16 日，崇祯帝以"咐托不效，专恃欺隐，以市米则资盗，以谋款则斩帅"等罪名将袁崇焕磔刑处死。袁崇焕的妻子、兄弟被流放一千公里之外。袁崇焕的家人受到了野蛮而严酷的处置：十六岁以上者全部处死，十五岁以下者发配给功臣为奴。崇祯帝做出上述判决时，群臣顿首称谢。崇祯帝问他们还有什么可说的，所有臣僚都认为袁崇焕罪不可赦，包括一年前那些给他崇高赞誉的人。

所谓磔刑，又叫凌迟，民间称"千刀万剐"，就是把受刑人绑在柱子上，由刽子手用锋利的小刀，把受刑人身上的肉一小片一小片地割下来。这一始于五代的刑法，开始时只有 8 至 120 刀，到了明朝发展到 1000 至 3000 刀受刑人才会死去。显然，只有罪大恶极的人才会受到这样惨不忍睹的极刑。历史上最有名的凌迟受刑者，一是明朝大太监刘瑾，二是袁崇焕，三是太平天国将领石达开。

接到判决的一刹那，袁崇焕心凉如铁，潸然泪下。自己精忠报国、戎马半生，换来的竟是人类历史上最惨无人道的凌迟。英雄的悲哀，不在于死亡，而在于为民族流尽了鲜血，居然被当作民族的叛徒。

拖着镣铐的袁崇焕吃力地站起来，认真地整了整衣裳，理了理纷乱的发髻，满脸平静地登上囚车，朝着西市刑场缓缓驶去……

行刑场内顷刻间人声鼎沸，围观的人群不时爆发出阵阵欢呼和咒骂。其实，这也怪不得一般百姓，因为国人经历的沧桑太多，苦难太多，虚伪太多，欺骗太多。就像一条河，经历的地方太多，污染太多，已经辨不出原来的颜色。面对不明真相的人群和凶神恶煞的刽子手，袁崇焕口占一诗：

一生事业总成空，半世功名在梦中。

死后不愁无勇将，忠魂依旧守辽东。

就在文天祥被处死的菜市口，残忍的凌迟开始了。史载，凌迟历时半天，袁崇焕是被剐了3000多刀之后才死去的。据说，吃到这位将军的肉，不仅可以证明自己是真正的炎黄子孙，而且能治愈胆怯之病。于是，去西市的路上观者如堵，多数人都咬牙切齿，许多百姓拥上去争抢割下的肉。刽子手眼看赶不走拥上来的百姓，便拿肉去卖钱。"刽子手割一块肉，百姓付钱，取之生食。顷间肉已沽清。再开膛出五脏，截寸而沽。百姓买得，和烧酒生吞，血流齿颊"。据说，袁崇焕的肉卖到了一两银子一块；当年太监刘瑾被凌迟，仇家买他的肉也不过一文钱一块。

在这里，我们实在无法责备那些咒骂袁崇焕、争吃袁崇焕的肉和在刑场上喝彩的汉人，因为他们得到的信息不对称，也是被蒙蔽者，充其量可以归入"恶之平庸"一类。西方有一句谚语，没有一滴雨会认为自己造成了洪灾。当一个错误的链条足够漫长，漫长到处在这个链条每一个环节的人都看不到链条的全貌时，这个链条上的所有人——包括皇帝、太监、大臣和平民都有理由觉得自己无辜，并无人在时隔多年终于尝到错误的苦果后心甘情愿地承担哪怕一丝后果。

袁崇焕的身体被吃净后，只剩下一颗头颅，被送往边关传视，以示对其引狼入室的仇恨。他的部下佘某冒着灭九族的危险偷走了人头，从此北京广渠门外多了一座孤坟和一个守墓的家族。

秋凝聚成一片片黄叶，缓缓飘落，像铺在大地上的颗颗音符，记录着萧萧落木的故事和人世间的沧桑轮回。就这样，令高山仰止、让江河倒流的民族英雄，明朝的最后一位杰出军事统帅，朝廷最后的中流砥柱——袁崇焕永远地倒下了。

从此，书写着屈原、岳飞、文天祥、于谦的悲剧英雄大名单里，又增加了一个响亮的名字。而他蒙冤长达百年之久，直到一个世纪后被明朝的敌人——大清乾隆帝平反昭雪，因为获得天下后的大清也需要将

"忠"作为衡量大臣优劣的最高标准，这也算是历史对自认英明的大明皇帝的绝妙讽刺。尽管西方谚语说，迟到的公正不是公正。

迟到的噩耗终于传到关外，辽河平原白茫茫一片冰雪，朔风怒号，战马嘶鸣，数千名身经百战、箭疤满身的将士伏地号啕痛哭。

沙漠并不可怕，可怕的是心中生成了沙漠。之后，辽东明将心灰意冷，这才有了整支明军向大清投降之事，更有人携带西洋大炮投降，最终导致洪承畴、祖大寿、孔有德、耿仲明、尚可喜、吴三桂等明将先后毫不脸红地投进大清怀抱，誓死不降的何可刚则被祖大寿杀死。

十四年后，"自毁长城"的崇祯帝上吊自尽，被后人谥为"思宗"，意为追悔前过。而那些生吃袁崇焕之肉的北京市民脑后被迫拖起了一根滑稽的辫子，脑袋连同辫子仿佛崇祯上吊的镜头，更像是一个歪倒的惊叹号。

第十一章　气壮山河——史可法

——题记

山的王朝殉葬，用生命换取名节。

升起的大清，捞取一官半职；要么为日薄西

在了所有明朝文武大臣面前：要么投降冉冉

袁崇焕被冤杀之后，一个两难的选择摆

——题记

一

　　扬州距离我的家乡并不遥远，但几乎已经走遍全国的我，直到公元
2011 年 8 月才在会议间隙来到扬州。

　　未能早日来到扬州，几乎成为我的一块心病。原因嘛，也许有"腰
缠十万贯，骑鹤上扬州"的鼓噪，"故人西辞黄鹤楼，烟花三月下扬
州"的遐思，"人生只合扬州老，禅智山光好墓田"的撩拨。更多的，
还是她那与苏杭不相上下的名气。

　　在我的记忆里，扬州与风月二字是纠缠在一起的。

　　的确，那传唱千年的"春风十里扬州路，卷上珠帘总不如""二十
四桥明月夜，玉人何处教吹箫"的香艳故事，早在浪漫的隋唐就为扬州
刻上了风月无边的烙印。

　　浪子帝王杨广开大运河，建行宫，赏琼花，选秀女，最终把一腔热

血抛洒在了繁华绝代的江都宫。威尼斯商人马可·波罗也曾被扬州璞玉般的古典气质深深陶醉，在此旅居三年，流连忘返。

对月色情有独钟的张若虚，最终在月亮之城扬州赋就了《春江花月夜》里那"一诗盖全唐"的美轮美奂。二十三岁就凭《阿房宫赋》蜚声文坛的杜牧，在扬州为官十载，失意并浪荡着，在瘦西湖船娘如泣如诉的悠悠歌声和青楼歌姬的耳鬓厮磨中宿醉不归，一句"十年一觉扬州梦，赢得青楼薄幸名"更将其风流本性发挥到了极致。

"萧娘脸薄难胜泪，桃叶眉长易觉愁。天下三分明月夜，二分无赖是扬州。"徐凝笔下的风月丝毫不逊杜牧，两位风流才子可谓殊途同归，难怪扬州的歌妓被感动得泪流满面，争着以身相许。

据说清朝乾隆御驾临幸扬州时下榻的天宁寺，与金庸笔下的韦小宝粉墨登场的扬州妓院丽春院同在一岸，仅有百米之隔。市井无赖和九五之尊共有的挥之不去的"青楼情结"，更张扬了扬州的三分香艳、七分风月。

这是一个时晴时雨的日子。由地质同行苏宝良、胡来旺导引，我先后游览了瘦西湖、个园、东街、大运河、东门遗址、鉴真起航处、扬州八怪纪念馆，几乎将扬州的风月一日览尽。

我总感觉还应该看点什么。原来，那是躺在我心底的史公祠。也是，这个去处必须放在最后来读，因为这里面承载着扬州精神，流淌着民族气节，彰显着中华风骨，需要我细细品悟。

史公祠不大，躲在僻静处，游人稀少得仿佛误入了新生代之前的白垩（è）纪，就连门前的麻雀都旁若无人。但那座雕塑、那些碑刻、那些图片，甚至那个其实只是一个小土堆的梅花岭，无一例外地书写着悲壮与昂扬，昭示着不屈与尊严。我不禁感叹："看完史公祠，我对扬州肃然起敬！"

"数点梅花亡国泪，两分明月故臣心。"时值初秋，整个梅花岭上见不到一朵梅花。那些叫不出名字的密密匝匝的绿树，也显现不出枝横云梦、叶拍苍天的气度。但导游介绍，每到春冬，岭上绽开着红的、黄的、白的、绿的梅花，红得如火，黄得如沙，白得如月，绿得如翠，每一朵都美得令人心颤。

天又流起了泪。在驱车回迎宾馆的路上，我怎么也无法把这个悲戚惨烈的英雄故事与今日花香四溢的锦绣小城联系起来。因为无法想象，柔若无骨的微波细澜怎能孕育出如此的铮铮铁骨？甜腻无比的吴侬软语怎能调教出如此的冲天怒吼？袅袅娜娜的细杨弱柳怎能撑扶起如此的伟岸男女？

要解开这一谜底，还请读者和我一起走近史公祠的主人——史可法。

二

公元 1628 年，年方二十七岁的史可法高中进士。

风起叶歌，阳光如丝如缕地洒落。这可是一个大明走下坡路的黑色年代。在整个崇祯年间，史可法先后担任过西安府推官、户部主事及员外郎、户部都给事中、右参议和安庆、庐州、池州、太平四府巡抚等职。

明朝末年，内有农民起义，外有满族入侵，这种极其险恶的形势，对于忠心报国的史可法来说无疑是巨大的陷阱。

在西安任上，他一方面赈济灾荒，显示出超常的干练；另一方面又不得不镇压流民起义，为朝廷效犬马之劳。在户部任上，他管理国库，筹集军饷，经手大量钱财而纤尘不染，但这些钱财一方面是为了防御清兵，另一方面却是用于对付揭竿而起的农民。这对于一个生活在官吏家庭，脑袋填满了忠君报国思想的官吏来说，是无奈的、矛盾的、痛苦的、招人非议的，但多数时候却是一种"人在江湖、身不由己"的惯性，他毕竟比那些一味略地称王的绿林好汉和只知擅权敛财的黑心官吏可爱百倍。对此，我们大可不必求全责备。

正如当代史学家易中天所言，怀才就像怀孕，时间久了总会让人看出来。

由于史可法的忠诚与才干，他于公元 1643 年被朝廷任命为南京兵部尚书。但没等他施展抱负，李自成就于公元 1644 年 3 月攻破北京，崇祯帝吊死在煤山。史可法苦心辅佐的明王朝大厦，一夜之间轰然倒塌。

他终于走进了历史为他安排的死胡同：要么像堂弟史可程一样投降清朝，捞取一官半职；要么去为一个注定要灭亡的王朝血战到死，用生命换取名节。这是一个残酷的两难选择。

他真的会选择慷慨、壮烈吗？

大明的主体虽然倒塌了，但南方一角还在勉力支撑着。在崇祯帝死后不久，一个名叫朱由崧的庸碌皇族在南京被拥戴为弘光帝。

在这个可笑的南明小朝廷里，既有东林党人和复社名士，又有阉党余孽和贵族勋臣；既有拥兵割据的军阀，又有废置已久的闲官。小朝廷开张之日起，头等大事似乎就是钩心斗角，争权夺利。

在南明朝廷担任首相的半个月里，史可法一直被奸佞马士英、阮大铖排挤着、打压着。无奈之下，史可法选择到南京的屏障——扬州督师。于是，在公元 1644 年 6 月，史可法开府扬州，这一年他四十三岁。

就在史可法调停藩镇、招揽人才、筹建河防之际，一封远方的来信打破了扬州暂时的静谧。

信是大清摄政王多尔衮的亲笔。信中说，李自成逼死崇祯帝，而清军赶跑了李自成，这是清朝为明朝报了君国之仇；清朝是从李自成手中取得了燕京，而不是从明朝手中取得燕京，因此明朝应视清朝为恩人。

信中劝史可法离弃南明归顺大清，像吴三桂那样尽享荣华富贵："先生领袖名流，主持至计，必能深维终始，岂忍随俗浮沉？取舍从违，应早审定。兵行在即，可西可东，南国安危，在此一举。"

显然，这是一封招降书与恐吓信。多尔衮一手以高官厚禄相引诱，一手以强兵压境相威胁，意在扫除率兵南下的障碍。

风紧，碧叶低吟着秋歌；水急，运河荡漾起浪纹。史可法在著名的《复多尔衮书》中说，南明朝廷是大明朝道统的合法继承者，其地位名正言顺；南明军队即将挥师北上，收复失地，光复神州，这个决心不可动摇。信中劝多尔衮不要乘人之危而觊觎中原，像历史上的那些不义者们那样为世人讥笑。

此时的史可法，还幻想着大清不再侵犯中原，幻想着大明一统江山真能光复！但是，严酷的现实很快毁灭了他的幻想。

前线与后方传来的消息，没有一样不使史可法五内俱焚。

在南京，拥有富庶土地和几十万兵马的弘光政权本来完全可以和南宋一样划江而治。但朱由崧称帝后的第一道命令是征集宫女，第二道命令是让地方官员进献春药秘方。史可法数十次上书苦谏，均石沉大海。

在北方，爱新觉罗·福临进入北京称帝后，一方面废除明末加派的赋税以安民心，另一方面命豫亲王多铎经略江南、英亲王阿济格西击李自成。公元 1645 年 1 月满洲铁骑进入西安，3 月平定河南，4 月渡过淮河，矛头直指南明。

历史一直重复着一个道理：欲乱，必先自乱之。清兵南下之际，南明内讧又起。公元 1645 年 4 月，左良玉率数十万兵力，以"清君侧、除马阮"的名义由武昌举兵东下。马士英居然命令史可法尽撤江防之兵兼程入援，当史可法抵达燕子矶时，得知左良玉已为黄得功所败，左良玉呕血而死，左军皆数降清。

当史可法奉命北返时，多铎的清军已趁淮河防务空虚之机，先后迫降、攻陷盱眙、泗州，几乎兵不血刃就于 5 月 10 日迫近江南重镇扬州，哪里像多尔衮信中说的那样只是为明朝报仇雪耻呢？

史可法是抱定必死之心捍卫扬州的。

面对兵临城下的清军，史可法发出檄文调黄得功等四镇兵马会师扬州。刘泽清已经北遁淮安，其余总兵为了保存实力，居然没有派来一兵一卒。而不远处的朝廷不仅扣发抗清士兵的军饷，而且唆使藩镇们不服从史可法的指挥，甚至诬陷史可法与自称亲王的大悲和尚有牵连。从某种意义上讲，让南明最终灭亡的并非满洲铁骑，而是小朝廷里的昏君奸臣！

在悲愤之余，史可法清醒地认识到，舍身报国的时候到了！

城下烈马狂嘶、狼烟腾燃，城头喊杀震天、热血喷涌。史可法和扬州主事何刚、知府任民育带领全城军民屡次打退清军的进攻。多铎五度派人向史可法劝降，都被他一口拒绝，最后一次史可法更将清使斩首示众。多铎勃然大怒，下令清兵不分昼夜攻城。

渐渐地，大运河显得更窄，瘦西湖显得更瘦，扬州城显得更矮。

史可法知道城已难守，于19日一口气写下六封遗书，分别写给太祖高皇帝、多尔衮、母亲、岳母、妻子及叔父，一一诀别。然后向副将、义子史德威（原来的义子乃是堂弟史可程之子，史可程降清后，史可法宣布不再承认堂侄为义子）留下遗言："我誓死保卫扬州，决不降清。我死后，请葬我太祖皇帝陵墓之侧，或梅花岭上。"

战事已经进行了十天，扬州城内粮食越来越少，将士们只能以草根、野菜充饥。斗志不减的史可法开始与士兵一同进餐，表现出"自反而缩，虽千万人，吾往矣！"的决绝。

24日，清军以红夷大炮攻城，入夜扬州城破，史可法自刎不死，在突围途中被俘。面对多铎的劝降，史可法表示："城亡与亡，我意已决，即碎尸万段，甘之如饴！"然后壮烈就义。

史可法死后十二日，其遗体不知所终。第二年，侥幸逃脱的史德威将其衣冠葬于扬州城外的梅花岭上。

江山破碎，英雄骨寒，唯有扬州古城的半月残照，曾映枯松。

史可法的壮举使我们想到了佛书上的一则寓言，说的是一只鹦鹉飞过一座大山，见山上起火，便一次次飞到水面以两翅沾水，然后冒着生命危险飞到起火的地方滴水救火。鹦鹉明知无济于事，但因为曾经住过此山，便心中不忍而尽微薄之力。

在史可法守卫扬州的日子里，清兵遭受到入关以来最顽强的抵抗。

由于扬州军民给清军以重创，多铎于是下令屠城十日以示报复，到5月2日"封刀"时，扬州百姓血流成河，尸横遍野，死亡人数超过八十万，昔日繁华绝代的扬州成为废墟，这就是历史上惨绝人寰的"扬州十日"。

据记载，就在屠杀开始的那天晚上，有一种奇怪的鸟在空中发出笙簧一样的叫声，好像摔下床来的孩童清脆而凄厉的哭声。

何止是扬州在抗争。在江南的丽风秀水上，拼死抗争并饱受大清铁蹄蹂躏的，还有"嘉定三屠""昆山之屠""嘉兴之屠""江阴八十一日""常熟之屠""金华之屠""同安之屠""广州大屠杀"等等。

三

着笔至此，我脑中浮现出《老子》中的一句话："天下莫柔弱于水，而攻坚强者莫之能先。"立时，我此前的疑虑得到化解。谁说江南无骨，倘如此，哪来的伍子胥、文天祥、袁崇焕、史可法？

而且，我想到了苏绣与越剑，想到了侠骨与柔肠，想到了唐婉与秋瑾。柔的表象下藏着韧，软的骨子里蕴着刚。是水柔美与坚韧的两重性铸就了史可法，铸就了众志成城的扬州，也直接导致了惨烈空前的"扬州十日"。

要知道，扬州，那可是一座很早就拥有百万人口的美丽都市，是誉满天下的江南名城。"腰缠十万贯，骑鹤上扬州"是古代中国人的一大人生乐趣。就因为"扬州十日"，这个隋炀帝梦里的"琼花江都"从此成为亿万民众心中的"大写扬州"，也让"扬州十日"这个红色的"历史疤痕"开放成灿烂的"气节之花"。

很多时候，人们常常会因为一个人的缘故关注一个城乡，游历这个地方，甚至爱上这个曾经陌生的所在，譬如达·芬奇之于佛罗伦萨，约翰·列侬之于利物浦，约翰·施特劳斯之于维也纳，莫言之于高密，迈克尔·乔丹之于芝加哥。伟大人物的才华与性格，往往是他所生活的城市的精神海拔。

是扬州大写了史可法，还是史可法大写了扬州，已经没有区别。

第十二章　国家之光——左宗棠

——引子

千秋唯有左文襄。

绝口不谈和议事，

一

公元 1859 年冬，湖南巡抚衙门出奇地安静。近来，太平天国的攻势有所减弱，巡抚上下终于可以喘一口气了。

一天，一个军官模样的人闯进巡抚衙门，宣称自己是湖南永州镇总兵（正二品，绿营兵长官，受提督统辖）樊燮（湖北恩施人），说是有军事要务拜见湖南巡抚（从二品，一省军政长官）骆秉章（广东花县人，进士出身）。

"既然是军事要务，就让他直接去见我的幕宾（俗称师爷）吧。"骆秉章半躺在卧榻上，头也没抬。

樊燮脸色有些难看，只得去找骆秉章的幕宾。

两人见了面，樊燮自恃是二品武官，对方是一名没有任何品级的幕宾，因此只是抱了抱拳，没有行叩拜礼。而对面的幕宾自认为是骆秉章的代表，对眼前这个"胸无点墨"的武人的轻慢之举很是气愤，便没好气地说："武官见我，无论大小，皆要请安，汝何不然？"

不料，樊燮也是个倔脾气，毫不客气地顶撞说："朝廷体制，未定武官见师爷请安之例，武官虽轻，我也是朝廷二品官也。"

这位幕宾正因为没能考中进士才屈尊做了幕宾，这也是表面风光无限的他内心长久的隐痛。因此，樊燮口中吐出"师爷"二字，无异于在对方的伤口上撒盐。于是，这位师爷勃然大怒，起身上前踢了樊燮一脚，嘴里还大骂道："王八蛋，滚出去！"

这位踢人的师爷，名叫左宗棠，字季高，一字文存，公元 1812 年生于湖南湘阴县，祖父是国子监生（在国子监深造过的秀才），父亲是秀才，他在兄弟中排行老三。他十四岁参加湘阴县试，考中第一；十五岁参加长沙府试，考中第二。按照科举流程，下一步是参加学政主考的院试，通过院试叫秀才，才算有了"功名"，也才能参加乡试。但因母亲和父亲相继去世，他只能在家守孝，直到公元 1832 年，守孝期满的他为能参加三年一次的乡试，不得不捐了一个秀才资历，得以参加了在长沙举行的乡试。所幸，他考中了第十八名举人。

公元 1833 年春，左宗棠赴京参加会试，但名落孙山。三年后，再次参加会试，本已被录为第十五名，可到最后时刻，主考官发现湖南录取名额超出一名，就将他的试卷撤下，他只被取为"誊录"（官府抄写人员）。他不甘心做一名誊录，毅然南返故里，并于三年后又考了一次，结果仍然是不中。

从此，他绝了进士及第的念头，摒弃了辞章之业，并将"不向科举讨前程"七个字贴在案头，开始刻苦钻研在时人看来完全是离经叛道的"经世致用之学"。他做过渌江书院山长，当过私塾先生，也曾隐居故里，自号过"今亮"（当今诸葛亮），自称过"湘上农人"，研究过农书、舆地学（地理学）、军事学、海事学等。他二十一岁新婚时贴在书房里的对联是：

身无半亩，心忧天下

读破万卷，神交古人

公元 1850 年 1 月 3 日，因病开缺回乡的林则徐（福建福州人，以"虎门销烟"闻名于世）路经湖南，点名要见左宗棠。午后，一叶扁舟泊在湘江边。由于过于激动，匆匆赶来的左宗棠跌进了水里。爬上小船后，三十七岁的他第一次见到了六十四岁的林则徐。一见之下，林则徐惊叹这位埋头研究经世致用之学的中年人为绝世奇才。两人一边宴饮，一边畅谈，从东南海防，谈到西北塞防。不知不觉，东方已白。在这次有名的"湘江夜晤"结束之际，林则徐手书一联相赠：

苟利国家生死以

岂因祸福避趋之

林则徐的落款很低调：愚弟林则徐与季高仁兄大人共勉之。

左宗棠本有经天纬地之才，吞吐天地之志，当然深知这两句话的分量。后来，每当他遭遇艰险、萌生退意之时，就会想起这两句话。可以说，他一生都在实践林则徐的临别赠言，尤其是晚年。

这次"湘江夜晤"，迅速在官场上传扬开来，左宗棠的名气因此而一发不可收，想请他出山，委以重任的人，陆续找上门来。

这位"当代卧龙"何时才能出山呢？

二

真正促使他出山的，不是大清朝廷里的哪一个人，而是太平军势如破竹的形势。试想，如果是太平岁月，朝廷用一群口称之乎者也的书生辅政就可以了，哪里还有人想起默默钻研"旁门左道"的左宗棠？

公元1851年，也就是道光帝驾崩的第二年，洪秀全在广西桂平县金田村率众起义，自称"天王"，建号"太平天国"，很快便杀进左宗棠的家乡湖南。清军一败再败，湖广总督逃跑。咸丰帝紧急任命林则徐的部下、云南巡抚张亮基（江苏徐州人）为湖南巡抚，前来收拾这片残山剩水。

在此用人之际，贵州黎平知府胡林翼（湖南益阳人，号润芝）向张亮基举荐了左宗棠。就在赶赴湖南的路上，张亮基三次派人到东山白水洞（在湘阴与长沙交界处）邀请左宗棠出山入幕。胡林翼也致函左宗棠，极言张亮基之宽厚，劝他不要嫌弃幕宾之位，一定帮助新任巡抚保卫家乡。加上翰林院庶吉士（进入翰林院学习的进士）郭嵩焘（湖南湘阴人）、"楚勇"创始人江忠源（湖南新宁人）的一再劝说，特别是张亮基亲自登门拜访，当面做出了"鄙人今后大事一任先生处理，决不掣肘"的承诺后，左宗棠方才勉强答应出山入幕。

10 月，左宗棠攀绳登城进入长沙，代表张亮基全权负责抵抗太平军的围攻。他通宵巡查防守工事，随时指出防守疏漏和弥补策略，沉着冷静，指挥若定，一时传为佳话。

不久，比左宗棠年长一岁的曾国藩（湖南湘乡县人，同进士出身）来到长沙。由于受到江忠源创立的民兵式团练组织——"楚勇"在保卫家乡、抗击太平军方面表现突出的启发，朝廷诏令在家乡为母亲守孝的吏部左侍郎（正二品，吏部次官）曾国藩任帮办湖南团练大臣，就地招募乡勇抗击太平军，这才有了后来给太平天国带来无尽噩梦的"湘勇"

（后被称为湘军，狭义的湘军指曾国藩的湘勇，广义的湘军包括湘勇、江忠源的楚勇、左宗棠的楚军）。曾国藩率领从家乡募集的湘勇赶到长沙后，湖南防卫事务交由曾国藩操作，左宗棠则负责筹集军费和招兵买马。这段时间，曾和左来往信函极多，曾国藩探讨军务的信件干脆不再寄给巡抚张亮基，而是直接写给左宗棠。

在曾和左联手运作下，太平军在长沙城下屡屡受挫，只得绕道北上。长沙之围解除后，张亮基因功升任代理湖广总督（正二品），左宗棠随张亮基抵达武昌，仍做幕僚。

接替张亮基担任湖南巡抚的人名叫骆秉章，也是一名忠厚淳朴但不懂军事的文人。他一到任就请旨将左宗棠调回湖南，以同知直隶州（正五品）选用，但被左宗棠回绝。

不久，张亮基得罪了满洲权贵，被降职安排为山东巡抚，吴文镕接任湖广总督。可能是吴文镕对左宗棠不太欣赏，也可能是左宗棠不愿为新总督服务，所以左宗棠回到了东山白水洞。闻听左宗棠回到家乡，骆秉章再次派人请他出山，左宗棠仍辞谢不出。

出乎左宗棠意料的是，他离开武昌仅仅九天，太平军西征大军就攻克了由他设下重防的田家镇，打开了湖北的门户。随后，太平军力克汉口、汉阳，继而挺进湖南。新任湖广总督吴文镕战死，湖北巡抚崇伦服毒自杀，安徽巡抚、"楚勇"首领江忠源跳水自尽。隐居白水洞的左宗棠也得到消息，说是太平军准备进山搜捕他，准备以"清妖坐探"罪论处。他带家人逃离仅仅两个小时，太平军就占领了他的居住地。

正是缘于死里逃生的侥幸，在骆秉章第三次派人请他出山时，他痛快地应承下来，再次成为湖南巡抚的幕府。

对于如何使用左宗棠，骆秉章比张亮基做得还要彻底与到位："推诚相与，军事一切专以相付"。

面对太平军的南北合围，曾国藩、骆秉章、左宗棠连忙聚在一起商讨对策，左宗棠审时度势地提出了以湘勇主力南攻湘潭，暂不北取靖港（位于湖南望城县西北）的建议。曾国藩采纳了他的建议，派出湘勇陆师和水师各一部会攻湘潭。

曾国藩本想动身赶往湘潭，却临行决定亲率主力北攻靖港。不料，屯扎在靖港的太平军不仅兵力雄厚，而且设下圈套专等湘勇中计。湘勇水师临近靖港时，水急风紧，将湘勇战船直接吹到了太平军面前，受到太平军大炮的猛烈轰击，五营水师很快全军覆没。湘勇步兵刚刚越过浮桥，也受到严阵以待的太平军的迎头痛击。眼看辛苦积攒的湘勇家底即将化为乌有，曾国藩羞愤之下，跳入湘江投水自尽，所幸被随从救起。

湖南大小官员闻此消息，无不暗自窃喜。唯有左宗棠立即从长沙缒城而出，赶到湘江船上看望曾国藩，并责备满身泥沙、一意自尽的曾国藩"事尚可为，速死非义！"

幸亏此时，南部传来战报，湘勇已经攻克湘潭，歼灭太平军一万余人，取得了太平军起义以来清朝的最大一次胜利——湘潭大捷。

尽管湘潭大捷的光芒足以掩过靖港之败，但湖南官场还是掀起了倒曾的声浪，有人要求弹劾曾国藩，有人干脆要求解散湘勇。在此关键时刻，左宗棠代骆秉章向朝廷上了"靖港击贼互有胜负湘潭大捷克服县城"的奏折，才使得咸丰帝做出了对曾国藩"革职留用"的象征性处理，并将给曾国藩使绊子的鲍起豹免职。

咸丰帝的这一决定，给了曾国藩新的动力。不久，湘勇收复岳州，迫使太平军退往湖北。左宗棠和曾国藩商定，由曾国藩率领湘勇出兵湖北，左宗棠则在湖南为湘勇补给军火和粮饷。不久，曾国藩收复武汉三镇，继而挥戈进入江西，另一湘勇大将胡林翼也升任湖北巡抚。就这样，长江中游形成了以左宗棠经营湖南后方基地，曾国藩和胡林翼分别统帅江西、湖北湘勇的军事格局。特别是在曾国藩因轻敌而丢失武汉三镇，后来又因父亲去世还乡丁忧之后，左宗棠毅然担负起了对入赣湘勇的指挥重任。在他的精心运筹和胡林翼的紧密配合下，湘勇仅用一年半时间，就完全控制了江西，使得太平军在长江中游几乎完全失势。难怪曾国藩评价他："论兵战，吾不如左宗棠；为国尽忠，亦以季高为冠。国幸有左宗棠也！"

左宗棠的一系列战功，使得他在军政界声名鹊起。咸丰帝在紫禁城养心殿召见翰林院编修（正七品）郭嵩焘时，专门问起左宗棠：这个人有什么才干？为何不肯出任官员？郭嵩焘的回答是：这个人秉性刚直，无法迎合世俗，是个"刺头"。但他办事效率极高，并富有预见性，又是条"蛟龙"，只要皇帝重用他，相信他是会出山的。

那么，该如何使用这个既有个性又有才干的人呢？咸丰帝犯了难。因为这个人已经接近五十岁，这个岁数对于一位将军而言，本该是解甲归田的时候了。

就在这个当口，左宗棠"踢人事件"发生了。

被踢了一脚的樊燮羞愤交加，发誓要让这个师爷付出应有的代价。恰在此时，巡抚衙门接到了樊燮贪污军饷的匿名举报，左宗棠派人一查，樊燮不但贪污军饷，还有私自坐轿（大清规定一品以下武官只能骑马）一条罪状，于是提请骆秉章弹劾樊燮。很快，朝廷下令将樊燮革职。

挨了踢，又被撤了职，换了谁也不会善罢甘休的，况且这个樊燮也有点来头，是时任湖广总督官文的心腹。

官文，满洲正白旗人，曾任殿前蓝翎侍卫、荆州将军。咸丰帝把他派到湖广地区任总督，名义上是让他带领八旗军（满洲人组成的军队，直接听命于皇帝）和绿营（汉人组成的军队，受朝廷兵部管辖）与曾国藩的湘勇一起平定太平天国，实际上还有提防汉人集团暗自坐大的责任。所以，当他听说自己的心腹吃了汉人的大亏，能袖手旁观吗？

于是，他耐心听取了樊燮的控诉：第一，左宗棠是湖南著名的"劣幕"；第二，湖南巡抚衙门是"一官两印"。意思是说，湖南巡抚衙门里出了个左宗棠，他越权干政，飞扬跋扈，巡抚的一颗大印，有一真一假两个巡抚在用。这两大罪状实为一个，而一个也够杀头了。

不几天，官文上奏朝廷弹劾左宗棠。这封奏疏比樊燮的控告还要阴狠，他虽明指师爷越权行事，实则暗指湖南已为汉人把持，一个师爷不仅可以用巡抚大印，而且不把总兵放在眼里，大权如此旁落，满洲的江山可要变色了。即使太平军被灭掉，江山还会回到皇帝手中吗？

于是，咸丰帝颁下密旨，要求官文和湖北正考官钱宝青负责审办此案。密旨上说："如果左宗棠确有不法情事，可以就地正法。"

情况十万火急。得知消息的胡林翼、曾国藩、骆秉章一边纷纷上奏，密保左宗棠；一边飞马京师，让湘阴老乡郭嵩焘设法救援左宗棠。郭嵩焘立刻向户部尚书（从一品）肃顺的家庭教师王闿运（湖南长沙人）求救。王闿运承诺，一定择机向肃顺进言，同时建议，由咸丰帝身边的红人、大理寺少卿（正三品）潘祖荫（江苏苏州人，一甲三名进士）出面，向皇帝写奏折营救。一天，郭嵩焘向潘祖荫送上厚礼，然后字字千钧地说：左宗棠一走，湖南必定沦陷，东南大局也就没有指望了。

就这样，一道拯救左宗棠的奏折，以潘祖荫的名义上奏皇帝。这道奏折，不仅救了当事人，也让上奏者出了名。这道名折上说："湖南一军，立功本省，援应江西、湖北、广西、贵州，所向披靡，在外界看来是骆秉章调度有方，实则是由左宗棠运筹千里，这是天下所共见的，而且早就在皇帝的洞见中了……所以国家不可一日无湖南，而湖南不可一日无宗棠也。"奏折还说："左宗棠为人刚直，疾恶如仇，湖南某些恶官劣吏，因为满足不了私欲，对他恶意中伤已经很久了。湖广总督官文，被一些不实之词所迷惑，未免有引绳批根之处。左宗棠一个在籍举人，去留无足轻重，而江南事务关系尤大，不得不为国家惜此才啊！"

看完奏折，咸丰帝频频点头，若有所思。随后，他要求自己最倚重的大臣肃顺奏陈己见。由于家庭教师王闿运提前做了工作，所以肃顺上奏说："听说左宗棠在骆秉章幕府中筹划军事，成效卓著。骆秉章之功，皆左宗棠之功。人才难得，自当爱惜。请皇上将各种保荐左宗棠的上疏寄给官文，让他重新考虑处置意见便是。"

至此，左宗棠方才转危为安。

三

台风一过，便是晴空碧波。

公元1860年，太平军将领李秀成、陈玉成采用围魏救赵之策，出奇兵攻击杭州，迫使清军派兵驰援，然后迅速挥师天京，将围困天京两年多的清军江南大营彻底击溃，八旗兵和绿营一败涂地，再也指望不上。为此，朝廷不得不把消灭太平军的重任及军政大权重新交付曾国藩。经曾国藩和胡林翼力荐，左宗棠受到重用，被授予"四品京堂候补，襄办（协助办理）两江总督曾国藩军务"。

左宗棠到任后，曾国藩立即交给他一个任务：速回湖南募集乡勇五千名，前往安徽和江西作战。

仅用一个多月，他就募集到十营共五千名士兵，定名"楚军"。这支楚军，与曾国藩派他募集乡勇的初衷有三点不同：

一是名号不同。左宗棠认为，曾国藩的"湘勇"，乃是团练募集的民兵，属临时性地方自卫武装，战争一旦结束就会被解散；而"楚军"属朝廷的"制兵"，是正规军。

二是兵源不同。曾国藩的湘勇只招湘乡县子弟，而左宗棠的楚军来自湖南各府县。

三是营官选拔标准不同。曾国藩的湘勇多以文人领军，即所谓的"以儒生领导农民"；而楚军选用营官时，以勇敢朴实为宗，也就是"用武人不用文人，重经历不重学历"，所以能够成为一只拼死作战、攻无不克的力量。

从此，自立门户的左宗棠战功赫赫，青云直上。短短五年，就由襄办军务升帮办军务，浙江巡抚（从二品），闽浙总督（正二品）兼浙江总督，加太子少保衔（从一品）、并赏穿黄马褂，伯爵，一等恪靖伯，成为与曾国藩、李鸿章、张之洞并列的"晚清四大名臣"。

随着左宗棠于公元1863年荣升闽浙总督，曾经风光无限的太平天国也落进了历史的深山。6月，洪秀全病死。7月，天京陷落。这场让大清寝食难安的"内乱"总算由湖南人画上了句号。

"内乱"既除，接下来面对的自然就是"外患"了。左宗棠抵达福州后，为守卫漫长的东南海疆，向朝廷提出了创办福建船政局，进而建立福建水师的请求，还保荐林则徐的女婿沈葆桢（福建福州人，进士出身）担任了第一任"总理船政"，自己又捐了六万两白银作为启动资金，使中国有了第一家机器造船厂，有了第一所船政学堂，派出了第一届赴欧洲留学生，为实业报国写下了浓墨重彩的一笔。

应当说，中国领土在鸦片战争中被西方列强从海上突破后，大清上下已经深深认识到了组建海军的极端重要性，左宗棠、李鸿章作为两大名臣，也分别在组建海军上下足了功夫，只是左宗棠以造船为主，李鸿章以买船为主。但是后来，福建船政水师和北洋水师都全军覆没了。究其原因，除了技术、训练、战术等因素外，我以为，一个重要的因素，就是大清海军都是以防守为目的的。足球圈里有句行话，进攻是最好的防守，一味防守是防不住的。只有打过进攻战的海军，才有赢得战争的可能。普天之下，我从未听说过哪一支海军是通过防守成为不败之师的。

就在左宗棠坐镇东南沿海，埋头实践富国强军大业时，突然连续接到了两道圣谕，第二道圣谕还是"六百里加紧"，内容都是命令他领兵入陕（陕西）的。

接下来，摆在我们面前的是三个疑问：

第一，为什么要入陕。原来，早在公元 1853 年太平军北伐路过安徽、河南时，一直在暗中从事反清活动的捻党纷纷走到阳光下，组建了接受太平天国领导的捻军。天京陷落后，太平军北方余部与捻军会合，成立了"新捻军"。次年，新捻军在河南许州兵分两支，一支叫东捻军，在中原继续抗清；一支转战陕甘，与当地的回民起义军会师，渐渐形成了烽火燎原之势，成为最让朝廷头痛的地区。

第二，为什么调左宗棠入陕。众所周知，朝廷可以调用的地方武装有三支，一是曾国藩的湘勇，二是李鸿章的淮军，然后才是作为湘勇分支的左宗棠的楚军。但大家不知道的是，李鸿章的淮军组建不久，羽翼未丰，只能做剿灭捻军的辅助力量。而曾国藩与曾国荃兄弟，因独占攻克天京的战功，引起了包括左宗棠在内的各方势力的不满，朝廷为限制曾国藩势力过度膨胀，不断重用左宗棠而打压曾国藩。太平天国一灭，五万湘勇主力就裁撤过半，曾国荃也主动回原籍调养。也就是说，楚军早就独立于湘勇而存在，并已成为朝廷可以依赖的力量。

第三，为什么连发两道圣谕。公元 1866 年 10 月，左宗棠接到了朝廷调任他为陕甘总督、赐进士的谕旨，命他率领楚军前往西北镇压回民起义。这对于一心筹建海军的左宗棠来说，无疑是一个沉重打击。为了福建船政局的筹建，他特别奏请稍缓启程赴京领命，将行期推迟了三个月。12 月中旬，当他悄悄离开福州（因为前一天启程时，百姓纷纷涌上街头阻止他离开），准备经江西、湖北、河南，先进京"陛见"，再转赴陕西时，突然接到了一封"六百里加紧"的圣谕。当时，朝廷颁发诏书按紧迫程度分为三个等级：马上飞递，要求驿卒日行三百里；紧急，要求日行四五百里；六百里加紧，为日行六百里以上，是最紧急的公文。这道"六百里加紧"上说："陕西捻情越来越紧急，清军堵截不利，已被捻军击败，伤亡七百余人，现命令左宗棠立即赶赴陕甘，暂且毋庸来京。"尽管这是一封"六百里加紧"，但在公文中为了顾及朝廷的颜面，对陕甘的危机形势做了轻描淡写的叙述。事实上，三十余营清军在长安城外桥溃败，长安告急，整个陕西几乎已成捻军和回民军的天下，而甘肃的危机形势比陕西有过之而无不及。因此，在这两道圣谕之后，朝廷又于二月连发三道谕令，最后一道谕令任命左宗棠为钦差大臣、督办陕甘军务。

抵达陕西后，他采取了"先捻后回"的作战方略，对回民军又打又拉、剿抚并用，最终于公元 1873 年完成了向朝廷许下的"五年剿灭捻回"的承诺。

陕甘刚刚抚平，新疆又乱了起来。我们的问题是，面对新疆的乱局，他能像在福州时一样，对此事反应迟钝吗？

四

新疆早在西汉时期就划入了中国版图，大清建立后，先后出兵平息了准噶尔叛乱和大小和卓叛乱，设立了伊犁将军府。但由于朝廷采取了天山以北由朝廷派驻官员管辖，天山以南由朝廷任命地方民族首领代管的体制，结果造成天山以南的地方民族势力渐渐坐大，形成了多个与大清地方政权分庭抗礼的割据势力。

公元 1864 年，柯尔克孜割据势力首领司迪尔占据了喀什噶尔回城，自立为帕夏，赶走了黑山派和卓。为了赢得境内穆斯林的认可，他派出得力助手去浩罕汗国迎接白山派和卓布素鲁克。

司迪尔的想法，正中浩罕汗下怀，因为他早就试图培植反清势力。公元 1865 年春，奉浩罕汗之命，贵族阿古柏率领五十名骑兵护送布素鲁克前往喀什噶尔回城。

其实，最高兴的还数阿古柏，这是一个心大到只用半条蚯蚓就能钓起整个塔里木河的狂人，早就试图摆脱浩罕汗的掌控，在异国他乡实施自己的超值梦想。一到喀什，阿古柏便怂恿布素鲁克发动兵变，将司迪尔逐出了喀什噶尔回城。随后，他在英国人支持下，仅用两年就抢占了南疆七城，建立了中国近代史上第一个外国割据政权——哲德沙尔汗国（意为七城汗国）。这一跨国叛乱事件，史称"阿古柏之乱"。

公元 1870 年，披着宗教圣战外衣的阿古柏又将魔爪伸到了天山以北，先后攻占了吐鲁番、迪化（今乌鲁木齐）、玛纳斯、鄯善等地，先后赢得了英国和俄国的承认，还被奥斯曼帝国苏丹封为艾米尔。

更令人啼笑皆非的是，俄国趁火打劫，出兵赶走了伊犁将军衙门，占领了新疆耕地最为肥沃、人口最为稠密、工商业最为发达的伊犁。对于这种明目张胆的侵略行为，他向大清解释说，因为贵国已经无力在那里行使主权，所以基于朋友的道义，暂时代为保管，以免落入叛军之手；一旦新疆叛乱平息，俄国就将双手奉还。在他们看来，大清再也不可能回到新疆，伊犁并入俄国已成定局。

至此，大清手中仅剩下塔城、乌苏、哈密、巴里坤、吉木萨尔等少数据点，整个新疆面临着彻底丢失的危险。

公元 1871 年夏，当左宗棠得知俄国占领伊犁的消息后，表现出异乎寻常的震怒。按说，朝廷赋予他的使命是管理陕甘地区，加上他年近六十，疾病缠身，完全可以告休还乡，安度晚年。再说，大清自乾隆以来，一直派遣满洲官员主政新疆，新疆的变故与汉人无关，他这个"局外人"说多了，可能还会得罪满洲官员以及满洲人主导的朝廷。

但左宗棠是一个大局观极强的人，他不会因为担心得罪什么人，就在关系国家前途命运的大事上选择沉默。他也不是一个好高骛远的人，不会因为长远目标而忽略当前急需解决的问题。他最大的特点就是立说立行，从我做起，从身边做起，从点滴做起，从最容易做的事情做起。他一面派遣蜀军提督（一省绿营最高军事长官，从一品）徐占彪赶赴肃州（今酒泉），尽快完成新旧官员交接，以便促使新任乌鲁木齐提督成禄出关；一面致函在家乡休假的得力干将刘锦棠（湖南湘乡人，湘军大将刘松山的侄子），要求他抓紧募集数千兵勇，务必于九月率军西来。

大海不会让鱼儿离开，正如它不会让走兽进入。按说此时，朝廷上下应该同仇敌忾，迅速出兵光复新疆才是。

但凑热闹的是，公元 1874 年，日本一支军队进犯台湾，尽管很快被击退，但还是引起了朝廷的恐慌。

尤为凑热闹的是，公元 1875 年 1 月 12 日，十九岁的同治皇帝在养心殿驾崩。

后宫内，太后与太医们忙着编造皇帝死于天花的谎言；朝堂上，一场有名的"海防"与"塞防"之争已经爆发。"海防"派首领甚至提出了放弃新疆的建议。更严重的是，这个看似荒唐透顶的建议，居然得到了多数大臣的赞同。

"海防"派首领名叫李鸿章，公元 1823 年生于安徽合肥，二十二岁时投帖拜在曾国藩门下学习经世致用之学，二十四岁考中进士，后来成为淮军的创始人和首任统帅，现任直隶总督兼北洋通商大臣、文华殿大学士（正一品），比左宗棠小十一岁，但品级比左宗棠高。

李鸿章与左宗棠尽管在经世致用上方向一致，但进入仕途的方式不同，地域性格也有差别。李鸿章科考入仕，注重程序，看重关系；左宗棠民间入仕，特立独行，看重办事。安徽地处中国南北交界处，既有北方人的厚重、质朴，又有南方人的细腻、轻柔；湖南地处南方第一门户，有着鲜明的草根性、强烈的刺激性，倔强、激进、火辣。安徽的和谐和湖南的火辣，是造成李鸿章与左宗棠发生摩擦的原因之一。表现在处事上，左宗棠面对欺压时，不愿退缩，崇尚进攻，"平生最恨是和戎"；李鸿章继承了曾国藩"对内残忍，对外仁慈"的衣钵，处事灵活，瞻前顾后，偏好"和戎"，以"裱糊匠"自居，是个地地道道的实用主义者，在"巴结主子、搞小圈子、耍手腕子"方面具有非凡的手段，其宦术之圆熟、之精湛、之高超可谓集三千年中国官场"圆机活法"之大成，即便是在中日《马关条约》出炉，"杀李以谢天下"的呼声遍于朝野时，他仍毫无退避之念，"笑骂由人笑骂，好官我自为之"。

在是否收复新疆的问题上，部分大臣认为，自乾隆帝平定新疆百年来，每年花在新疆的饷银达数百万两，是一个填不满的窟窿。如今又要竭尽天下财力去供应大军西征，实乃下策，还不如依从英国人的建议，允许阿古柏独立，只要他答应称臣入贡就是了。这样一来，就可以专心致力于海防了。在放弃新疆的各种论调中，调门最高的，还是李鸿章。

他在《筹议海防折》中论及"筹饷"一条时，公然提出了放弃新疆的主张，他写道："新疆乃化外之地，茫茫沙漠，赤地千里，土地贫瘠，人烟稀少。乾隆年间平定新疆，倾全国之力，徒然收数千里旷地，增加千百万开支，实在得不偿失。新疆不复，与肢体之元气无伤；海疆不防，则腹心之大患愈棘。"

在他的挑头鼓噪下，"边疆无用论""得不偿失论"甚嚣尘上。刑部尚书居然说"新疆即使收复，也万里穷荒，何益于事"。这一派名义上是力主"海防"，实际上是以李鸿章为首的淮军系统，借此打压左宗棠罢了。果然，"海防派"以李鸿章为首，很快聚集了一干人马，包括两江总督、湖广总督、浙江巡抚、福建巡抚、江西巡抚等。就连左宗棠力荐过的督办台湾钦差大臣沈葆桢也站到了李鸿章一边，这不禁令左宗棠伤心得放声大哭。

见不战而降几成定论，左宗棠决定挺身而出。他经过缜密思索，向朝廷呈上了《复陈海防塞防及关外剿抚粮运情形折》和《遵旨密陈片》，首先肯定了"海防与塞防并重"的观点，然后系统分析了当前形势：

"如今陕甘刚刚平定，如果不一鼓作气收复新疆，而是放弃这块土地，让它自成一国，无疑是遗祸子孙万代的罪过。万一阿古柏不能自立，新疆不是被英国所狼吞，就是落入俄国的虎口。假如坐视不管，任由西方列强鲸吞我国土，那么丢失的绝不仅仅是新疆，也将失去边防要塞与重镇，使西北失去屏障。到那时，边防的兵力不仅不能削弱，反而会大大增加。从全局来看，其后果，对内将有损于国威，丧失民心；对外将助长列强的侵略气焰，不利于海防。"他还旗帜鲜明地指出："正是为了便于集中全力经营多事的东南海疆，所以才要一劳永逸地平定新疆阿古柏叛乱。如果此时就准备停兵节饷，自撤藩篱，则我退寸，则寇进尺，不但陇右堪忧，就是北路蒙古地区恐怕也难保安全。这样一来，北京也会丧失门户，后果不堪设想。"

这番振聋发聩的宏论，深深触动了总理各国事务大臣文祥，他情不自禁地站出来说："老臣以为，左宗棠之言深谋远虑，上承先皇之志，下惠万代子孙。"

形势开始向左宗棠之说倾斜。

即使如此，负责下最后决心的慈禧太后仍然心里没底，于是询问左宗棠："剿灭新疆叛匪，需要多少时间?"

左宗棠回答："剿抚兼施，一了百了，得五年时间。"

慈禧对"一了百了"四个字十分欣赏，于是说："既然你力主收回新疆，就由你把新疆给我拿回来吧！"这是一生做尽坏事的"老佛爷"有数的几个明智决定之一。

随后，朝廷正式下诏，任命左宗棠为钦差大臣、督办新疆军务，全权节制三军，择机出塞平叛。

这一天是公元 1875 年 5 月 3 日，一个令爱国者手舞足蹈的日子。

五

"海防"与"塞防"之争是赢了，但左宗棠却高兴不起来。正如两江总督刘坤一（湖南新宁人，楚勇系官员）致函祝贺他时，说他的这一新使命是"任天下之至重，处天下之至难。"

因为，这次西征只能胜不能败，使命之重大，任务之艰险人所共知。而且，西征前他还必须克服三大难题。

第一，精简军队的难题。关塞用兵，在精不在多。进行军队精简，也可最大限度地减少粮饷支出。但是，减谁，减多少，怎么减，却是摆在左宗棠面前的一大难题。经过深思熟虑，他下令将先行入疆的八旗兵金顺、景廉部精简大半，裁为三十九营，明确由金顺统领；将总兵张曜的嵩武军整编为十四营；将徐占彪的蜀军整编为十三营；又将正白旗汉军都统（八旗兵长官，从一品）穆图善、副都统（正二品）文麟等战斗力不强的军队全部遣散；还对嫡系部队——湘军（楚军和划归自己的楚勇）剔除空额，汰弱留强，由一百八十营减到一百四十一营，从根本上保证了参战部队俱为精兵。

第二，军事装备的难题。鉴于阿古柏得到了英国的军火支持，俄军的装备也相对先进，左宗棠尽最大努力改善了西征军的武器装备。他除了下令西安、兰州机器局大量仿制洋枪洋炮外，还在上海、汉口、西安等地设立机构采购西洋军火。

第三，饷银筹措的难题。他从一个军人、一匹军马每天所需的粮草入手，推算出八万人马一年半的用量。然后，再以一百斤粮草运输一百里为基准，估算出全部运程的运费和消耗。甚至连用毛驴、骆驼驮运还是用车辆运输节省开支，也做了比较。经过周密计划，测算出西征军每年的军费开支为八百万两白银，但他实际收到的各省协饷只有五百万两。巨大的经费压力，常常使他"绕帐彷徨，中宵不寐"。为此，他专门上书朝廷，请求举借外债以充军费。朝廷不仅允许他自借外债五百万两，而且从国库为他拨款五百万两，给了他意料之外的巨大支持。随后，在爱国商人胡雪岩的斡旋下，他从英国汇丰银行借到五百万两，分七年偿还，以广州、福州、上海、汉口的海关收入作抵押。在收复新疆前后的两年多时间里，他共筹集到饷银两千六百多万两，让老对手李鸿章都感觉不可思议。

三大难题已解，按说，左宗棠应该毫无后顾之忧地率军西征了吧？史书上说，他是让士兵抬着他的棺材西征的，以表达必死的决心。

公元 1876 年 3 月 16 日，在一个没有风，没有月的日子里，左宗棠在六十四岁的垂暮之年，率六万湖湘子弟铿锵西行。白雪皑皑的祁连山下，车辚辚，马萧萧，猎猎长风卷起了已经威武不再的龙旗。军阵里，士兵们抬着左宗棠的木棺。4 月 7 日，左宗棠抵达肃州。由于年老体衰，加上朝廷允许他不必亲临战阵，所以他决定在肃州就近指挥新疆收复战。

随即，他命令甘肃西宁道、总理行营营务刘锦棠为前军统帅，带领二十五营湘军主力，分四批出星星峡，负责主攻乌鲁木齐。随后，又命令张曜、徐占彪率所部进入哈密、巴里坤一线，防止敌人北蹿东逃。已经先行入疆的军务帮办金顺作为西征军第二长官，配合刘锦棠发起新疆收复战。

将有必死之心，士无贪生之念。以快速、精准、狠辣著称，外号"飞将"的刘锦棠，按照左宗棠制定的"先北后南，缓进急战"的作战部署，向阿古柏叛乱势力发起了风卷残云般的进攻，彰显了一群中华男儿在那个黯淡年代里的浩荡与坚挺，给柔靡委顿的晚清史平添了几分峻拔之姿与阳刚之气。不到两年时间，西征军就逼迫阿古柏饮鸩自杀，迫使阿古柏的长子伯克·胡里及回民军首领白彦虎率残部退入俄国，将肆虐新疆达十二年之久的阿古柏叛军彻底清理出了中国领土。这是晚清军队对外作战出奇制胜的得意之笔，是大清暮鸦夕照中最绚烂的一抹晚霞，也是左宗棠戎马一生中最精彩的乐章，左宗棠也借此进入了中华民族英雄的行列。这一胜利，比他向朝廷的承诺早了整整三年，就连左宗棠自己也不无自豪地说："戎机顺迅。实史传罕见之事。"当时的英国人则感叹这一壮举为"从一个多世纪前的乾隆时代以来，一支由中国人领导的中国军队所取得的最光辉成就！"

战后，左宗棠被朝廷封为二等恪靖侯，刘锦棠被封为二等男爵，金顺荣升伊犁将军，张曜荣升河南布政使，徐占彪受御赐黄马褂、戴双眼花翎。

左宗棠收复新疆的壮举，令俄国始料不及。大清任命盛京将军崇厚（满洲镶黄旗人）为特命全权大臣，前往俄国交涉归还伊犁事宜。满脑袋糨糊的崇厚以为，只要收回伊犁便万事大吉了，因此在俄国的刀（恐吓）与麻（纠缠）的交替作用下，未经朝廷允许，擅自与俄国在黑海之滨的里瓦吉亚宫（沙皇的夏宫）签订了《交收伊犁条约》（即《里瓦吉亚条约》）。其中规定：俄国归还伊犁地区，中国将霍尔果斯河以西和特克斯河流域一带割让俄国，酌改塔尔巴哈台、喀什噶尔地区两国边界；俄商在中国蒙古和新疆全境免税，增辟中俄陆路通商新线；赔偿俄国损失约合白银两百八十万两；增设嘉峪关、科布多、乌里雅苏台、哈密、吐鲁番、乌鲁木齐、古城七处领事。据此，伊犁虽归还中国，但其西境、南境仍被俄占，处于北、西、南三面受敌的境地。

消息传来，舆论大哗，群情激愤，左宗棠更是怒不可遏地向朝廷上了一道奏折，回顾了俄国惯用的讹诈伎俩，坚决主张以武力夺回伊犁，并要求亲率大军出关。

接到左宗棠的奏折，朝廷三管齐下，一是将崇厚革职下狱，二是派大清驻英法公使曾纪泽（曾国藩之子）赴俄国商改崇厚擅自订立的条约，三是命令左宗棠做好出兵准备。

公元 1880 年 5 月 26 日，左宗棠不顾六十八岁的高龄，强撑着病弱之躯，亲率五营马步兵出嘉峪关向哈密挺进，随行的还有他的棺木，以示血战到底的决心。6 月 15 日，左宗棠抵达哈密，随即制定了分三路围攻伊犁的计划：一路由金顺统领进驻精河，从正面佯攻；一路由张曜统领从阿克苏翻越天山，直插伊犁南部；一路由刘锦棠统领经乌什直扑伊犁西部，断敌后路。

正当左宗棠拉开架势，只待朝廷一声令下，立即全力收复伊犁之时，大清朝廷却在西方列强的外交压力面前，动摇了主战的立场，并于 8 月 11 日下令将左宗棠调回北京。接到诏令，左宗棠大失所望，只得将关防重任托付刘锦棠，然后怅然东归。

左宗棠的离去，成为那些日子里西北民众唯一的话题。他离开兰州那天，所有店铺歇业，整座城市的人们纷纷涌上街头，向这个他们敬畏、信任和尊敬的人告别。他东归路过的每个城市、每个小镇、每个村庄，居民们全都出来送别这个给西北带来和平、繁荣与希望的老人，许多人眼含热泪，许多人叩首不起。

有意思的是，左宗棠被调离新疆，本是朝廷向俄国人表达的一种和平姿态，却给做贼心虚的俄国人造成了错觉，他们认定，左宗棠进京是为了在朝堂上商讨与俄国全面开战事宜，加上俄国与土耳其的战争刚刚结束，俄国无力发起大规模战争，况且清军最害怕的是军舰，但新疆没有海洋，鸦片战争的惨败，并不代表以骑兵为主的清军在陆地上没有机会。最令俄国人忌惮的是，他们面对的是常胜将军左宗棠的湖湘子弟。因此，俄国人在谈判桌上的嚣张气焰有所收敛。

经曾纪泽据理力争，双方最终于公元 1881 年 2 月 24 日签订了《改订条约》（即《中俄伊犁条约》），俄国同意归还伊犁，上个条约中割让特克斯河流域的条款被删掉，不过赔偿费用增加到五百万两白银。不管怎么说，伊犁总算重新回到祖国的怀抱。

当左宗棠日夜兼程抵达北京，得悉《改订条约》的内容后，仍旧大为不满。但木已成舟，他只能摇头叹息。

尽管他仍在叹息，但一国列强在大清国土上已经占据有利位置，却做出退让归还领土，这在整个十九世纪是绝无仅有的。必须承认，没有左宗棠的军事压力，大国沙文主义思想根深蒂固的俄国人是万万不会退让的。

六

回到北京的第三天，左宗棠就被任命为军机大臣、总理各国事务衙门大臣并管理兵部事务，集政治、军事、外交三权于一身，出任了朝廷中汉人所能担任的最高官职，实现了"封侯拜相"的最高人生目标。

他之所以得到如此显赫的位置，一方面，是因为慈禧太后有通过他来牵制奕䜣（道光帝第六子，受封恭亲王，时任议政王、领班军机大臣、领班总理衙门大臣）和李鸿章的用意；另一方面，是想通过调他入京表明和平的姿态，从而冲淡中俄之间业已激化的矛盾；还有一层原因，就是他收复新疆的壮举轰动全国，使得一向以指陈时政、标榜风节为己任的在都察院、翰林院供职的士大夫所组成的"清流派"特别看中他。正是他们的积极建议以及慈禧太后的特别赏识，他才得以出任宰辅。

对于朝廷给予的职衔与封赏，他曾一再推辞。并非是他不喜欢荣誉和金钱，而是因为他是一个有历史感的人。他从小就把自己放进千年历史中去比照，对自己的优缺点看得比别人透彻。他深知，要想流芳千古，必须有经得起历史检验的事功，而不是现实中获得的一两纸荣誉。他相信，自己的正义感，自己的精气神，自己的报国志，不会随这个吵吵嚷嚷的朝廷一起腐朽，它可以超越时间与朝代，与历史同在，与日月争辉。

他上任后，一改总理衙门对外国公使毕恭毕敬的媚态，在召见英国驻华公使威妥玛（威氏汉语拼音的发明者），交涉鸦片加税事宜时，"谈次有风棱"，做事有节度。他把"河道必当修，洋药必当断，洋务必当振作"作为任政纲要，完成了一批水利工程，提出了通过为鸦片加税来阻绝鸦片的动议并积极运作，还对结党营私的官场弊端和不负责任的官僚作风给予了猛烈抨击。

他想做的事情很多，也并非没有精力去做。但好比是一匹骏马闯进了猪圈，他一进京城就发现，自己根本不适合眼前这个环境。时间越长，他这种不适感就愈加强烈。

他当初被任命为军机大臣、总理各国事务衙门大臣，是由太监传旨的。依照宫中惯例，接旨人应赏给传旨太监一万两银子。但他接旨时，一不知有此惯例，二拿不出这么多钱，所以只赏给传旨太监一百两银子，结果造成这名太监目瞪口呆，赖着不走。后来还是恭亲王奕䜣掏了八千两银子，才替左宗棠摆平此事。

一次，奕䜣向他引见汇聚京城的权贵，当介绍到他的老冤家——前湖广总督官文时，左宗棠说："呀！还记得我吗？我就是骆秉章身边的那个师爷。"闻言，官文十分窘迫，无言以对。这一句话，又把主管刑部的官文彻底得罪了。

慈安太后去世前几天，曾召见过左宗棠，当时她气定神闲，毫无身体不适的征兆。当朝廷宣布慈安太后病逝的消息时，他竟然在大庭广众之下公开了自己的怀疑，丝毫不去考虑这种做法会给自己带来何种后果。

要知道，中国从秦汉开始，也就是实行中央集权制度以来，就逐渐形成了"群体为大，个体为小"的群体意识，"中庸、平和、内敛"的社会性格，以及"存天理、去人欲、消灭个性"的价值取向，任何刚直、求真、独立的人物，无一例外都会受到冷落、排挤甚至打击。这就是"一日三省吾身，事事谨小慎微"的曾国藩成为社会导师，而敢作敢为、特立独行、直言不讳、争强好辩的左宗棠却屡屡受到官僚集团挤对的主因所在。

他本不该来到这里的，就好像一粒沙落进了眼睛里肯定被流出的眼泪冲走一样。既然自己的性情难容于大清高层，自己又不愿委屈自己来将就别人，加上奕䜣、李鸿章的内外夹击，他便连续告假三个月，继而请求告老还乡。朝廷在对他作了一番"慰留"之后，于当年10月将他外放为两江总督兼南洋通商大臣。

这仍然是一个令人垂涎的肥缺。

我之所以说它是一个肥缺，是因为两江总督管辖苏、皖、赣三省，南洋通商大臣主管南方对外通商事务兼管海防。权力之大，全国也只有李鸿章的直隶总督兼北洋大臣相匹敌。

但左宗棠丝毫没有借这个肥缺大捞一把，在仕途最后几年改变家庭清苦现状的想法，而是把全部精力放在水利与海防上。

到任次日，他就不辞辛苦地到各地进行防务考察。当他在上海租界看到"华人与狗不得入内"的牌子时，不仅让手下砸烂了牌子，还下令把店主绑了起来。

在筹划江南海防的同时，他对法国侵略中国的传统藩属国越南（原名安南），进而入侵大清南疆的图谋至为关切。事情的发展恰如左宗棠所料，他到任不久，法军就占领了越南重镇河内。公元1883年8月，法军又攻入了越南首都顺化，迫使越南政权就范。随后，法军就把进攻的矛头对准了驻扎在越南境内的清军。

就在法军进攻顺化前夕，李鸿章不但拒绝按照朝廷的旨意前往广东"督办越南事宜"，反而以北洋大臣的身份去上海与法国代表脱利古谈判。对此，左宗棠异常愤懑，专门致函总理衙门，强调"唯主战于正义有合"。随后，他又上奏朝廷，建议不能在谈判中向法国示弱，因为"我愈俯则彼愈抑，我愈退则彼愈进"，"法国人得陇望蜀，云南、贵州、广西边患将愈加紧迫”，他还希望朝廷派自己去“督办越南事宜”，但朝廷对他的请求未予理睬。他仍不死心，接着上奏请求“由南洋出师，助滇越边防，拟率新募各营开赴越南前线”，然而，朝廷以“滇粤边界，均有重兵”为由，让他管好两江，莫管它事。

万般无奈之下，他只有退而求其次，安排部下王德榜在家乡——湖南江华招募八个营的勇丁，组成“恪靖定边军”，增援广西前线。

不久，左宗棠左眼失明，右眼也渐渐模糊，不得不向朝廷请假两个月。公元 1884 年初，眼疾仍未好转，他再次向朝廷请假，朝廷又赏假四个月。期间，当他得知法国海军进入福建、江南、天津海面游弋的军情后，向朝廷提前销假。几乎同时，朝廷要求他进京“陛见”。

5 月中旬，左宗棠从江宁（今南京）启程前往北京。在行进途中，他得到了李鸿章与法国海军中校福禄诺刚刚在天津签订的《中法会议简明条款》（又称《李福协定》，内容包括大清承认法国对越南的保护权，驻越南清军调回境内，大清在中越边境开埠通商等），然后针对这份卖国协定，向朝廷紧急上奏了《时务说帖》，明确提出“倘若得到圣上允准，我准备前往越南前线巡察。尽管我年老体衰，但我督师多年，旧部健将尚在，应当可以击败敌人，希望收复越南仍为我大清藩属国而后已。如果达不到目的，请朝廷治我重罪，以谢天下。”

他还未到京，朝廷的政治剧情已经反转。

七

《李福协定》一出洞，就引发了京师官员的普遍反对。迫于舆论压力，朝廷不得不做出几分主战姿态。其表现，一是任命一向主战的张之洞（祖籍河北南皮，一甲第三名探花）为两广总督，二是再次任命左宗棠为军机大臣。

眼看软的不行，法国便在越南、台湾、福州各线发起全面进攻，特别是 8 月 23 日，法国东方舰队突袭了福建马尾军港，福建船政水师十一艘战舰被全部击沉，左宗棠和沈葆桢辛苦积攒的海军家底一朝尽废。

左宗棠再也坐不住了，于是请求统兵出征。9 月 7 日，朝廷任命他为钦差大臣、督办福建军务。他以七十二岁的风烛残年，毅然投身抗法前线，其老骥伏枥的豪迈，一往无前的斗志，赴汤蹈火的气概，令京城每一位重臣都自惭不已。"假如这样的死士多出几个，大清安能屡屡失败?!"

12 月中旬，左宗棠率军抵达福州。此时，福州因马尾之败和攻占台湾基隆而人心惶惶，一片混乱。左宗棠这枚"定海神针"一到，福州便人心大定。随后，他连出五拳，拳拳生风：第一，派出"恪靖援台军"增援台湾，将法军赶出了宝岛；第二，击退了企图攻取浙江镇海的法军，造成法国舰队统帅孤拔受伤毙命；第三，精心构筑闽江防务，使闽江入海口成为铁锁铜关；第四，组织福建船政局恢复生产，重建我威武之师；第五，试办闽台糖务，增加国家收入。这就是他的与众不同之处：既能征服一片土地，也能让这片饱受战火摧残的土地恢复生机。正如美国人贝尔斯所说："他兼有非凡的军事才干和政治才干，这样的人在任何国家都是凤毛麟角。放眼那个时代，几乎可以断言，无人能在军事和政治领域同时取得如此瞩目的成就。"

在左宗棠拼命精神的感召下，广西抗法前线也传来捷报。公元 1885 年 3 月，年近七十的帮办广西关外军务冯子材率领从家乡募集的九千名"萃军"，王德榜率领从家乡募集的四千名"恪靖定边军"，一个从正面，一个从背面，在镇南关和谅山发起总攻，歼灭法军一千余人，一举扭转了中法战局，并导致法国茹费理内阁倒台。

就在冯子材、王德榜准备"乘胜前进"，越南民众也纷纷酝酿反法起义，准备策应清军将法国人彻底赶出越南的关键时刻，大清朝廷却下达了"乘胜即收"的命令。对此，所有前线将士都感觉奇怪，所有的地方大员都感觉不解，所有的越南民众都感觉鬼魅，只有两个人感觉正常与合理，那就是慈禧太后和李鸿章。

此前，李鸿章受慈禧太后委托，已与法国人秘密谈判很长时间了。可以说，谈判已经接近尾声，大清已基本接受了法国提出的条件。此时，前线突然传来"镇南关大捷"的消息，作为战败一方的法国，十分担心大清会要求修改甚至废止已经基本完成的条约；但作为战胜一方的大清，却将这次胜利作为加速对法国妥协议和的资本和机会。李鸿章的原话是："当借谅山一胜之威，与法人缔结和约，这样一来，法国人就不会再提新的要求了。"他还给总理衙门致电说："谅山已经光复，如果此时平心与法国讲和，议和条款将不会有大的损失，否则，战争还将继续。"据此，李鸿章与法国驻华公使茹勒·帕特诺特尔在天津签订了《中法会订越南条约》（又称《中法新约》《李巴条约》），内容包括大清承认法国对越南的保护权，大清在中越边境指定两处为法国陆路商埠，法货进出大清边界应减轻关税，日后大清修建铁路须向法国商办等。在这个不平等条约中，还特别加进了"言明不致有碍中国威望体面"的字眼，总算满足了慈禧太后死要面子的心理。

就这样，中法战争出现了"法国不胜反胜，中国不败反败"的可笑结局。

中法缔结新约的消息，犹如晴天霹雳，将左宗棠这个钢铁巨人彻底击垮了。他愤郁焦烦，恶气攻心，咯血不止，猝然病倒。在病榻上，他向朝廷愤怒地抗议说："对中国而言，十个法国将军，也比不上一个李鸿章坏事。"并为李鸿章预言："李鸿章误尽苍生，将落下千古骂名。"为此，李鸿章决定拿左宗棠的下属开刀，指使亲信诬告、陷害"恪靖定边军"首领王德榜、台湾道刘璈（湖南岳阳人），致使他们失去了兵权。

尽管对朝廷大失所望，尽管身体每况愈下，他仍旧不忘从巩固海防和保卫台湾的大局出发，请求将福建巡抚移驻台湾，建福建台湾省（简称台湾省）。朝廷批准了他的建议，台湾从此成为大清行省。

他还明确地告诉身边人：中国的未来在海洋。

行文至此，我们不禁会发出两个历史性的叩问：第一，面对如此让人失望的朝廷，左宗棠为什么仍旧初心不改，忠心耿耿？我想，一个王朝盛极而衰，这是历史的规律，熟读史书的左宗棠不会不清楚。与其说他效忠朝廷，不如说他笃信忠君爱国的儒学理念，并为此忠诚无私地奉献着一切，燃烧着自我，如同他一生都在仿效的诸葛亮一样，鞠躬尽瘁，死而后已。第二，为什么在嘉庆帝时期就走下坡路，咸丰帝时期就气数已尽的大清，却能令人惊讶地熬过了整个十九世纪？我只能说，这主要应该归功于几个著名人物的力挽狂澜，其中首推"晚清四大名臣"，当然也少不了林则徐、胡林翼。尽管曾国藩、李鸿章获得的爵位、得到的谥号最高（一等毅勇侯曾国藩的谥号是文正，一等肃毅侯李鸿章的谥号是文忠，二等恪靖侯左宗棠的谥号是文襄），尽管李鸿章还被慈禧太后誉为"再造玄黄之人"，被日本首相伊藤博文视为"大清帝国中唯一有能耐可和世界列强一争长短之人"，甚至被西方舆论别有深意地评为与俾斯麦、格兰特并称的"十九世纪世界三大伟人",但那只是大清朝廷和外国侵略者的评价,从历史和民众的角度看,其中真正称得上伟大的,当数左宗棠。而那个总想压过左宗棠一头的李鸿章,不但称不上伟大,而且早已和他的主子慈禧一起,被永远钉在了历史的耻辱柱上。当前和今后,无论有多少人想为李鸿章洗白,无论洗白者祭出的"重新评价""全新视角""功过各论"之类的招牌多么"现代化"与"国际化",其结果总是徒劳无功,甚至越抹越黑。因为在损害国家和民族利益问题上,无论是出于主动还是被动,就像主动和被动杀人一样,即便是律师再能狡辩,其性质永远不可能变成主动和被动救人。

勉强坚持到 6 月 18 日,左宗棠上表告老还乡,朝廷没有答应,只是准假一个月。

此后,他的病情急剧恶化,一天夜里一度昏死过去。

7 月 29 日,他向朝廷口授了《请专设海防大臣折》,在提出加强海防七条建议的同时,再次请求告病还乡。

9 月 3 日,他终于盼来了"俯如所请"的上谕。古人云:"鸟飞返故乡兮,狐死必首丘。"兽犹如此,况且是远离故乡的老人。然而,他的气血即将耗尽,再也无力返回湘阴老家了。

两天之后,也就是公元 1885 年 9 月 5 日,一场台风登陆福州,风雨大作,霹雳交加,左宗棠在雷声、风声、雨声中走完了七十三年的人生历程。弥留之际，家人听见他在喊："我要打仗！"

左宗棠走了，法国人松了一口气，他们吃过左宗棠的大亏，知道他是一头雄狮；左宗棠走了，英国人松了一口气，如果没有这个人，天山以南或许已经是英国属地了；左宗棠走了，俄国人松了一口气，假如不是这个人带着棺材进疆，俄国也不会退出伊犁；左宗棠走了，李鸿章松了一口气，这个"湖南骡子"再也不会站出来与自己唱对台戏，以后自己就是朝廷唯一的"顶梁柱"了；左宗棠走了，许多大臣松了一口气，因为他所拥有的二等恪靖侯、东阁大学士、太子太保、一等轻骑都尉、赏穿黄马褂、钦差大臣、督办福建军务七个头衔，或许可以分一个给自己了；左宗棠走了，慈禧太后也松了一口气，因为从今以后，朝堂上就没人公开吵架了，但似乎她又略感遗憾，因为这个敢说敢干的"顶梁柱"一抽，活着的人全是言听计从的"奴才"，外国人还会对中国有所忌惮吗？

果然，不到十年，连东方小岛上的日本也敢殴打中国了，腆着一张老脸负责议和的李鸿章居然被日本人打了一枪。十五年后，帝国首都被八国联军占领，慈禧太后只能狼狈逃窜，负责谈判的李鸿章也被气死了。二十六年后，大清也死了。

可左宗棠没死，一直没死，因为他是超越时间和物质的，也是超越朝代和民族的，他是国家之光。

第十三章 鉴湖女侠——秋瑾

革命者必定是女性。当大街上只剩下最后一个革命者，这个

——罗莎·卢森堡

一

罗莎·卢森堡，一位比男人还要"男人"的西方女性。公元1871年生于波兰犹太家庭，苏黎世大学毕业后迁居德国，从此把生命与热血献给了共产主义运动，成为德国共产党创始人、第二国际著名左派、政治理论家，被敌人称为"嗜血的红色罗莎"。她曾九次遭到监禁，但始终斗志高昂、宁折不弯，像鹰一样搏击在反对修正主义、资本主义和帝国主义的暴风骤雨中，最终于公元1919年被资产阶级"自卫民团"暗杀。生前，她曾豪迈地宣称："不管我到哪儿，只要我活着，天空、云彩和生命的美就会与我同在。"

与此同时，东方中国也出现了一位"卢森堡"式的男装丽人，短发齐耳，腰插短剑，足蹬战靴，英姿勃勃地奔走在血雨腥风中。

她叫秋瑾，比卢森堡小六岁。

二

秋瑾，字璿卿、竞雄，号鉴湖女侠，祖籍浙江绍兴，公元 1877 年出生于福建厦门。早在荡秋千、学女绣的少女时代，她就喜男装，读洋书，练武术，常以巾帼女杰花木兰、秦良玉自喻。

但那是个民主与叛逆画等号、视礼教如圣典的时代，自由对于她无异于水中月、天边星、枕边梦。公元 1896 年，十九岁的秋瑾就由时任湘乡县督销总办的父亲做主，许配给了胸无大志但面目俊秀的湘潭富家子弟王子芳（又名王廷钧）。

丈夫的任务是掌管"义源当铺"，而妻子的任务只有传宗接代。一年后，这位妻子生下了儿子王沅德。犹如一条欢畅奔腾的激流被婚姻的堤坝禁锢成一潭死水，又如一只欢乐的小鸟被困于樊笼，秋瑾只有每日长叹、彷徨苦恼。

一天，郁闷难耐的她当着亲友，朗诵了自己的近作《杞人忧》：

幽燕烽火几时收，闻道中洋战未休；

膝室空怀忧国恨，谁将巾帼易兜鍪（móu）。

公元 1900 年，在病榻上呻吟了八百年，又被凌辱了一百年的古老中国，终于迈着踉跄的步伐进入了新世纪。然而，天还是那片漆黑的天，地还是那方残缺的地，列强们仍横行无忌，满洲人仍脑满肠肥，金钱仍能买到所有的东西。秋瑾的丈夫王廷钧出资捐官成为户部主事，实现了从商人到京官的人生飞跃。秋瑾随丈夫进京，得以呼吸了中国京城的空气。他们如同曼陀罗，表面上风光无限，但最大的价值却是制作麻醉品，让人们自以为幸福地活着。

不久，八国联军打进北京，慈禧太后仓皇西逃，京城的大小官僚作鸟兽散，秋瑾一家被迫回到家乡湖南荷叶。在这里，秋瑾生下了女儿王灿芝。

公元 1903 年，朝廷终于得到外国人原谅，作鸟兽散的京官们悉数官复原职，秋瑾也携带着幼小的女儿随丈夫二度进京。

被扫荡后的北京已经辉煌不再，大街上充斥着趾高气扬的洋人，中国人在自己的家门口已经低人一等。然而，"辛丑条约"墨迹未干，清王府内已是歌舞升平。秋瑾的丈夫和狎友们也跻身其中，继续灯红酒绿、醉生梦死。

妻者，齐也。但身为妻子的秋瑾不可能与丈夫"齐心"。心怀山河破碎的极度愤恨，秋瑾结识了具有进步思想的女书法家吴芝瑛、眼界开阔的京师大学堂日本教习服部博士的妻子服部繁子。渐渐地，她萌生了走出家门，闯荡江湖，仗剑天下的念头。但她还在犹豫，因为孩子还小，因为自己毕竟是一介女流。

"重重地网与天罗，幽闭深闺莫奈何！"一天，郁闷的秋瑾以诗抒怀，居然遭到了丈夫的辱骂。

这年中秋节，丈夫让秋瑾准备晚宴，谁知，他却在晚宴前被人拉去吃酒。圆月挂上树梢，映照出孤坐桌前的秋瑾的一脸忧伤。于是，她首次换上男装，带一个仆人，毅然到一个戏园看戏。看罢戏回家，时间已过午夜，正巧丈夫也刚刚吃酒回来，当得知妻子身着男装去看戏，他不禁勃然大怒，动手打了秋瑾。

这也许是丈夫的第一次动手，夫妻间的磕磕绊绊本属常事，一般人可以忍受，但她不是一般人，她是一位比男人还刚烈的女性。她要让第一次变成最后一次。

于是，在吴芝瑛纱帽胡同的宅院里，诞生了著名的《满江红》：

小住京华，早又是中秋佳节，为篱下黄花开遍，秋容如拭。四面歌残终破楚，八年风味徒思浙。苦将侬强派作蛾眉，殊未屑！

身不得，男儿列，心却比，男儿烈。算生平肝胆，不因人热。俗子胸襟谁识我？英雄末路当磨折。莽红尘何处觅知音？青衫湿！

公元 1904 年初，秋瑾正式改穿男装，以示反清，并拍照明志，还特意在照片后面题了一首名为《自题小照》的诗：

俨然在望此何人？侠骨前生悔寄身。

过世形骸原是幻，未来景界却疑真。

相逢恨晚情应集，仰屋嗟时气益振。

他日见余旧时友，为言今已扫浮尘。

让梦想成真的最佳方式，就是从梦中醒来。在封建樊篱中苦苦挣扎八年之后，她洗尽铅华，痛别幼女，跟随章太炎、邹容、陈天华的脚步，"束轻便之行装，出幽密之闺房，乘快乐之汽船，吸自由之空气"，在 6 月 28 日，与好友服部繁子一起东渡日本，走上了反清爱国的血色征程。

那一刻的王廷钧，只有惊诧与悔恨。而秋瑾则如惊醒的睡美人，从此繁漪不绝，妖花怒放。

三

日本——"明治维新"暴雨洗礼下的袖珍岛国，是世界东方唯一一块弥漫着民主、科学彩云的天空。这里聚集了一批又一批寻求救国救民之路的中国青年，渐渐成为反抗清朝的大本营。

语言关未过的秋瑾首先进入了日语讲习所。学习间隙，这位男装丽人分外活跃，她先是与陈撷芬发起了妇女运动团体——共爱会，后来与刘道一等十人结成了以反抗清廷、恢复中原为宗旨的秘密会，之后创办了《白话报》，以"鉴湖女侠秋瑾"的名义发表了《致告中国二万万女同胞》《警告我同胞》等犀利的文章。后来，她又参加了冯自由在横滨组织的三合会，受封为"白纸扇"（军师）。

公元 1905 年春，秋瑾从日语讲习所毕业，报名转入东京青山实践女校附设的清国女子速成师范专修科，随即回国筹措留学费用。

在上海，她见到了民主先驱蔡元培，回到绍兴又见到了反清志士徐锡麟。我猜想，二十八岁的秋瑾见到三十二岁的绍兴老乡徐锡麟，一定有一种"一眼万年"的感觉。也许正是共同的反清志向，共同的绍兴情节，使他们横生出英雄相惜的情怀。否则，就无法解释后来秋瑾给徐锡麟信中表述的"万种情，一支笔"。

经陶成章介绍，徐锡麟亲自主持了秋瑾加入光复会的仪式。满脸凝重的秋瑾刺血并宣誓："光复汉族，还我江山，以身许国，功成身退。"

公元 1905 年 8 月 20 日，孙中山领导的同盟会在日本成立。时隔半月，秋瑾就经冯自由介绍加入了同盟会。作为浙江籍留学生加入同盟会的第二人，秋瑾被推举为同盟会的评议员，浙江主盟人。

留日期间，她化名"竞雄"，革命成为她生活的主旋律。一天，她有幸买到了一把宝刀，立刻饮酒庆祝，随口吟出著名的《对酒》：

不惜千金买金刀，貂裘换酒也堪豪。

一腔热血勤珍重，洒去犹能化碧涛。

她的另一首词更是豪气干云：

祖国沉沦感不禁，闲来海外觅知音。

金瓯已缺总须补，为国牺牲敢惜身？

嗟险阻，叹飘零，关山万里作雄行。

休言女子非英物，夜夜龙泉壁上鸣。

四

不久，日本政府根据清朝"驱逐孙中山等革命党人和留日中国学生"的要求，颁布了《清国留学生取缔（日语意为"管束、管理"）规则》。这就意味着，本以为自由的樱花之国，已容不下一张平静的书桌。

加上日本《朝日新闻》发表社论，嘲笑中国人"放纵卑劣，团结薄弱"，起到了火上浇油的作用。于是，八千名留日中国学生立即举行示威游行，并组织敢死队与日本政府交涉。之后，留学生分为两派，一派主张继续在日本深造，而担任敢死队长的秋瑾等人则坚决主张回国革命。

12 月 8 日，陈天华决计以生命反驳日本的蔑视，在留下《绝命书》后跳海自杀。

第二天，留学生们公推秋瑾为召集人，在留学生会馆——锦辉馆举行陈天华追悼会。会上，秋瑾宣布判处反对集体回国的鲁迅、许寿裳等人"死刑"（当时鲁迅等人认为有大志者不必计较一城一池之得失，主张学成后报效祖国），她还拔出随身宝刀，奋力插在桌上，大声喝道："投降满虏，卖友求荣，欺压汉人，吃我一刀！"

同样出生在卧薪尝胆的越东，或许秋瑾觉得鲁迅等人身上多了几分柔韧，少了一点血气。其实，秋瑾身上何尝没有女人天生的柔弱，只是她不忍看到故国的沦落与顺民的怯懦，从而走向了侠义，绽放出血之花，涅槃成火凤凰。

在留下来的人中，除了老乡鲁迅，还有她的同学王时泽。私下里，她曾和王时泽就"归与留"进行过交流。那是在归国前几天，她问王："归否？"王答："甲午之耻未雪，又订辛丑和约，我们来到日本原为忍辱求学，不必激愤于一时。"

秋瑾不再说话。

12月25日，秋瑾登上自横滨开往上海的"长江号"轮船回到祖国。

公元1906年初，当秋瑾身穿和服、腰佩短刀、头发盘顶、脚步铿锵地出现在绍兴老家门口时，小弟和母亲已经认不出她。望着平安归来的女儿，母亲只有不停地流泪。

归国后的秋瑾给王时泽回过一封信，信中说："吾素负气，不能如君等所为，然吾甚望诸君之无忘国耻也。光复之事，不可一日缓，而男子之死于谋光复者，则唐才常以后，若沈荩（jìn）、史坚如、吴樾（yuè）诸君子，不乏其人，而女子则无闻焉，亦吾女界之羞也。"

信中尽管对留学生"留与归"已多了几分理性，但此时的她已决定用生命维护中华女子的尊严。

五

她是怀着"拼将十万头颅血，须把乾坤力挽回"的雄心回国的。秋瑾先在明道女校教体育，随后又到吴兴县南浔镇浔溪女校教日文、卫生等课。尽管在浔溪女校任教只有短短两个月，但秋瑾却把自己的理想和信念毫无保留地传授给了这里的师生，并在诗中写道："何人慷慨说同仇？谁识当年郭解流？时局如斯危已甚，闺装愿尔换吴钩。"更重要的是，她收获了生命中最珍贵的三位挚友——学生吴珉、徐蕴华和教务长徐自华。师生们越是爱戴她，地方顽固势力就越是憎恨她。她毅然辞职离开了浔溪女校。为了唤起民众特别是妇女的觉醒，秋瑾在上海创办了《中国女报》，号召女界争做"醒狮之前驱，文明之先导"。

公元1906年12月的一天晚上，革命党人王金发带来了徐锡麟的亲笔信，提出共同筹划武装反清，请秋瑾主持绍兴大通体操学堂，负责浙江起义的准备工作，徐锡麟则去安徽发动起义，两省一起进军南京。

她以大通学堂董事的身份为掩护，派人到浙省各处联络会党，并往来于杭、沪之间，成立了以大通学堂为中心，方圆数百公里共四五万人的秘密军团"光复军"，由徐锡麟任统领，秋瑾为协统（副统帅），商定7月6日在各地同时起义。

由于计划泄露，局面失去控制。6月下旬，嵊县起义失败；7月1日，武义起义失败；7月3日，金华起义失败。7月6日，身为警察会办和陆军学校监督的徐锡麟在巡警学堂毕业典礼上，将安徽巡抚恩铭成功刺杀，但自己也在随后被清兵杀害。

安庆起义失败后，有人说，是徐锡麟的弟弟徐伟供出了秋瑾。还有一种说法是，徐锡麟被捕后，有人从他的行囊中抄检到秋瑾写给徐锡麟的一首《金缕曲》，其中有"正喜斋中酬酢事，同凭阑干伫月，更订了同心盟牒。月满西楼谁解我？只有箫声咽噎；恐梦里山河犹隔，事到无聊频转念，悔当初何苦与君识，万种情，一支笔"之句，这是他们爱的见证，也可以看作反清的盟约，两江总督端方就以此作为株连秋瑾的一个佐证。

7月10日，秋瑾从报纸上看到了日夜思念的战友徐锡麟被挖出心肝的消息。她痛哭失声，不食不语，奋笔写下了一首绝命诗："痛同胞之梦犹昏，悲祖国之陆沉谁挽。"也许正是因为对徐锡麟爱得深切，才使得她下了慷慨赴死的决心，并拒绝了战友们要她到上海租界暂时躲避的建议。

7月13日一早，王金发化装来到大通学堂，声称清兵已过钱塘江，催她一起离开绍兴。催促再三，秋瑾只说了一句："我不入地狱，谁入地狱？"其情其景一如九年前以死警示国人的谭嗣同。王金发只有无奈地挥泪告别。

14日下午，清军已到大通学堂前门，学生最后劝秋瑾从后门乘船逃走，但"瑾不应"，她一袭白衫，坐在楼上，不走不避，决心殉难。有人十分无奈地说："她已经忘记自己的性别了，女人应该像水一样，什么地方都能淌得过去呀！"

被捕后的秋瑾被关在山阴监狱，绍兴知府、满人贵福命令山阴县令、汉人李钟岳严刑拷问。

李钟岳是在花厅审讯秋瑾的，还破例为他心目中的巾帼设座。这位出身于山东的汉人县令恪守着自己的良知和底线，没有动刑，没有逼供，只是让秋瑾自己写供词。面对着恼人的秋雨、萧瑟的秋风，自感去日不多的秋瑾想起了清代诗人陶澹如的诗句："篱前黄菊未开花，寂寞清樽冷怀抱。秋风秋雨愁煞人，寒宵独坐心如捣。"随手，她在供纸上写下了"秋雨秋风愁煞人"七个大字。至于为何将"秋风秋雨"相颠倒，我们不得而知。

在得到浙江巡抚张曾扬"将秋瑾先行正法"的电文后，贵福令李钟岳立刻执行。李钟岳争辩说："供证两无，安能杀人？"贵福厉声呵斥他："此系抚宪之命，孰敢不遵？请好自为之！"

子时，万籁俱寂。李钟岳挑灯提审秋瑾，对她一脸愧疚地说："事已至此，余位卑言轻，愧无力成全，然汝死非我意也。"县令"泪随声堕"，狱卒也"相顾恻然"。

临刑前，她对李钟岳提出了三个要求：准写家书诀别，不裸身，不枭首示众。至死，她也要维护中国女性的人格尊严。

六

如果把人生比作一本书，生为封面，死是封底。她不仅有一个鲜艳的封面，更有一个壮美的封底。

公元 1907 年 7 月 15 日（农历六月初六）凌晨，绍兴的天分外昏暗，连绵的秋雨如同苍天的眼泪。为了严防革命党人劫走犯人，从山阴监狱到轩亭口刑场一公里的路上，布满了荷枪实弹、严阵以待的清兵。

凌晨四时许，黑暗的道路被松明火把照得通红，秋瑾双手被反绑在背后，带伤的脚踝拖拽着沉重的铁镣，一步一个血印地走向刑场。一个士兵试图拽秋瑾前行，她怒目而斥："吾固能行，何掖为？"

尽管笼罩在黎明前无尽的黑暗中，但正如鲁迅在小说中描述的那样，刑场周围已经挤满了无聊的看客。到了轩亭口刑场，秋瑾立定，对刽子手淡然一笑："且住，容我一望，有无亲友来别我？"举目四望，哪里有一个亲人？原来，秋瑾下狱后，亲属们唯恐遭受株连，已经纷纷避入深山。后来，她的胞兄秋誉章后悔至极："聂政乃有姐，秋瑾独无兄。"

连眼泪都没处流，这才是人间最痛苦的人。那一刻的秋瑾，眼中写满了悲愤与失望，于是闭上眼睛叹道："可矣！"

秋瑾，这位一般民众眼中的叛逆，所谓的"女革命党人"从容就义，一个年仅三十一岁的头颅滚落在污浊的泥泞之中。古往今来，所有被判死刑的女子，她是被斩首的第一人。

鲁迅先生说过："从喷泉里出来的都是水，从血管里出来的都是血。"换一种说法，那是血浇灌出的花，是血花。经过淬火之后的铁才是铁，经过血气蒸腾的民族才能走向新生。志士的不计生死，是晚清时代发出的最奇异的光。

她的一腔热血，也许没有唤醒刑场上的看客，却激发了万千血性男儿。秋瑾血迹未干，全国民营报纸便开始了对清廷铺天盖地的舆论抨击和穷追猛打："秋瑾私藏武器，武器私藏在哪里？秋瑾明知官府来抓，哪有把武器故意带在身上的道理？说秋瑾通匪，到底是通的哪一股匪？"舆论使得官场威信降到了冰点，志士所期望的"以血唤起民众"的夙愿开始得到体现，秋瑾的死激怒了这个民族蛰伏已久的良知，她给铁石以恻隐，给麻木以惊醒，给踉跄以足力，给无情以热血。秋瑾以生命换来了一个"众声喧哗的时代"。

之后，秋瑾的监斩官李钟岳因愧疚于当年自缢。涉嫌出卖秋瑾的绍兴士绅胡道南于第二年被光复会刺杀。杀害秋瑾的真凶贵福自知民怨极大，请调浙江海运局统办，继而调任安徽，后来隐姓埋名潜往满洲国，暴死于沈阳。另一个真凶张曾扬，非但未能因镇压秋瑾加官晋爵，反而无法在浙江巡抚任上安身，无奈之下改任江苏，也受到当地士绅的公开反对，清廷只好将其远调山西，尽管登车前有军队护送，沿途仍受到群众唾骂，狼狈之相远超过街老鼠。也就是说，当时的民间舆论，并未因找到了替罪羊大清朝廷而防水，而是对刽子手们进行了口诛笔伐的追逃，不依不饶地将贵福、张曾扬永远钉在了历史的耻辱柱上。由此我联想到了二战后的犹太人，他们没有简单地把屠杀犹太人的罪行找一个替罪羊——希特勒而偃旗息鼓，而是对所有证据确凿的纳粹凶犯一个也不放过，哪怕只是一个下级军官也穷追不舍，直至天涯。

一年后，大清光绪皇帝和实际掌权者慈禧太后，在"众声喧哗"中一起死去。

仅仅四年，辛亥革命的大旗便插上了武昌城头，作为革命先驱的秋瑾终生为之奋斗的中华民国终于诞生。话剧《秋瑾》的编剧刘星对先驱的解释最为令人信服："有一种人，因为一场战斗，牺牲，我们称之为烈士；有一种人，因为一种信仰，倒下，我们称之为先驱。"岳飞可以倒下，文天祥可以倒下，秋瑾可以倒下，地震中的汶川可以倒下，但中国人的风骨犹存，血性永在，命运不屈，精神不死。

秋瑾死后，被人们涂上了浓厚的剑侠色彩，一些媒体甚至将她誉为"鉴湖女侠"，从而为这位反清志士罩上了几多超然，几多神秘，几多绚烂。须知，仗剑江湖、薄财重义的侠客，在中国历史上并不鲜见，但他们的故事多半见于小说与话本，当代文人金庸更是将这种武侠文学推向了巅峰。问题是，那些侠士不仅不食人间烟火，而且神龙见首不见尾，他们往往以路见不平、拔刀相助作为人生信条，至于国家利益、民族大义、人间是非似乎与其无关。因此，秋瑾等热血义士赴汤蹈火、义无反顾地壮举，绝非什么侠义所能诠释得了的。因为侠肝义胆与正义浩气之间，一直相隔数重天，前者博取的是自身的侠名，后者追寻的是民族振兴。

七

我们的故事不能结束，因为她的尸骨还未安眠。

由于秋家无人收尸，秋瑾的遗骨于当天被绍兴同善局草草入殓，埋葬在绍兴府卧龙山西北麓张神殿附近。

8 月下旬，胞兄秋誉章秘密雇人，将妹妹秋瑾的遗体挖出重新入棺，在绍兴常禧门外严家毯殡舍暂放。9 月，殡舍主人得知这是"女匪"秋瑾的棺木，便逼着秋誉章将其迁走。

无奈之下，棺木被移到偏门大校场附近的一处荒地里，以草苫遮蔽日晒雨淋。可怜这位旷世巾帼，只能在另一个世界里日夜以野草白露为伴，尽享冷漠与孤独。

之后，是生死之交徐自华、吴芝瑛冒着生命危险，为践秋瑾生前之约，于农历十月底在杭州西湖西泠桥西为她修建了墓地，她终于安闲地沉睡在了西湖这个杭州美人妩媚的酒窝里。

然而，她的灵魂并未笑出声来，因为她的灵柩从此开始了看不到尽头的颠沛流离。公元 1908 年 12 月，因清朝御史常徽告发，清廷下令将

246

秋瑾之墓平毁，秋瑾遗骨被迫再次迁移，回到绍兴严家潭。公元1909年秋，远迁到湖南湘潭王家的义冢地。公元1912年夏，迁葬到湖南长沙岳麓山。公元1913年秋，棺木自湖南运回浙江，再次归葬于杭州西泠（líng）桥西。

公元1964年，当地以"美化人民的西湖"为由，将秋瑾墓第三度迁出西湖，迁葬于杭州松木场。1966年，秋瑾墓又开始了第八次迁移，被迁到杭州鸡笼山，并且在红卫兵震天响的口号声中被毁。青山有幸，此土何辜？难道烈士之名在某些人眼里失去了敬畏？难道烈士之血渐渐凝固成了虚无？好在，秋瑾终于在公元1981年9月回到西湖，安葬在孤山西南麓的西泠桥东。

水是不死的，西湖是中华精神史上重要的证人。它像不死的精灵，永远波澜不惊地讲述着一个生命的寓言。

八

公元2014年11月10日至11日，我和妻子、女儿来到同样绿水环绕的绍兴。在参观完鲁迅故居，辗转寻找周恩来故居的过程中，居然偶遇了秋瑾喋血的古轩亭口，马路中间的秋瑾烈士纪念碑，还有马路对面的秋瑾汉白玉雕像。一打听路人，才知道秋瑾故居也距此不远。当我们匆匆来到秋瑾故居，已近黄昏，故居管理人员正准备关闭大门，在我说明来意后，一位中年人破例为我们延长了参观时间，并一一打开了已经上锁的房间。尽管时间有限，我还是细细浏览了秋瑾的生平事迹介绍，参观了她的闺房、私塾，还有美丽的后花园。它与鲁迅故居一样，错落着墨色的房舍，丛生着挺拔的翠竹，泛着江南特有的精致，柔美而清净。

最后，我来到秋家的书房——"又补斋"。这是一个不足二十平方米的小屋，靠东墙有一组存有二十四史的书柜，西墙上是曾国藩手书的一幅中堂，面门是一张宽大的书桌，书桌上摆着文房四宝，还有铺开的纸张以及一盏精巧的油盏。

站在如此宁静的房间里，有一种感觉自然而然：似乎过一会儿，秋瑾本人就会悄然走进，一身整齐而潇洒的男装，头戴学生帽，脚蹬日本靴，腰挂东洋刀，步履轻捷，不苟言笑。她似乎并没有看见我，而是目不斜视地在书桌前坐下，点上油灯，拿起毛笔，奋笔填写又一首气吞山河的诗章……

作别秋瑾故居，我突然意识到，绍兴并不阴柔，因为这里不仅孕育了铁骨铮铮的鲁迅、视死如归的徐锡麟、倡导自由的蔡元培、品格高洁的周恩来，而且诞生过顶天立地的巾帼英雄——秋瑾。

"秋瑾"两个字在我的脑际久久挥之不去，渐渐幻化出两行字：秋，

一支划破长夜的火炬；瑾，一方晶莹如雪的美玉。继而，这两行字又旋

转成一个令人无法逃脱的光环，美似穹庐，笼盖古今。

跋

这是些什么人呀！每一个人都正襟危坐,不苟言笑,有的还天天哭丧着一张脸,像受了天大的委屈似的。

您所不知道的是,他们之所以不苟言笑,是因为面临着与齐国史官一样的处境:公元前548年,齐庄公与大臣崔杼的妻子棠姜私通,被崔杼刺杀。事后,齐国太史据实记载道:"崔杼弑其君。"在古代,子杀父、臣杀君谓之"弑",乃滔天重罪。崔杼大怒,杀了太史。太史的两个弟弟仍据实记载此事,也被崔杼杀了。待到太史的幼弟接任太史,崔杼威胁说:"你的兄长都死了,你还是依照我的意思,按庄公暴病而死来写吧。"太史的幼弟正色说:"据事直书,乃史官之责,失职求生,不如去死。"崔杼无话可说,只得放了他。南史氏听说太史都已被杀,手执据实写好的竹简匆匆赶来,听到已经据实记载了,这才回去。

正如前赴后继的齐国史官一样,本书收录的人物,一个个天赋极高,富有胆识,但无一例外地,由于他们太率真,太重原则,太刚正不阿了,结果最终倒在了人性的枪口下,为自己的正直与无私付出了生命的代价。在习惯了中庸之道的人们看来,他们都有巨大的性格缺陷;但站在历史的峰巅鸟瞰,他们又都是中华民族的脊梁。我认为,性格并无优劣之分,而且无法改变,我们没有理由对人的个性说三道四。因此,我对这些人物饱含敬仰,并坚持认为他们所受到的打击、迫害乃至杀戮,是中华民族永远的伤疤。

我也是个要强的人,较真的人。有时我想,如果我碰巧出生在他们的年代,恰巧和他们有着相同的经历,也许会作出和他们一样的选择,进而遭受和他们类似的悲惨结局。每当想到这里,我就为能作出和他们一样的选择而庆幸和自豪,因为这种不畏强权、宁折不弯的品格,是中华民族虽历经磨难仍陈陈相因的精神基石。

早在十年前,我就开始试着为他们作传。我写的第一个人物是苏武,然后是商鞅、屈原、秋瑾、于谦、左宗棠、袁崇焕、颜真卿、司马迁……书写这些名人的过程,实际上是与之隔着悠远的历史时空对话的过程。但这些人物资历太深、职位太高、名气太大了,开始的时候,我甚至不敢走近他们。可以说,我是以一个谦恭的后生和崇拜者的身份踱到他们面前的。渐渐地,我感觉他们是那么真实,那么率性,没有任何架子,根本不像有些历史书记录得那么可怕。

是与他们一次次的彻夜长谈惊醒了我,是他们在人类文明史上留下的闪光足印警示了我,使我得以冷静地回望自己走过的路,发现了自己之所以苦恼、纠结、悲观的原因,洞悉了那些看似光怪陆离的追求,自己不仅无法左右,而且十分苍白与单薄,很快就会化作过眼云烟。

我越来越相信,写作有益于人的成长与成熟,因为我感到自己的人生正在完整起来,丰富起来,鲜活起来。写作使我有了两个人生:现实的和虚构的人生。它们的关系就像一对相濡以沫、如影随形的伴侣。当一方悲伤时,另一方就会提供安慰;当一方平淡时,另一方就会奉上惊喜。这两个人生,从此填满了我的每一个 24 小时。正是虚构人生带给我的喜悦与充实,使我度过了现实人生中一段低沉与乏味的岁月,并在沉淀与反思中走向了成熟与坚定。

有人说写作会分散我的职业注意力,也有朋友当面调侃我"不务正业"。我承认,阅读与写作的确占用了我的大部分业余时间和几乎全部的节假日,但这与写作给我的帮助比起来,简直微不足道。我想在这里十分肯定地告诉大家,写作很累,但一点儿也不枯燥。写作不仅给我带来了常人难以想象的愉悦,使我常年保持着淡定的心态;更重要的是,我所从事的历史纪实文学创作,能使我从历史的辩证的角度看待和分析我所从事的每一项工作,作出的每一个决定,制定的每一份计划,处理的每一个问题。您难道不知道吗?我们生活中正在发生或将要发生的,历史上不止一次发生过,并且都有答案。这就是我无论工作多么忙也放不下写作的原因。

尤其让我欣慰的是,我不是职业作家,没人给我规定一天必须写多少字,每年必须发表几篇作品,一生必须出几本书。我从事写作纯属爱好,没有功利之心。一本书,我可以写上十年八年,然后修改个三年两载。我深信,精品就是精雕细刻的作品,好书一定是改出来的。况且,我本就天资平平,也不想误导读者,因此容不得一点儿硬伤。

写上面这些话时,正是周末一个慵懒的午后,天空蓝得有些空洞,太阳亮得有点鬼魅,根本不像是北方的冬季。我特意把书桌挪到窗前,沐浴着温暖如春的日光,面对着婆娑摇曳的竹丛,想象着远嫁塞北的昭君,流放海南的苏轼,七下西洋的郑和……然后,我似乎迷失了历史方位,并一遍遍地问自己:

我在哪儿?我是谁?

2017 年 11 月 18 日午后于泰安